# DEFENSORES DE
## *EL DERECHO HUMANO*

«Hoy se habla mucho sobre los derechos humanos y la justicia social. Sin embargo, pocas personas consideran cuál es la mejor visión del mundo para estos. En *El derecho humano*, Rice Broocks argumenta de manera convincente que la cosmovisión cristiana tiene más sentido que nuestro clamor por la justicia y la reconciliación. En otras palabras, el evangelio es la única esperanza que tenemos para los derechos humanos y la dignidad. Y este libro puede ayudarte a aplicar esta verdad para marcar una diferencia duradera».

—Sean McDowell, PhD
Profesor de Apologética de la Universidad de Biola,
conferencista internacional y coautor del *best seller*
*Evidencia que exige un veredicto*

«Rice Broocks enfatiza acertadamente que si Cristo es verdadero es una cuestión de vida o muerte eterna: sin embargo, las personas no tienen la oportunidad de elegir libremente la fe a menos que les demos la oportunidad (Romanos 10.14). También enfatiza acertadamente la preocupación del evangelio por la justicia y su poder para traer la transformación social. Podemos prestar atención a este mensaje porque no hay mayor apología del evangelio que la vida de aquellos transformados por él».

—Doctor Craig S. Keener
Profesor del Seminario de Asbury y autor de comentarios
del Nuevo Testamento, *NIV Cultural Backgrounds Study Bible*

«Recomiendo encarecidamente a los buscadores de la verdad y a los seguidores de Jesús que lean *El derecho humano*. Es una defensa poderosa y legible de la validez de la fe cristiana. Testificar implica compartir nuestra fe, pero también implica dar una razón para la esperanza que tenemos. *El derecho humano* identifica honestamente las objeciones a la fe cristiana y responde a esas objeciones».

—Doctor George Wood
Presidente de World Assemblies of God Fellowship

T0053291

«En un mundo donde todos reclaman el derecho a algo, Rice Broocks dispara esta llamarada literaria para resaltar el derecho más importante que todo ser humano tiene: escuchar el evangelio de Jesucristo. En *El derecho humano*, el autor muestra cómo puedes ayudar a resolver la injusticia ahora y para la eternidad. ¡Hay algo más emocionante y satisfactorio que eso!».

—Doctor Frank Turek
Coautor de *I Don't Have Enough Faith to Be an Atheist*

«Me encantan estos libros que Rice ha escrito y que están ayudando a los creyentes a defender su fe en una época de escepticismo. *El derecho humano* es su mejor obra hasta ahora. ¡El orador expone el caso más convincente que he leído de que el evangelio debe ser escuchado por todos, en todos lados!».

—Stormie Omartian
Autora *best seller* de la serie El poder de la oración

«Si nuestro "derecho a la vida" es críticamente importante, ¿cuánto más importante es nuestro "derecho a la vida *eterna*"? El doctor Rice Broocks aborda este problema puntual en *El derecho humano: conocer a Jesucristo y hacerlo conocer*. En este libro, en el que expresa su entusiasmo por el evangelismo, Rice examina el poder del evangelio para explicar la realidad, abordar nuestras necesidades más profundas y cambiar el curso de la historia humana».

—J. Warner Wallace
Detective de casos irresueltos, becario adjunto del Centro Colson para la cosmovisión cristiana, profesor adjunto de Apologética en la Universidad de Biola, y autor de *Cold-Case Christianity*

«El entusiasmo contagioso por la justicia y la verdad en *El derecho humano* proviene de la pasión de Rice Broocks por Dios. Rice es un narrador, pensador, activista, autor y estratega, pero, ante todo, es un seguidor de Jesús con un deseo inquebrantable de ayudar a las personas a encontrar la gracia que ha recibido él. Lea este libro si desea un recuento accesible y atractivo de la fe cristiana, y su llamado a comprometerse con los mayores desafíos que enfrenta nuestro mundo».

—Doctor Krish Kandiah
Fundador de Home for Good, Reino Unido, y autor de *God Is Stranger: Finding God in Unexpected Places*

«En nuestra cultura de la posverdad, la verdad parece evasiva o insostenible para las masas. Sin embargo, Rice Broocks, en *El derecho humano*, ha aclarado la niebla y producido una obra esclarecedora que apunta al único ancla de la verdad, la esperanza y la justicia: el evangelio de Jesucristo. Cada capítulo contiene una verdad convincente y persuasiva que surgió en las conversaciones de la vida real que el doctor Broocks ha tenido con miles de estudiantes y líderes de todo el mundo. Sería difícil encontrar a alguien más dotado o calificado para presentar estas verdades en un lenguaje que pueda ser entendido por todos».

—Ron Lewis
Ministro sénior de Every Nation, NYC

«La justicia y la compasión están a la vanguardia de la mayoría de las conversaciones en las esferas de la sociedad, especialmente entre los estudiantes y los jóvenes adultos. La belleza del evangelio radica en su habilidad para traducir a Dios al dialecto de cada esfera. El doctor Broocks no solo es un experto en este campo, sino también un amigo cercano. Recomiendo encarecidamente *El derecho humano* a cualquiera que busque el lenguaje probado de un líder igualmente probado en este tema atemporal».

—Heath Adamson
Presidente, World Assemblies of God Fellowship (Next Gen)

«Mi amigo Rice Broocks nos muestra que la verdad absoluta no es algo que deba descartarse y que la cosmovisión predominante de la época tiene bases inestables. Él explora la filosofía, la neurociencia y la teología para mostrar que cada ser humano está dotado de alma, conciencia y libre albedrío, y es nuestra oportunidad y nuestro llamado hablarle a cada uno de ellos de Cristo, quien les da un propósito».

—Ed Stetzer
Titular de la Cátedra Distinguida Billy Graham, del Wheaton College

# EL DERECHO HUMANO

# EL DERECHO HUMANO

## CONOCER A JESUCRISTO Y HACERLO CONOCER

# Rice Broocks

**GRUPO NELSON**
Una división de Thomas Nelson Publishers
*Desde 1798*

NASHVILLE   MÉXICO DF.   RÍO DE JANEIRO

Que sepan todos

# CONTENIDO

CONTENIDO

# INTRODUCCIÓN

## *La revolución que necesitamos*

En el verano de 1984, tuve un asiento de primera fila en una verdadera revolución que estaba teniendo lugar en Filipinas. «El poder del pueblo» se estaba desatando contra la corrupción masiva del gobierno y las violaciones de los derechos humanos. Miles de estudiantes marcharon en las calles y exigieron que el presidente dimitiera. La pasión de los manifestantes se sintió como uno de los tifones que azotan con frecuencia a ese país lleno de islas.

Yo estaba en Filipinas para conducir un evangelismo cristiano a los estudiantes universitarios durante un mes. Conmigo estaba mi esposa, Jody; nuestro hijo de tres meses; mi amigo y excompañero de cuarto en la universidad, Steve Murrell, y su mujer Deborah; así como sesenta estudiantes de Estados Unidos y Canadá.

Steve y yo nos sentamos en una pequeña cafetería en Manila y dibujamos un círculo de cinco millas de diámetro en un mapa de la ciudad donde vivían unos trescientos mil estudiantes. Se llamaba el Cinturón U. Este sería el objetivo de nuestros esfuerzos. Nuestro equipo se reunía diariamente con los estudiantes en el campus y en las calles, compartiendo nuestros testimonios sobre una relación personal con Dios a través de

Jesucristo; todas las noches, organizábamos concentraciones más grandes, donde se presentaba el evangelio. A veces, durante nuestras reuniones nocturnas, podías ver a los estudiantes llorar, no por nuestra impactante capacidad de hablar, sino por el gas lacrimógeno que entraba al auditorio desde el sótano debido a las protestas callejeras afuera de nuestro edificio.

También recibimos cierta resistencia por parte de la gente que sentía que estábamos tratando de distraer a los manifestantes para que pusieran fin a las rampantes injusticias políticas y sociales de la nación. Después de todo, argumentaron ellos, la nación tenía una herencia religiosa muy larga y profunda. Si la religión fuera un agente efectivo para la justicia, habría triunfado desde mucho tiempo atrás.

A pesar de los obstáculos, la verdad que presentamos caló lentamente. «El cambio político tiene sus límites», les dijimos una y otra vez. Si ustedes cambian solo el gobierno y no los corazones de la gente, los problemas seguirán multiplicándose, y la desilusión y el escepticismo seguramente se arraigarán. Los idealistas que lideran la revolución se convertirán simplemente en un establecimiento nuevo y osificado. Por el contrario, el evangelio de Cristo ofrece una revolución pacífica del corazón. Al cambiar los corazones de las personas, aborda la injusticia en su fuente verdadera.

Cientos de estudiantes respondieron al llamado para seguir a Cristo ese verano. A partir de ese grupo más grande se formó un núcleo de creyentes que se han convertido desde entonces en una comunidad cristiana llamada Victory, que en cualquier fin de semana atrae a más de ochenta mil fieles en más de treinta lugares a lo largo del metro de Manila.

Es también la iglesia insignia de una red global de iglesias y ministerios —llamada Every Nation (Cada Nación)—, una fuerza formidable para el bien, que ayuda a los necesitados, que llega a los estudiantes con el evangelio, que construye iglesias, les dice la verdad a quienes están en el poder y les recuerda a los líderes en todos los niveles de la sociedad que sirvan al pueblo y lideren con integridad.

Ferdie Cabiling, uno de los estudiantes filipinos que acudieron a Cristo durante ese compromiso original hace más de treinta años, actualmente es el líder de Victory en Manila. Su vida dio un vuelco a causa del mensaje revolucionario del evangelio: ocurre un cambio radical cuando recibes Jesucristo como tu Señor. Muchos años después, él me dijo algo que nunca olvidaré, y que está en el centro del mensaje de este libro: *«Lo que predicabas no era la revolución que queríamos»*, dijo él, *«pero era la revolución que necesitábamos».*[1]

## Las noticias que todo el mundo merece oír

Escuchar el evangelio y creer en él cambió radicalmente mi propia vida cuando yo era un estudiante de tercer año en la Universidad del Estado de Misisipi. Un compañero de clase me habló del Dios del universo, quien se hizo hombre en Jesucristo y murió en una cruz romana para eliminar la injusticia (el pecado) del mundo, incluyendo el pecado y la injusticia en mi propio corazón. Aprendí que el evangelio no era un cuento de hadas. Los acontecimientos en la vida y muerte de Jesús ocurrieron realmente, y tres días después de Su muerte, Su tumba fue encontrada vacía. La mejor explicación de estos hechos es que Jesucristo resucitó de entre los muertos, confirmando así Su identidad como el Hijo de Dios. Su resurrección también afirmó la autoridad de Sus palabras en la Biblia.

Estos acontecimientos cambiaron la historia en última instancia. La humanidad recibió el don de la esperanza, la seguridad de que el mal no tendría la última palabra, y que prácticamente todos los males del mundo podrían rectificarse mediante la transformación del corazón humano.

En vista de todo esto, afirmo que no puede haber una causa mayor que hablarles a otros acerca de estos acontecimientos históricos y trascendentales. De hecho, la tesis central de este libro es que oír el evangelio es el *derecho humano por excelencia* porque solo él tiene el poder de destruir la injusticia en su raíz, el corazón humano. También sería cierto el corolario de que poder transmitirles a otros este mensaje tan importante es un derecho humano.

Decir que hoy estamos en necesidad de una revolución espiritual es un eufemismo, particularmente en Estados Unidos. Ya sea por racismo, inmoralidad o terrorismo perpetrado por fanáticos religiosos equivocados y maníacos, nuestro mundo parece acercarse cada vez más a la autodestrucción. Sin embargo, precisamente en el momento en que la iglesia cristiana debe tener un impacto poderoso en la cultura, parece no tener confianza en la promesa del evangelio para someter y erradicar la injusticia y el mal. Olvidados desde hace mucho tiempo están los grandes despertares del pasado, cuando el evangelio produjo cambios duraderos y ayudó a moldear nuestro carácter nacional. Incluso el Movimiento Jesús de los años sesenta es un recuerdo difuso para la mayoría. El desafío a los creyentes de hoy para compartir el mensaje de Cristo con otros e influir así en la cultura parece caer en oídos sordos.

Debido a esto —porque las voces colectivas de las personas de fe parecen tan débiles e inciertas—, las masas están buscando otras fuentes y agentes del cambio para lidiar con el problema de la corrupción humana y el mal social. Un número récord de jóvenes menores de treinta años están abandonando la iglesia o renunciando completamente a su fe. Este fenómeno demográfico figura en las encuestas como los «ni-nis», personas que no son necesariamente ateas o agnósticas, pero que no tienen tampoco una afiliación religiosa formal.[2] Muchos ni-nis ven la religión y otras metanarrativas como meras historias culturales que transmiten valores, y no como hechos o como un conocimiento verdadero, por lo que se sienten completamente libres para tomarlas o dejarlas.

Llegar a los ni-nis fue una de mis mayores preocupaciones al escribir los dos primeros libros de esta serie, *Dios no está muerto* y *Hombre. Mito.*

*Mesías*, que inspiraron una serie de películas sobre *Dios no está muerto*. Mi hipótesis ha sido que muchos ni-nis no practican el cristianismo simplemente porque dudan de que su mensaje sea realmente cierto.

Esta incredulidad con respecto a la veracidad de la Biblia está acompañada por niveles récord de analfabetismo bíblico. Debido a la ignorancia, los ni-nis y otros escépticos caricaturizan la Biblia como un libro represivo y anticuado que promueve injusticias como la esclavitud, el genocidio y la intolerancia. Para estos incrédulos, los milagros no son más que mitos.

Estas percepciones han contribuido al aumento constante del agnosticismo, el ateísmo y el antiteísmo (lo cual es demasiado en términos de tolerancia), y a la creencia equivocada de que solo la ciencia y la razón pueden salvar a la humanidad. Al negarse a tomar en serio cualquier verdad metafísica más allá del mundo material, nos dejan languideciendo en la incertidumbre y en el relativismo.

Es por ello que he escrito este tercer libro para aquellos que están siguiendo a Cristo y tratando de compartir el evangelio con otros. Tienes un desafío de enormes proporciones, dado el nivel récord de escepticismo actual, y mi objetivo es ayudarte a evangelizar de una manera única y eficaz para nuestros tiempos: ayudarte a explicarles a los no creyentes que las mejores soluciones a nuestros problemas del siglo veintiuno se encuentran en una colección de documentos del siglo primero.

## El evangelio como verdad pública

En este libro examinamos de cerca la evidencia de la veracidad y credibilidad de la Biblia. Me opongo a la opinión popular de hoy de que el evangelio es meramente una verdad privada, significativa para nuestra vida personal y espiritual, pero no el tipo de verdad objetiva y factual que, digamos, nos ofrece la ciencia o la historia. Sostengo que el evangelio de

Jesucristo es una *verdad pública*,[3] tan verdaderamente cierta como afirmar que 2 x 2 = 4 o que la Declaración de la Independencia de Estados Unidos fue adoptada en 1776.

De manera trágica, esta idea es tan ajena para quienes asisten con frecuencia a la iglesia como para la cultura en general. Sin embargo, el evangelio está arraigado en afirmaciones históricas que pueden ser investigadas y evaluadas como cualquier otra afirmación. Las Sagradas Escrituras se aseguran de que no dejemos de ver la importancia de este punto cuando afirma: «Y, si Cristo no ha resucitado, la fe de ustedes es ilusoria y todavía están en sus pecados» (1 Corintios 15.17). El cristianismo es la única religión que deposita todo el peso de su verdad en un acontecimiento histórico: la resurrección de Cristo.

Muchos incrédulos retrocederán ante la idea de que el cristianismo es una verdad pública, sólidamente basada en hechos objetivos y verificables. El surgimiento del posmodernismo es en parte una reacción a la falta de fe en la capacidad de conocer cualquier verdad real, especialmente en el campo de las reivindicaciones metafísicas y los sistemas de creencias. Al sugerir que todas las historias y relatos culturales son esencialmente iguales, evita que cualquiera de ellos obtenga una ventaja y por lo tanto el control. Así pues, la búsqueda de la verdad es abandonada en aras de la tolerancia.

Ser un seguidor de Cristo significa no tener que elegir entre las dos como si fueran mutuamente excluyentes. Los cristianos somos instruidos para mostrar respeto genuino a los demás, mientras defendemos las cosas que creemos que son verdaderas (1 Pedro 3.15). Recuerda, Dios mismo le da a cada ser humano el derecho de tomar decisiones libres, incluso el derecho a estar equivocado, y los cristianos están llamados a respetar eso.

De hecho, en el proceso de seguir a Cristo, aprendemos que la verdad no consiste solo en tener la razón o en llevar una vida correcta; consiste en hacerlo todo en el espíritu del amor, incluso para aquellos que te consideran su enemigo. Esta conducta caritativa es esencial si queremos revertir la creciente huida de los jóvenes de la fe cristiana, un éxodo que sucede después de la escuela secundaria, cuando estos se matriculan en la universidad. La apostasía generalizada es el elefante en la sala en casi todas las reuniones de líderes cristianos que están preocupados por estos días. Debido a que nuestro ministerio Every Nation se enfoca en estudiantes universitarios de todo el mundo, recibimos llamadas regularmente de líderes cristianos, pastores, padres e incluso de los propios estudiantes que buscan algún tipo de antídoto para ayudar a revertir esta tendencia.

Nuestro mensaje es el mismo para todos los que llaman o asisten a una de nuestras reuniones. El evangelio es una verdad pública —de hecho, *la más importante de todas las verdades públicas*—, sobre la cual todo el mundo, y en todas partes, tiene el derecho de saber, porque Cristo mismo declaró audazmente: «Yo soy la... verdad» (Juan 14.6). Él vino no solo para decir la verdad, sino para modelar su aspecto en carne y hueso.

En otras palabras, la verdad no es un conjunto abstracto de proposiciones lógicas; es una persona viva. *Conocerlo* a Él es la única manera en que un individuo o una nación entera son liberados de la esclavitud del pecado, la corrupción y la injusticia.

## El movimiento por el derecho humano

Aprendí la frase *Gran Comisión* muy poco después de convertirme en cristiano. Se refiere a Jesús ordenándonos recorrer todo el mundo con el evangelio (Mateo 28.18–20). Yo sabía también que debíamos ayudar a alimentar a los pobres y atender a los necesitados, para liderar la lucha contra la opresión y la injusticia con todas nuestras fuerzas. Pero había una separación sutil en mi mente entre nuestros esfuerzos para resistir la injusticia, por un lado, y el poder del evangelio para acabar con ella, por el otro. Lamentablemente, muchos cristianos creen que necesitan elegir entre combatir la injusticia y predicar el evangelio. El pensamiento típico es algo como esto: una misión se ocupa de problemas que son de este mundo, mientras que la otra trata del destino eterno de la gente. La tensión entre las dos misiones ha dividido a los creyentes durante décadas y es a menudo la demarcación clave entre los que son teológicamente liberales y aquellos que son conservadores.

En este libro, te explico lo que comprendo ahora: que el evangelio es la única fuente de verdadera libertad, y que todos los habitantes del mundo tienen derecho a escucharlo. *Es el derecho humano sobre todos los demás.* Es por eso que se llama «el derecho humano». Esta frase está destinada a capturar el corazón de una nueva generación para llevar el mensaje de Cristo hasta los confines de la tierra. He descubierto que los cristianos de hoy, especialmente los menores de treinta años, son movidos a la acción cuando entienden la difusión del evangelio como un derecho humano y un asunto de justicia.

*El derecho humano* no ve el par de misiones como los cuernos de un dilema. Más bien, ve el hecho de proclamar el evangelio como el acto de exigirnos asumir *ambas* misiones. Debemos usar las palabras para comunicar las buenas nuevas, pero también las respaldamos con acciones que atestiguan la veracidad y el poder del evangelio. No es un «evangelio social»,[4] sino un mensaje el que tiene un impacto dramático en la sociedad.

En esencia, *el derecho humano* declara que Dios no solo se preocupa por la injusticia, sino que vino a la tierra como Jesucristo para tratar personalmente con ella. La muerte que Él sufrió en la cruz expió los pecados del mundo y creó una nueva manera de conectarnos con Dios y convertirnos así en personas nuevas. Nacer de nuevo, como le dijo Jesús al líder religioso Nicodemo, es recibir la promesa que habían predicho los profetas de antaño: «Les daré un nuevo corazón, y les infundiré un espíritu nuevo; les quitaré ese corazón de piedra que ahora tienen, y les pondré un corazón de carne» (Ezequiel 36.26).

*El derecho humano* da prioridad a la proclamación y a la práctica del evangelio porque la buena noticia aborda la injusticia en su origen: el corazón humano. Cuando ofrecemos el evangelio, estamos llamando a cada persona a arrepentirse primero y a apartarse del mal (la injusticia) y luego a transmitir las buenas nuevas a otros. Así como la injusticia puede propagarse como un virus, la justicia también puede propagarse. Este cambio en nuestros corazones produce el cambio necesario en nuestro carácter. Es imposible ser un seguidor de Cristo y seguir practicando la injusticia (el pecado) en cualquier campo de la actividad humana.

Llamar a Cristo «Señor» significa creer en Sus palabras y modelarlas al mundo a nuestro alrededor. Intentar coaccionar a las personas para que crean en el evangelio es inconsistente con la naturaleza misma del evangelio, que nos ofrece la verdadera libertad. Es una libertad que le da a cada persona la oportunidad de rechazar la verdad o de abrazarla.

En resumen, nuestro mayor llamado en la vida es proclamar la verdad y respaldar sus afirmaciones con nuestros estilos de vida. Como dijo Jesús: «Hagan brillar su luz delante de todos, para que ellos puedan ver las buenas obras de ustedes y alaben al Padre que está en el cielo» (Mateo 5.16).

La falta de sentido de urgencia en este llamamiento es evidenciar alguna duda sobre su verdad y, por lo tanto, sobre su poder y primacía. Esta es la razón por la cual muchos han optado por campañas de justicia social que no hacen ninguna referencia al evangelio, sustituyendo la verdad de Dios por su propia sabiduría. Este no es el momento de perpetuar ese error catastrófico.

## Jesús pone fin a la injusticia

Hace unos meses hice un viaje de regreso al Cinturón U de Manila para dirigirme a una reunión de unos cinco mil estudiantes. Atrás habían quedado los manifestantes, el gas lacrimógeno, la ira y la desesperanza que había visto en el verano de 1984. Lamentablemente, todavía existen problemas masivos, como la pobreza y la delincuencia, pero hay algo más que es también muy evidente. Hay una fuerza creciente operando en pro de la justicia y del cambio, encabezada en parte por miles de hombres y mujeres a quienes nuestro ministerio incipiente llegó hace más de treinta años. Han crecido para ser auténticos transformadores del mundo, sirviendo a su país en casi todas las facetas de la sociedad.

Así es el reino de Dios. Una vez sembrado, crece junto al reino de la oscuridad. El contraste es un recordatorio constante de que la injusticia no terminará por completo hasta el día del juicio final. Es hacia ese cálculo final que todos estamos acelerando.

Entre aquellos a quienes me dirigí durante mi visita reciente se encontraban líderes estudiantiles de los principales colegios y universidades de la nación. Están bien informados sobre la corrupción, el mal y la injusticia, como lo atestiguan diariamente las numerosas víctimas de esa pecaminosidad. Hablé con los líderes estudiantiles sobre el *derecho humano* para ver si el concepto tendría el mismo impacto en ellos como lo ha tenido en mí.

Al final de mi presentación —cuando proclamé: «¡Jesús pone fin a la injusticia!»—, los estudiantes estallaron en aplausos atronadores y una celebración animada. Cantaron canciones que habían cantado muchas veces antes, pero con pasión y, creo, con un mayor sentido de la confianza y de la fe que nunca antes. En los próximos meses y años, será interesante ver si el evangelio sigue siendo el mejor remedio para la injusticia en las mentes de los no creyentes en Filipinas. Si lo hace, entonces debería haber un aumento dramático en el número de filipinos que difundan las buenas noticias.

El mundo actual parece ser un lugar más peligroso que nunca. Llevar el evangelio a cada nación es una misión mucho más arriesgada de lo que era cuando empecé hace más de treinta y cinco años. Más de sesenta naciones todavía tienen restricciones contra quien afirme abiertamente el cristianismo. En más de treinta naciones predominantemente musulmanas, un apóstata puede recibir la pena de muerte por convertirse del islam al cristianismo. Actualmente, los cristianos están siendo perseguidos y martirizados por su fe más que en cualquier otra época de la historia.

Sin embargo, la necesidad de predicar el evangelio a cada etnia, generación y género nunca ha sido mayor. Con el aumento del secularismo y la propagación del terrorismo islámico, creo que debe haber un diálogo renovado sobre lo que es cierto. Todas las *personas* son creadas iguales, pero sus *creencias* y *comportamientos* no lo son. Cristo declaró que Él es el representante exclusivo del Creador (Juan 14.6). Esto debe tomarse en serio y no ser descartado en nombre de la tolerancia. Aquellos de nosotros que creemos en la veracidad del evangelio somos llamados a caminar en el amor y el servicio a los demás, independientemente de sus propias creencias. Nuestro propósito es proclamar y practicar la verdad, y no intentar subyugar a otros.

Mi objetivo es ayudarte a comunicar el evangelio con claridad, así como con la convicción de su verdad. Sobre todo, te ofrezco información confiable y discusiones que provocan la reflexión y que ayudan a transmitir la creencia de que oír el evangelio es un derecho humano fundamental, sin duda el derecho más importante de todos. Y negárselo a cualquiera es también la mayor injusticia de todas.

# CAPÍTULO 1

# EL DERECHO HUMANO

## El plan de Dios para acabar con la injusticia

*Mas a cuantos lo recibieron, a los que creen en su nombre, les dio el derecho de ser hijos de Dios.*
—JUAN 1.12

El peor derrame de petróleo en la historia de Estados Unidos ocurrió el 20 de abril de 2010, cuando una plataforma de perforación explotó en la costa de Luisiana. El desastre conocido como el derrame de petróleo BP resultó en más de doscientos mil galones de petróleo crudo vertidos en las aguas del Golfo de México por más de ochenta y siete días seguidos. *Scientific American* describió el desafío que suponía contenerlo como tratar de tapar un «volcán de petróleo».[1] La tarea para detener esta calamidad absoluta fue enfrentada con un fracaso tras otro, ya que cada intento por detener el derrame fracasó. A pesar de que fue contenido oficialmente el

1

15 de julio de 2015, el daño al medio ambiente fue catastrófico. La compañía fue declarada finalmente culpable de múltiples cargos y citada por las cortes con «negligencia grave y conducta imprudente».[2]

El daño fue difícil de tabular y sus efectos se siguen sintiendo en la actualidad. El flujo de petróleo se convirtió en un río de muerte que destruyó la vida silvestre y la vida marina, y alteró el sustento de miles de personas. Su impacto se sintió eventualmente en todo el mundo. Las imágenes de pelícanos llenos de petróleo y de bancos de peces muertos llenaron las noticias y los medios impresos. El desastre ecológico se estimó en muchos miles de millones de dólares. Además de tratar de rescatar la vida silvestre que luchaba inútilmente en el lodo, no había mucho que pudiera hacerse. La primera y única respuesta racional fue detener el flujo de petróleo en su lugar de origen: en la plataforma que se había reventado. Qué esfuerzo inútil habría sido tratar de limpiar el daño causado por este derrame e ignorar la causa del problema. El sentido común nos dice que la tarea más importante era centrarse en detener el problema en su origen.

La humanidad sigue siendo el peor enemigo de sí misma. Aunque el daño de este desastre fue muy grande, es solo uno en la lista de ejemplos interminables de pérdida y dolor debido al error y al pecado humano. Nada debería ser más obvio que el hecho de que nuestro mundo está fracturado y que los resultados de nuestra conducta rebelde han sido catastróficos en casi todas las formas en que podamos pensar. El mal y la injusticia parecen abalanzarse continuamente sobre nuestro mundo desde todos los lugares, ciudades y naciones. La lista de atrocidades crece diariamente: desde el genocidio, la trata de personas, la explotación de los pobres y la opresión de mujeres y niños, pasando por la pobreza y la delincuencia. El pensamiento mismo de acabar con todo el mal en el mundo es un sueño que podría ocurrir en un cuento de hadas, pero no en la vida real.

Contrariamente a la burla escéptica, la existencia del mal no apunta a la ausencia de Dios del mundo. Él no es indiferente ante nuestro dolor ni ambiguo frente al remedio para las necesidades del mundo. Pero al igual que el volcán de petróleo, el problema no puede abordarse por completo simplemente tratando de manejar el daño. En Su sabiduría, Dios previó la ruptura antes de que el mundo fuera creado. Su solución al monstruo multifacético y con cabeza de hidra del mal fue venir a la tierra en la forma de un hombre con el fin de acabar con este diluvio que está en el origen: el pecado humano. Por eso el mensaje de esta gran obra se llama el evangelio (buenas nuevas).

Jesús lo anunció cuando comenzó su ministerio terrenal: «El Espíritu del Señor está sobre mí, por cuanto me ha ungido para anunciar buenas nuevas a los pobres. Me ha enviado a proclamar libertad a los cautivos y dar vista a los ciegos, a poner en libertad a los oprimidos» (Lucas 4.18).

La afirmación de que el evangelio es la cura para la injusticia es sin duda audaz, pero en realidad es la esencia del cristianismo. Mi esperanza es desafiar a las personas que dicen ser seguidoras de Cristo para comprender las afirmaciones de largo alcance del mensaje del evangelio. Cuando esto sucede, nunca podremos volver a ser ambivalentes acerca de su poder o prioridad en nuestras vidas. Lo que ancla esta verdad —que el hecho de conocer el evangelio es el derecho humano fundamental— es que sin Dios, no hay una fuente u origen por excelencia para ninguno de los derechos humanos. Al defender la tesis de este libro, debemos empezar por responder a la importante pregunta: *¿de dónde vienen los derechos humanos?*

## El surgimiento de los derechos humanos

La idea de los derechos humanos es el asunto más importante, controvertido y convincente de nuestra generación. No hay mayor etiqueta que se pueda adjuntar a una causa o preocupación que esta.

Un hito en el surgimiento moderno de los derechos humanos puede remontarse a 1948, cuando las Naciones Unidas aprobaron la Declaración Universal de los Derechos Humanos luego de la Segunda Guerra Mundial y de la pérdida de millones de personas que fueron asesinadas simplemente porque eran judías, polacas, o de cualquier etnia considerada «indeseable» por los nazis.[3] En total, se estima que cincuenta millones de personas murieron debido a ese conflicto.[4] La declaración incluía treinta derechos humanos básicos que proclamarían más de ciento noventa naciones. La ONU esperaba utilizar su autoridad para cimentar los derechos de todas las personas en este documento. (Por *derecho*, me refiero a una facultad moral o legal de tener u obtener algo, o de actuar de cierta manera).[5] Los derechos fundamentales enumerados en la declaración de la ONU incluyen la libertad religiosa y la libertad de expresión. Se podrían unir estos dos derechos y decir: *el derecho a creer y el derecho a expresar esas creencias*.

En las últimas décadas, el tema de los derechos humanos ha ocupado un lugar central en la conciencia pública en Occidente, como se comentó en el diario *Guardian* del Reino Unido: «El uso de los "derechos humanos" en la lengua inglesa ha aumentado doscientas veces desde 1940 y se usa "hoy cien veces más que términos como derechos constitucionales" y "derechos naturales"».[6] Aunque la mayor conciencia y el enfoque han sido sumamente necesarios e importantes, la mayoría de las personas han buscado establecer estos derechos sin una base sólida. Como discutiremos en breve, si la autoridad humana es la fuente de estos derechos, entonces estos pueden ser arrebatados y también concedidos. Muchos defensores de los derechos humanos buscan establecer derechos fundamentales alejados de cualquier reconocimiento de Dios y de Sus estándares morales. Este es un intento por establecer una base laica y libre de religión, de cómo los seres humanos merecen ser tratados. Esta parece ser la mentalidad de filósofos como Richard Rorty, que descartan cualquier noción de deber o lealtad a Dios como fundamento de la moral o del comportamiento humano correcto:

> Creo que la respuesta a la pregunta, «¿Dónde está nuestro deber hoy?», es «Nuestro único deber es con nuestros conciudadanos». Podrías concebir a tus conciudadanos como los demás italianos, tus compañeros europeos o tus compañeros humanos. Pero, cualesquiera que sean los límites de nuestro sentido de la responsabilidad, este sentido de responsabilidad cívica es posible aunque nunca hayas oído hablar de la razón o de la fe religiosa.[7]

Rorty tiene razón al decir que tú sabes que hay deberes morales sin que escuches algo sobre la razón o la fe religiosa. Pero eso implica simplemente que ignoras de dónde vienen, y no que no tengan ningún origen definitivo. Separar la moral y los derechos humanos del terreno en el que han crecido y prosperado es como hacer lo mismo con una hermosa flor. Es solo cuestión de tiempo hasta que su belleza se desvanezca. Lo mismo sucede con la cultura y la sociedad que florecieron para ser las más influyentes y prósperas en la historia mundial debido a sus raíces de fe en Dios.

Los autores de la Declaración de Independencia de Estados Unidos entendieron este principio y declararon con claridad: «Consideramos que estas verdades son evidentes por sí mismas, que todos los hombres son dotados por su Creador de ciertos derechos inalienables». Este ideal fue el resultado de la influencia de John Locke (1632-1704), considerado un padre filosófico de la Declaración de Independencia y de la Constitución de Estados Unidos. Los revisionistas históricos que buscan borrar la influencia de las Sagradas Escrituras y el teísmo en la fundación de Estados Unidos quieren oscurecer la fe de Locke y su influencia en su pensamiento. Este es el revisionismo histórico en una demostración completa. La creencia de Locke en la fe cristiana motivó claramente su visión de los derechos humanos. Su teoría de los derechos inalienables invoca a Dios, planteando un problema para quienes buscan una base moral para los derechos humanos que no descansa en suposiciones religiosas.[8]

Si existe alguna duda sobre su fe en Dios, su libro *La razonabilidad del cristianismo tal como es revelada en las Sagradas Escrituras* (1695) confirmó su creencia en la veracidad de la fe cristiana.

> Y que él era el Mesías, fue la gran verdad por la que se esforzó en convencer a sus discípulos y apóstoles; apareciendo ante ellos después de su resurrección: como puede verse en Lucas 19, y que consideraremos con mayor detalle en otro lugar. Allí, leemos qué evangelio predicó nuestro Salvador a sus discípulos y apóstoles, dos veces, y tan pronto resucitó de entre los muertos el mismo día de su resurrección.[9]

El punto es que somos productos de la creación divina; por lo tanto, nuestros derechos como seres humanos están basados en una autoridad moral trascendente. Esta conexión de Dios con los derechos humanos es fundacional, del mismo modo que muchos filósofos han reconocido que sin Dios no hay absolutos morales. Si estos derechos provinieran de los seres humanos, entonces no serían inalienables; es decir, podrían descartarse. Vishal Mangalwadi, uno de los principales intelectuales de la India, estableció la conexión entre Dios, los derechos inalienables mencionados en la Declaración de Estados Unidos, y la frase original de Locke, añadiendo la palabra *sagrada*: «En su borrador original, Thomas Jefferson escribió, "Sostenemos estas verdades como *sagradas* e *inalienables.*" Esa era la verdad. Es por eso que la Declaración fundamentó los derechos "inalienables" en el Creador antes que en el Estado».[10]

En cuanto a la afirmación de que la verdad era evidente por sí misma, se debía a la cultura de la fe en Dios que existía en esa época. Lo que era evidente por sí mismo parece no ser tan evidente hoy en día. Sacar a Dios de la ecuación cuando se afianzan los derechos humanos es quitarles el fundamento necesario para sobrevivir a las mareas cambiantes de la opinión humana. Como explicó el pastor Tim Keller, los derechos humanos simplemente no tienen sentido en una cosmovisión materialista y de la supervivencia del más apto:

> Los historiadores nos dicen que la idea de los derechos surgió de las sociedades que creían en el Dios de la Biblia. Eso no es una prueba de la existencia de Dios. Sin embargo, los derechos humanos tienen más sentido en un universo creado por Dios. Sin Dios, es difícil explicar por qué o cómo existen.[11]

Keller afirma lo obvio: la creencia en la existencia del Dios de la Biblia es la fuente de nuestra creencia en los derechos humanos.

## El origen de los derechos humanos

¿Puedes imaginarte que la Corte Suprema de Estados Unidos de América declare a un hombre «no culpable» y luego le imponga la pena de muerte? Hace dos mil años, un gobernador romano hizo exactamente eso: Pilatos pronunció el veredicto de que el acusador de Jesús no había proporcionado ninguna base para un cargo en su contra. Esta falta de respeto por los derechos humanos en nombre de los poderosos tipifica la realidad de la injusticia en el mundo antiguo. ¿Cómo podría el presidente de la justicia de Israel matar a un Mesías inocente? ¿No sabía que estaba violando el derecho fundamental a la vida de una persona inocente, así como socavando la confianza del pueblo en el sistema judicial?[12]

Durante la mayor parte de la historia, los gobiernos aterrorizaron a la gente para que se sometiera. La antigua Roma no reconocía ninguna autoridad más grande que el César. Por lo tanto, la Europa precristiana no tenía ninguna fuente legal trascendente que pudiera limitar el poder del estado sobre un individuo. Como en toda civilización pagana o atea, el poder del estado era definitivo y totalitario. Debido a esto, ningún individuo podría tener un derecho seguro, inalienable o fundamental a la vida a menos que había un Dios que lo había declarado. Es vital entender que el concepto de los derechos humanos de la manera como los reconocemos hoy no habría tenido ningún sentido en el mundo clásico de los griegos o romanos.[13]

Esta es la razón por la cual la Biblia debería ser vista como un gran regalo de Dios a la humanidad. Es verdaderamente el manantial de la libertad y de los derechos humanos. Por ejemplo, los Diez Mandamientos que le fueron entregados a Moisés hace más de tres mil años, en realidad eran declaraciones de derechos humanos individuales. Por ejemplo, el mandamiento de no asesinar definió el derecho a la vida; la orden de no robar hablaba del derecho a la propiedad personal. Las enseñanzas de las Sagradas Escrituras son claras acerca del comportamiento justo e injusto. (Veremos esto con mayor detalle en el capítulo 3).

Fue la creencia en Dios, quien había creado a la humanidad con un propósito, lo que demostró que los seres humanos tenían derecho a la vida, a la libertad y a la búsqueda de la felicidad. La existencia de Dios era tan evidente en sí misma como los derechos que emanaban de Él. El punto es que el telón de fondo del cristianismo y sus principios han moldeado la cultura occidental y proporcionado el marco moral desde el cual pudieron surgir los derechos humanos.

Este fue en última instancia el significado del período en la historia conocido como la Reforma. Hace más de quinientos años (en 1517), un monje alemán llamado Martín Lutero cambió la historia al proclamar públicamente que toda la autoridad humana, y particularmente los gobernantes eclesiásticos, estaban sujetos a la ley de Dios, y no por encima de ella. Decir que esto fue revolucionario es un eufemismo. Desde el establecimiento del antiguo Israel no se había visto un reconocimiento de la verdad y el imperio de la ley que precediera a la autoridad humana. Durante aproximadamente los trescientos años siguientes, hubo un florecimiento de la civilización occidental debido a esta cosmovisión. En este período, se hicieron enormes esfuerzos para que las naciones y los reinos se reformaran pacíficamente a la luz de la verdad de que Dios había creado el mundo y nos había hecho como seres humanos a Su imagen. Además, Él nos había comunicado en la Biblia y nos había dado el código moral que conducía a la vida, a la libertad y a la felicidad.

## La era del escepticismo

Eventualmente, habría un ataque concertado para refutar la existencia de Dios y desacreditar la Biblia como una fuente confiable de verdad. Como lo advirtió el rey David hace más de tres mil años: «Y cuando las bases mismas se vienen abajo, ¿qué puede hacer el hombre honrado» (Salmos 11.3, DHH). El escepticismo radical llegó a la mayoría de edad en el siglo diecinueve. Es a Friedrich Nietzsche a quien se le atribuye la declaración «Dios ha muerto». Esta frase apareció en sus escritos y fue puesta en boca de un loco que entra en el centro de un pueblo y comienza a gritar en voz alta a la gente que pasa: «¿Dónde está Dios? Estoy buscando a Dios».

Los espectadores comienzan a burlarse de él y le dicen: «¿Se habrá ido de vacaciones?», y «¿Estará perdido?». Entonces el loco se vuelve hacia ellos y entrega su mensaje: «Dios ha muerto».

Él continúa reprendiendo a los espectadores con esta diatriba agobiante:

> ¡Dios ha muerto! ¡Dios está muerto! ¡Y lo hemos matado nosotros!
> ¿Cómo vamos a consolarnos los asesinos de los asesinos? Lo que el mundo había tenido hasta ahora de más sagrado y más poderoso ha perdido su sangre bajo nuestros cuchillos: ¿quién

nos quitará esta sangre de las manos? ¿Qué agua podrá purificarnos? ¿Qué solemnes expiaciones, qué juegos sagrados habremos de inventar? ¿No es demasiado grande para nosotros la magnitud de este hecho? ¿No tendríamos que convertirnos en dioses para resultar dignos de semejante acción?[14]

Su mensaje iluso no era que Dios nunca había existido, sino que la idea o concepto de Dios había muerto. Nietzsche comprendió las implicaciones de lo que significaba la «muerte de Dios». Significaba que las reglas de moralidad que la civilización asumía que eran verdaderas también habían muerto. Sin Dios, el fundamento de la moralidad que había emanado de esta creencia estaba muerto. Nietzsche también escribió acerca de un «superhombre», pues creía que la humanidad necesitaba desprenderse de estas creencias restrictivas. La vida no tenía sentido en última instancia. Por lo tanto, el superhombre indaga en el sinsentido y afirma su propio significado.

Por eso ha sido tan importante articular la evidencia de la existencia de Dios. La mayoría de las personas que dicen creer en Dios (o en dioses) —al menos ocho de cada diez personas en todo el mundo—, simplemente citarían una creencia intuitiva o un testimonio de algún tipo de experiencia subjetiva. Estas razones son ciertamente legítimas. Pero es vital que podamos defender la existencia de Dios ante aquellos que no comparten ni entienden nuestras experiencias personales. Esta fue otra vez mi principal motivación al escribir el libro *Dios no está muerto*. En ese libro, detallé nueve áreas clave de pruebas para la existencia de Dios, incluyendo el principio del universo, el origen de la vida, la realidad del bien y del mal, y la resurrección de Jesucristo.

Como aprenderemos más adelante en este libro, es importante ayudar a los incrédulos a comprender los compromisos de fe y las presuposiciones que asume su cosmovisión. Por ejemplo, Penn Jillette, un artista y ateo, admite que ciertas creencias que él acepta —como la existencia del mundo exterior— no pueden probarse en un sentido matemático, aunque le parezca racional aceptar esto como cierto.[15] Luego procede a acusar a los creyentes en Dios de ser irracionales y no capaces de demostrar la existencia de Dios. Sin embargo, así como acepta la existencia de ciertas cosas que no pueden demostrarse (la existencia de otras mentes además de la suya, y las leyes de verdades lógicas y matemáticas, etc.), los creyentes son racionales al dar por sentada la existencia de un creador y diseñador del universo.

La mayoría de las veces estamos luchando contra insultos y no contra argumentos. Tal vez el ateo más famoso del mundo, Richard Dawkins, escribió en su libro *El espejismo de Dios*:

> Me inclino a seguir a Robert M. Pirsig, autor de *Zen y el arte del mantenimiento de la motocicleta*: «Cuando una persona padece delirios se le llama locura. Cuando muchas personas padecen un delirio, se le llama religión».[16]

Ateos como Dawkins repiten sin cesar consignas como «No hay evidencia de Dios». Sin embargo, cuando les preguntan: «¿Qué aceptarías como evidencia?», se detienen y proponen alguna extraña petición para que Dios escriba Su nombre (o los de ellos) en el cielo, o admiten honestamente que no han considerado realmente la cuestión. Al final, son culpables de razonamiento circular al concluir que no hay evidencia de Dios porque Dios no existe. Si conoces a alguien que simplemente parezca hacer eco de los eslóganes escépticos estándar, puedes ofrecerle respetuosamente uno de los tuyos:

> *La creencia en Dios es una conclusión, no una ilusión.*

# Por qué el secularismo no puede establecer derechos humanos

La alternativa al fundamento teísta de los derechos humanos es la filosofía del *secularismo*. El secularismo define toda la vida en términos físicos, impulsada por la ley natural de causa y efecto. En consecuencia, la autoridad de las Sagradas Escrituras es rechazada, y la posibilidad misma de que Dios se revele a sí mismo o a Su voluntad a la humanidad es negada. Por lo tanto, el hombre solo se miraría a sí mismo para reformar la sociedad. Los valores laicos intentan reemplazar los valores morales enraizados en una cosmovisión teísta. Los problemas con el secularismo como fundamento de los derechos humanos podrían resumirse de la siguiente manera:

1. **No hay ninguna fuente que los sustente objetivamente.** Si Dios no existe y el hombre es producto de un proceso evolutivo puramente materialista, entonces cualquier concepto sobre los derechos humanos solo podría ser un producto del mismo proceso. Ciertamente, estos derechos pueden ser afirmados, pero eso no los hace realmente verdaderos y moralmente vinculantes.

Escribiendo desde una perspectiva cristiana, Keller está de acuerdo con esto: «No estoy diciendo que no se puedan afirmar los derechos de una fundación laica, estoy diciendo que realmente no siguen una visión del mundo evolucionista».[17] Friedrich Nietzsche coincide: «En otro tiempo, el pecado contra Dios era el mayor pecado; pero Dios murió, y de ese modo murieron también esos pecadores. ¡Pecar contra la tierra es ahora lo más terrible, y tener en más alta estima las entrañas de lo insondable que el sentido de la tierra!».[18]

Hay que señalar que en algunos países, un gobierno laico significa que habrá una dosis de libertad religiosa (por ejemplo, en Turquía). Aunque esto es ciertamente algo bueno, estoy hablando de la base misma de estos valores laicos. Estos llamados valores laicos de la libertad provienen de la cosmovisión judeocristiana. No significa que los valores laicos no sean verdaderos o que las personas laicas no puedan ser morales. Significa que el secularismo no puede ofrecer una base real para los valores que defienden ellos.

2. No hay un estándar de justicia suprema. Con el secularismo, la única base para las reglas sociales son las opciones de la gente para abrazar algún contrato social, por lo que los estándares morales cambian de acuerdo con los caprichos de la gente. Cualquier deseo puede elevarse al estatus de un derecho, y cualquier derecho existente puede ser negado eventualmente. Aún más problemático, en tiempos difíciles, la gente podía ceder sus derechos fundamentales ante los dictadores a cambio de promesas de seguridad o prosperidad, como se hizo en la Alemania nazi y en la Italia fascista, para el remordimiento extremo de los ciudadanos.

Al igual que un restaurante que ofrece su menú en un tablero para que los ítems se puedan reemplazar cuando ya no son populares, una sociedad puede cambiar sus valores para que coincidan con el estado de ánimo y las creencias de las personas de esa generación. Al internarse aún más en la madriguera del conejo, el secularismo que se generó a partir de la Era de la Ilustración (siglos diecisiete y dieciocho) descartó la idea de cualquier propósito general en el universo. Todo lo que existe es la materia y la energía física, gobernadas por las leyes de causa y efecto que son guiadas por el «relojero ciego» de la selección natural. Si no hay ningún propósito, entonces no hay manera de saber lo que es bueno o malo en términos de comportamiento humano.

3. No hay solución para el problema del mal. Al final, el secularismo no tiene una solución real para el problema del mal. Si el hombre es un animal o una máquina molecular que actúa de acuerdo con la programación genética, entonces hay pocas esperanzas de una reforma real. ¿Cómo

abordar un problema que realmente no se entiende? El mal es obvio. Como veremos en detalle en el próximo capítulo, es indiscutible que el mal es el azote de la raza humana. Ignorarlo o negar su existencia es simplemente autorizarlo.

Yendo un paso más allá, la idea de una sociedad laica es un mito en sí misma. Una sociedad laica no es una cultura sin valores, sino una en la que las creencias tradicionales son intercambiadas por dioses nuevos (ídolos). El teólogo y misionólogo Lesslie Newbigin escribió:

> Creo que hemos aprendido que lo que ha nacido no es una socie-
> dad laica, sino una sociedad pagana, no una sociedad desprovista
> de imágenes públicas, sino una sociedad que adora dioses que no
> son Dios. Pero el mito de la sociedad laica sigue siendo poderoso.[19]

También podemos desechar la noción de que los valores laicos ofrecen algún tipo de terreno neutral donde las culturas puedan encontrar valores aparte de cualquier referencia a Dios.

¿Significa esto que las personas laicas no pueden preocuparse por los derechos humanos? Por supuesto que no. Sin embargo, Keller señala que las personas laicas no reconocen los fundamentos religiosos de sus accio-nes: «Esto no significa de ninguna manera que las personas que no son religiosas no puedan creer en la dignidad humana y en los derechos huma-nos. Millones de ellas pueden hacerlo y lo hacen. Pero tal creencia es, en sí misma, esencialmente de naturaleza religiosa».[20]

A pesar de que plantearé el caso de que el evangelio es la solución para el problema del mal, las personas deben escuchar primero el mensaje para que puedan acceder a esta promesa increíble. Podrías descubrir una cura para el cáncer, pero si las personas no lo saben, se seguirían muriendo. Como advirtió el profeta Oseas: «Por falta de conocimiento mi pueblo ha sido destruido» (Oseas 4.6).

Este hecho se vio dramáticamente en el movimiento estadounidense por los derechos civiles en los años sesenta. El doctor Martin Luther King Jr., un ministro ordenado, declaró en su discurso «Yo tengo un sueño», que las masas habían ido a Washington, D. C. para cobrar un cheque que había sido escrito casi doscientos años antes, declarando que todos los hombres son creados iguales y tienen derechos inalienables. King dijo que había venido a reclamar esos derechos.[21] Recordar a la comunidad afroamericana que sus derechos estaban siendo pisoteados fue un paso crítico en el proceso de liberación y de justicia. Del mismo modo, cuando acudimos a Dios y escuchamos acerca de Sus promesas para el perdón de los pecados, podemos reclamar el derecho a ser ciudadanos del cielo, sin escondernos ya en las sombras espirituales ni ocultarnos de la justicia divina. Podemos ser verdaderamente libres.

## ¿Por qué Dios permitiría el mal?

Para muchas personas, el mayor obstáculo para abrazar la fe cristiana sigue siendo el problema del mal. A pesar de la evidencia de la existencia de Dios y de la verdad de que los derechos humanos son dependientes de esa realidad, muchos se limitan únicamente a la vieja pregunta: *¿por qué un Dios amoroso permitiría el mal?* La naturaleza emocional del argumento dificulta la respuesta. Soy asiduamente consciente de que el dolor personal puede ser abrumador. Cuando la gente presenta esta objeción, soy muy lento para reaccionar con una respuesta filosófica. Muchas veces solo escucho y trato de servir como un consolador tanto como sea posible.

Sin embargo, si esto se presenta como nada más que un argumento en contra de Dios, me siento obligado a responder de frente que Dios nos ha dado el privilegio formidable y el derecho a elegir. Nuestras elecciones morales son reales y tienen consecuencias en esta vida y en la que está por venir.

Numerosos hechos demuestran que los seres humanos tienen el poder de librar al mundo del mal moral (el mal debido a la inhumanidad del hombre con el hombre). Sin embargo, una y otra vez hemos utilizado nuestros recursos y tecnología para perpetrar el problema del mal. El año pasado, mientras me dirigía a una pequeña reunión de estudiantes en un salón de clases en la Universidad de Georgetown, me hicieron la pregunta: ¿cómo podría un Dios amoroso permitir el mal? Me di vuelta hacia el tablero y escribí el número un billón. Esta es la cantidad en dólares que gastan todas las naciones en sus defensas nacionales. Esta cifra no incluye lo que se gasta en la policía, en la seguridad ni los costos relacionados con las consecuencias legales del crimen y del mal social. Tampoco tiene en cuenta el costo de la guerra en términos de impacto en las personas y el medio ambiente.

Hice la siguiente pregunta: *¿qué podríamos comprar con un billón de dólares?* En otras palabras, si los seres humanos fueran básicamente buenos, entonces no tendríamos que desperdiciar todo ese dinero para protegernos unos de otros. Lo primero que debemos hacer es acabar con el hambre en el mundo. Según la Organización Mundial de la Salud, podríamos alimentar a todas las personas del planeta con treinta mil millones de dólares al año, con solo un tres por ciento del presupuesto total para la defensa.[22] Piensa en lo revolucionario que sería esto. El titular podría decir finalmente: «El fin del hambre». ¿Y qué del agua potable y el saneamiento? La ausencia de estas necesidades básicas es la causa de mucha enfermedad y miseria. Una vez le preguntaron al comediante británico Stephen Fry qué le diría a Dios si lo conociera personalmente. Él respondió con una diatriba airada sobre el cáncer en los niños y las terribles dificultades que sufre la humanidad, y luego mencionó un insecto que penetra en los ojos de los niños pequeños.[23] La enfermedad que él destacó sería eliminada si las zonas afectadas tuvieran agua limpia y un saneamiento adecuado.

¿Cuál es el precio de la tarea monumental de darle agua limpia y condiciones de vida higiénicas a cada persona en el planeta? Cien mil millones de dólares al año.[24] Esto equivale al diez por ciento de todo presupuesto anual para la defensa. Así que sumemos esto. Por menos del quince por ciento del dinero que el mundo gasta en defenderse unos de otros, podríamos darle a cada persona en el mundo agua limpia y comida.

Como dicen en la televisión: «¡Pero espera! ¡Hay más!».

La Organización Mundial de la Salud afirma que por cada dólar gastado en agua limpia y en saneamiento, recibimos siete dólares en ahorros por todos los costos relacionados con la atención de la salud y la mitigación de este mal tan enorme.[25] Eso significa que si gastáramos cien mil millones de dólares en agua limpia y en saneamiento, ahorraríamos setecientos mil millones de dólares.[26] Nos beneficiaríamos realmente llevando a cabo estos servicios que salvan la vida a nuestros semejantes. Podríamos dedicar entonces este dinero para alejar a las personas de las zonas de desastre o para reconstruir ciudades y pueblos de modo que resistan terremotos y otros desastres naturales. Aunque no pudiéramos eliminar completamente todo el sufrimiento humano, podríamos avanzar mucho para que dichas tragedias fueran tan escasas como la poliomielitis. Estos hechos exigen una respuesta a la pregunta: *¿por qué no llevamos a cabo estos servicios?*

La razón es, porque algo está roto en la condición humana.

## Transformación total

*«Si no naces de nuevo, no podrás entrar al reino de los cielos». (Juan 3.3, paráfrasis del autor)*

Dios quiere que el mal deje de ocurrir no solo *a ti*, sino *a través de* ti. Esta transformación total ha sido la forma en que Dios ha levantado a personas y naciones durante los últimos dos mil años. Como señaló Vishal Mangalwadi:

> Cuando la luz entre y comience a habitar en nosotros, nuestra oscuridad interior será expulsada. En otras palabras, Jesús hace lo que ningún dictador puede hacer. Un dictador podría castigarme por aceptar un soborno, pero Jesús trata con la codicia en mi corazón que me impulsa a codiciar el dinero de otras personas. Un dictador podría castigarme por abusar de mi esposa. Jesús, si habita en mi corazón, me convence y me pide que me arrepienta. También me da su poder de amar. Cuando invito a Jesús a entrar en mi corazón por su Espíritu, entonces nazco de nuevo a una nueva vida espiritual.[27]

Al igual que la ley de la entropía, que señala que las cosas pasan del orden al desorden a menos que actúen por una fuente externa, Dios es quien nos levanta y nos salva de la caída inexorable en el mal y la desesperación. Como dice el libro de Romanos: «Porque la ley del Espíritu que da vida en Cristo Jesús, te liberó de la ley del pecado y de la muerte» (8.2, DHH). Este lenguaje de levantarnos o elevarnos con Cristo es un tema fundamental en el Nuevo Testamento. El cristianismo comenzó en el lugar más improbable, y contra todas las probabilidades. El Imperio romano ejerció un poder absoluto sobre gran parte del mundo y se preocupó poco por los derechos humanos. Aunque los ciudadanos romanos tenían ciertos derechos cívicos, la idea de que los esclavos podían ser liberados o que los niños tenían alguna protección especial era, por decir lo menos, ajena a su preocupación. Jesús entró a este ambiente hostil con un mensaje de transformación del corazón. No se concentró en la opresión exterior que afligía a las masas; Él vino para lidiar con la injusticia en su origen.

Después de Su muerte y resurrección, Él envió a Sus discípulos al mundo para predicar el evangelio. «Vayan, pues, a las gentes de todas las naciones, y háganlas mis discípulos» (Mateo 28.19, DHH). Ellos habrían de anunciar que un nuevo reino estaba presente. Creer significa entrar a este reino y seguir las órdenes del Rey: Jesucristo. La confesión que se hizo fue: «Jesucristo es el Señor». Esto no significaba la rebelión y el derrocamiento de los poderes laicos, sino un reconocimiento de que los miembros de este nuevo reino tenían un conjunto más alto de leyes para obedecer. El mandamiento supremo era amar a Dios y a tu prójimo así como Cristo lo había hecho por ti.

Jesús llamó a que todas las personas se amaran, independientemente de su etnia, clase o religión. Él se ocupó directamente del racismo. Cuando le preguntaron: «¿Quién es mi prójimo?», Él respondió con una historia que hemos llamado la parábola del buen samaritano. La historia se centraba en un hombre que estaba en el camino entre Jerusalén y Jericó, y fue víctima de ladrones, quienes lo golpearon, robaron y dieron por muerto. He estado muchas veces en ese camino. Aunque obviamente está pavimentado en la actualidad, puedes imaginar el peligro de alguien que recorría las colinas y las pequeñas carreteras sinuosas hace dos milenios. Jesús describió que pasaron dos personas que podrían haber ayudado al hombre, y que ambas cumplían aparentemente con los preceptos religiosos. Pero desviaron su atención hacia otro lado y evitaron al moribundo.

Luego, llegó un samaritano y se detuvo para ayudar. Este hombre de otra etnia fue el héroe de la historia. Jesús nos llama a hacer lo mismo. A lo largo de la historia, este tipo de obediencia a Cristo ha levantado a las personas y a las sociedades en las que viven. El cristianismo afectaría dramáticamente al Imperio romano y a los bárbaros que fueron a invadirlo. A medida que el evangelio se expandió, revolucionó a las naciones y aumentó a más de dos mil millones de adherentes. El bien que vino al mundo ha sido demasiado abrumador para ignorarlo.

Vivir en oposición a la Palabra de Dios es desencadenar el caos y la confusión del infierno a través de nuestros mismos corazones y vidas. Solo Cristo tiene el poder de detener esto en su origen. Este no es el momento de estar inseguros acerca de la verdad del mensaje, confusos sobre la necesidad de compartirlo, o de carecer de confianza en su poder de transformar cualquier cosa y todo lo que toca.

## Resumen

*Dios es la fuente de los derechos humanos.* La existencia de Dios apunta a una base sólida para estos derechos que no puede proporcionar el secularismo ni el materialismo. Comprender esto nos da la confianza para presentar el evangelio como una solución viable para el mal que azota a la raza humana. Podemos comprometer al mundo que nos rodea con compasión y darles a aquellos que no están de acuerdo con el mensaje la dignidad y el respeto que merecen porque son creados a imagen de Dios. Todo el mundo tiene derecho a tomar decisiones reales sobre su moral y su destino.

*La existencia del mal* sigue siendo un obstáculo para muchos, a pesar de cualquiera de los argumentos filosóficos sólidos que podrían ofrecerse. No hay nada más doloroso y vejatorio que debamos superar que esto. El evangelio proporciona la única esperanza real para lo que se llama *el problema del mal*. No solo se ocupa de la injusticia en su origen; proporciona el consuelo de que la justicia nos será ofrecida en última instancia a cada uno de nosotros. He tenido más conversaciones de las que podría contar en las que esta cuestión del mal se convierte eventualmente en el centro de la conversación. Muchos admitieron que su actitud al rechazar a Dios a causa del mal tal vez no pueda justificarse realmente, pero es todo lo que pueden hacer para dar un paso atrás contra el tormento que sienten. En este punto, estoy muy agradecido de poder presentar el hecho de que

Dios entró a la historia como Jesucristo. El profeta Isaías lo llamó «varón de dolores, hecho para el sufrimiento» (Isaías 53.3).

El mensaje que Dios trajo a la humanidad fue que Él se preocupaba lo suficiente por nosotros para hacer algo con respecto a la injusticia. Esto no es lo que algunos llaman «noticias falsas» o «hechos alternativos»; es una verdad pública que puede resistir la investigación y el escrutinio. Los miles de millones de personas en este planeta tienen el derecho de conocer el mensaje y cómo impacta sus vidas.

# CAPÍTULO 2

# EL EVANGELIO COMO VERDAD PÚBLICA

## Involucrando a la plaza pública

*—¡Ve! —insistió el Señor—, porque ese hombre es mi
instrumento escogido para dar a conocer mi nombre tanto
a las naciones y a sus reyes como al pueblo de Israel.*
—Hechos 9.15

Lesslie Newbigin fue un misionero y teólogo anglicano que sirvió
treinta y cuatro años en la India. Cuando regresó a Inglaterra en los
años setenta, se sorprendió por el declive espiritual de la nación, particularmente por el estado de las iglesias y su compromiso con la misión de
proclamar el evangelio. Como era un misionólogo (un experto en el área
de las misiones), Newbigin trató de entender las razones de esta recesión

notable del compromiso con la cultura y el declive general del cristianismo en ese país. Como misionólogo que soy yo también, pocas voces me
han inspirado tanto como la suya. La mayor parte de su escritura y de su
impacto significativos en la iglesia global sucedió después de su retiro, y
regresó a Inglaterra cuando tenía sesenta y cinco años.[1]

El problema más notorio que enfrentó Newbigin al regresar de la
India fue una dicotomía que se había desarrollado en las mentes colectivas de los cristianos. Relegaba los artículos de su fe al dominio de las
creencias privadas y no a la verdad pública: ciertamente no es el mismo
tipo de verdad que se encuentra en la ciencia. El público en general refle-
jó esta percepción al ver al cristianismo como una fuente de valores, y no
de conocimientos o hechos verdaderos. En resumen, los hechos pertenecían a la ciencia y a la historia; se trataba de valores que emanaban de la
fe religiosa. Según Newbigin, el cristianismo estaba basado en hechos y
en verdades que no debían ser ignorados por sus implicaciones religiosas. Más que meros hechos, el evangelio era una historia noticiosa, la verdadera noticia que debía ser contada a todos, en todas partes. Newbigin
escribió:

> Un compromiso serio con el evangelismo, la narración de la histo-
> ria que la Iglesia es enviada a contar, significa un cuestionamiento
> radical de las suposiciones reinantes de la vida pública. Es afirmar
> el Evangelio no solo como una invitación a una decisión privada y
> personal, sino como una verdad pública que debe ser reconocida
> como verdadera para toda la vida de la sociedad.[2]

Su argumento central era que debido a que el evangelio está basado en
la historia, sus demandas deben ser presentadas como cualquier otra afirmación de la verdad. Por supuesto, esta presentación debe ser examinada
y debatida a fondo, pero no debe ser ignorada o confinada a las reuniones

de la iglesia. El diálogo abierto y el debate deben seguir la proclamación del evangelio, sí, pero la historia debe ser contada primero. También enfatizó que el contexto cultural tiene un gran impacto en la forma en que el evangelio es presentado y percibido. Esto fue indudablemente cierto en Europa, donde las guerras de los siglos dieciséis y diecisiete alimentaron el deseo de escapar del ciclo de la coerción y de la confusión violentas construyendo un mundo basado en la verdad revelada por Dios y/o descubierto por la razón y no por el dogma religioso:

> La cohesión de la cristiandad europea quedó destrozada por una disputa interna que desembocó en una guerra sangrienta, y que en los siglos diecisiete y dieciocho Europa recurrió a otra visión de la verdad pública, una visión inspirada por los logros de la nueva ciencia y encarnada eventualmente en la idea de un estado laico.[3]

El secularismo prevaleció sobre el cristianismo, pero la mayoría de los historiadores han revisado tanto la historia desde una perspectiva puramente laicista, que la mayoría de las personas «educadas» no son conscientes de que las llamadas guerras religiosas no ocurrieron solo por asuntos relacionados con la religión. Aunque el resultado final de estos conflictos supuso la llegada de la libertad religiosa en Oeste, dejarían una cicatriz duradera en el continente europeo. Las Escrituras señalan claramente que Dios no usa ni aprueba el uso de la fuerza para convertir a las personas.

Cualquiera que haya leído la *Carta sobre la tolerancia* de John Locke (1689) sabe que cada argumento para institucionalizar la tolerancia como política pública proviene de la Biblia. Cada principio que expuso John Locke había sido sostenido por cristianos como Martín Lutero, John Milton, Oliver Cromwell, y en la Confesión de Westminster. El cristianismo bíblico trajo la paz. En cambio, los intereses laicos políticos, económicos e ideológicos han producido las peores guerras de la historia: la

Primera y la Segunda Guerra Mundial son ejemplos primordiales, pero las «guerras religiosas» anteriores también fueron impulsadas por intereses políticos rivales.

También es crítico señalar que la violencia en nombre de Dios resulta luego de desobedecer los mandamientos de Cristo, y no de seguirlos. Newbigin enfatizó que mientras que el evangelio debe ser ofrecido como verdad pública, nunca debe ser forzado a nadie a través de la coerción por parte de ninguna autoridad política o religiosa. Cuando es así, el mensaje es seriamente socavado y finalmente desacreditado.

Que las personas con intereses creados hayan usado la religión para hacer cosas malas no significa que Dios no exista o que la fe cristiana no sea verdadera; solo demuestra que la división y el odio son parte de la naturaleza humana y necesitan redimirse y transformarse. La cruz era el símbolo del terror pagano de Roma. Cristo la transformó en un símbolo de amor y abnegación. Es cierto que los líderes religiosos exigieron que Jesús fuera crucificado. Eso solo demuestra que no basta con ser religioso externamente; debe haber un cambio de corazón. Esta es la esperanza que trae el evangelio y por qué debe ser proclamada abiertamente.

Me he sentido fascinado con la historia de Newbigin debido a algunos de los paralelos que he visto en mi propia experiencia. Después de veinticinco años de ministerio y de instalación de iglesias en todo el mundo, ingresé a un programa de doctorado en el Seminario Teológico Fuller para estudiar formalmente la condición de la iglesia norteamericana. Me sentí intrigado por una estadística que encontré: solo el tres por ciento de las iglesias estaban creciendo a través del evangelismo.[4] Yo había sido testigo de un crecimiento espectacular del cristianismo en lugares como Asia, África y América Latina, pero he visto que el mensaje en Estados Unidos y especialmente en Europa ha encontrado una fuerte oposición.

¿Por qué el evangelismo fracasa tan rotundamente en América del Norte? Lo que encontré a través de mi investigación, así como en mis años de ministerio práctico, es que las personas en esta región del mundo dudan de la verdad del evangelio. Reafirmar la verdad del mensaje del evangelio debe ser un objetivo primordial si queremos ver un despertar espiritual en todo Occidente.

## El secularismo no es neutral

Un factor importante detrás de esta pérdida de confianza en el evangelio es el efecto del secularismo en el pensamiento de la cultura en general. Newbigin argumentaría que el llamado ámbito laico no era un lugar neutral, donde solo se discutían hechos objetivos sobre el mundo. Para él, este era el verdadero mito. El hecho de no entender el pensamiento defectuoso detrás de esta mentalidad laica había permitido que las suposiciones fueran introducidas clandestinamente en la conciencia colectiva de la sociedad, y que simplemente no fueron cuestionadas. Todos llegamos a cualquier discusión con nuestro conjunto de presuposiciones y creencias anteriores. En su libro *Lesslie Newbigin: Missionary Theologian* [Lesslie Newbigin: misionero teólogo], Paul Weston enfatizó en el desafío de este mito de neutralidad del estado laico:

> Tenemos que cuestionar la suposición de que un estado laico es neutral. No establece ninguna de las religiones del mundo, sino que establece una visión del mundo que encarna afirmaciones de verdad que los cristianos no pueden aceptar y que deben ser puestas al descubierto y desafiadas.[5]

Como hemos discutido, el secularismo no tiene una fuente suprema de derechos humanos, ni posee una verdad objetiva. Sin Dios como fuente y fundamento de estas cosas, la sociedad funciona inconscientemente sobre los llamados principios laicos que en realidad se derivan de una cosmovisión teísta. Aún más inquietante para el laicista es la realidad de que su perspectiva se basa tanto en la fe como lo hace el teísta. El doctor John Williams, un clérigo anglicano, insiste en esto al resumir lo que debería llamarse el secreto laico: «Nuestras creencias más fundamentales no se pueden demostrar, sino que son sostenidas por la fe».[6]

No es fácil hacer que un laicista o materialista admita esto. Sin embargo, entender esto le ayudará a rechazar la afirmación condescendiente de que ha trascendido la necesidad de creer en cualquier cosa. La mayoría de los eruditos honestos admitirán esto sin reservas. Newbigin comprendió la necesidad de desenmascarar este malentendido acerca de la conexión entre la fe y el conocimiento, y subrayó la necesidad de reconocer que la fe de una persona en la verdad del evangelio estaba justificada realmente. También trabajó para demostrar que los valores laicos no eran neutrales y que finalmente conducirían al paganismo manifiesto: a la creencia en múltiples dioses: «Inglaterra es una sociedad pagana y el desarrollo de un encuentro verdaderamente misionero con esta forma tan dura del paganismo es la mayor tarea intelectual y práctica que enfrenta la Iglesia».[7]

Aunque este es un desafío de enormes proporciones, ciertamente no es un escenario cultural sin precedentes. El paganismo describe mejor el mundo que los primeros apóstoles tuvieron que enfrentar y, sin embargo, ellos proclamaron audazmente el evangelio a pesar de la oposición violenta. Ellos prevalecieron porque el mensaje era verdadero. Esto significa que aunque el desafío para nosotros hoy es similar al enfrentado por los creyentes del primer siglo, podemos tener una gran confianza de que, al igual que para ellos, la Palabra de Dios crecerá poderosamente y prevalecerá (Hechos 19.20).

# El evangelio definido

Al mirar con mayor profundidad la frase *el evangelio como verdad pública*, primero debemos ser claros acerca de cuál es el mensaje del evangelio que debemos proclamar y defender. Una de las cosas más importantes que debemos hacer como creyentes es ser claros en nuestra presentación. La literatura teológica que describe el evangelio en toda su verdad y gloria ocupa incontables volúmenes, y leerla y procesarla tomaría muchos años. Al tratar con todas las dimensiones de este mensaje, podríamos hablar de amor, gracia, verdad, justificación, pecado, redención y perdón. Como dice el doctor Krish Kandiah, un teólogo y activista que vive en el Reino Unido: «El evangelio es más grande de lo que piensas».[8] Normalmente no tenemos tiempo de darles una amplia explicación teológica del evangelio a todos con los que entablamos una conversación o diálogo, pero podemos proporcionarles un resumen simple y claro.

Esta es una definición del evangelio que quiero que consideren: *El evangelio es la buena noticia de que Dios se hizo hombre en Jesucristo. Él vivió la vida que deberíamos haber vivido, y tuvo la muerte que deberíamos haber tenido, en nuestro lugar. Tres días después resucitó de entre los muertos, demostrando que Él es el Hijo de Dios, y ofreciendo el don de la salvación y del perdón por los pecados a aquellos que se arrepienten y creen en Él.*

Antes de explicar cada parte con más detalle, permítanme recordarles lo importante que es memorizar y dominar esta definición (o alguna similar), así como comprender el significado y la verdad detrás de ella. La gente puede pasar años asistiendo a reuniones religiosas, estudios bíblicos y otros eventos, sin poder comunicar el evangelio de manera clara y sucinta a otros, y mucho menos explicar su significado en la vida de un individuo, familia, ciudad o nación. La fe en este mensaje es lo que cambió tu vida si eres un cristiano hoy. Es la fe en este mensaje la que llevará a otros a una relación con su Creador que cambiará sus vidas. Abrazar su verdad es también el primer paso para poner fin a la fuente de injusticia que habita en todos nosotros. El siguiente es un resumen rápido de cada una de las verdades de la definición.

*Dios se hizo hombre en Jesucristo.* Dios entró al mundo asumiendo la carne humana. La mayoría de las religiones del mundo llaman a los hombres a ascender y a trabajar su camino a Dios. El cristianismo explica que Dios vino a nosotros. En el cristianismo, no tenemos un dios que se sienta separado de los problemas del mundo, como los dioses de los griegos antiguos, o como un relojero cósmico que le dio cuerda al mundo y luego le dio la espalda. Creemos en el Dios que entró al mundo para abordar la injusticia personalmente.

*Él vivió la vida que deberíamos haber vivido.* Dios espera que preservemos la ley moral. Esta es la línea vertical que separa a la justicia de la injusticia. La vida que vivió Jesús fue completamente justa y misericordiosa. La vida de Cristo no tiene paralelo. Lejos de ser algún profeta místico extático o fogoso, Él fue la encarnación de la gracia y la verdad.

*Él murió la muerte que deberíamos haber tenido, en nuestro lugar.* Todos claman por justicia cuando el mal los afecta. Si no hay consecuencias por el hecho de infringir una ley, entonces la ley deja de ser una ley. Puesto que todos hemos quebrantado la ley de Dios, todos merecemos el juicio. Sin embargo, Cristo soportó nuestro castigo tomando nuestro lugar por medio de Su muerte en una cruz romana. La dureza y tortura de la muerte de Cristo fue el pago por toda la injusticia y la disposición para liberarnos de la esclavitud del pecado.

*Tres días después, Él resucitó de entre los muertos.* La resurrección de Cristo de entre los muertos verificó su identidad y demostró que Su autoridad era real. También nos da esperanzas de que hay vida después de la muerte. Esto demuestra además Su afirmación exclusiva de ser el verdadero camino a Dios. Este acontecimiento puede ser examinado históricamente y presentado como un hecho, y no meramente como una creencia u opinión subjetiva. El cristianismo es la única religión que basa todo el peso de su verdad en un acontecimiento histórico: la resurrección de Jesucristo de entre los muertos.

*Él ofrece el don de la salvación y el perdón de los pecados a aquellos que se arrepienten y creen en Él.* En el don de la salvación de Dios, no solo recibimos el perdón de los pecados, sino que también somos liberados del poder de la injusticia y de sus consecuencias, tanto en esta vida como en la siguiente. Arrepentirse significa apartarse de la injusticia y confiar en nuestros propios esfuerzos para ganarnos nuestra propia salvación. Al apartarnos del mal, recurrimos a Cristo y creemos. La promesa es asombrosa: «Por lo tanto, el que está unido a Cristo es una nueva persona. Las cosas viejas pasaron; se convirtieron en algo nuevo» (2 Corintios 5.17, DHH).

Esto no significa que no seamos capaces de pecar o de actuar injustamente. Significa que Cristo tomó Su lugar legítimo en nuestros corazones y nos hizo nuevas personas. Ahora tenemos un nuevo poder obrando en nuestro interior, el cual nos está empoderando para vivir vidas santas. Esta es una verdad tan crucial, que dedicaremos un capítulo entero para examinar esta promesa de un nuevo yo y una nueva creación. La transformación de nuestros corazones es la manera en que el mundo es cambiado, una vida a la vez. Con esta claridad en el contenido y significado del evangelio en mente, veamos con mayor profundidad las razones por las cuales debemos ver este mensaje como una verdad pública.

## El evangelio es verdad histórica

En primer lugar, el evangelio es una noticia sobre los acontecimientos ocurridos en la historia. No hay ningún aspecto mitológico en esta historia.

De hecho, es una noticia. Newbigin dice: «El Evangelio es una noticia sobre las cosas que han sucedido. Lo que ha ocurrido ha sucedido, y nada puede cambiarlo».[9]

En mi libro *Hombre. Mito. Mesías*, hice una amplia defensa de la historicidad de Jesucristo. Los registros de la historia afirman de manera concluyente que Jesús vivió y fue crucificado finalmente a manos de Poncio Pilato, el procurador romano. Un tercer hecho histórico es que Su tumba fue hallada vacía tres días después de Su muerte. El cristianismo comenzó en el mismo lugar (Jerusalén), donde habría sido más fácil de rebatir. El doctor Gary Habermas, uno de los estudiosos más reputados de la resurrección, se refiere a estos como a «hechos mínimos» de la historia.[10] Con lo cual quiere decir que se trata de hechos que una mayoría abrumadora incluso de los eruditos escépticos reconocen como verdaderos. Estos hechos históricos tuvieron lugar dentro de un marco de otros factores que apuntan a la realidad de que Cristo resucitó de entre los muertos tres días después de Su crucifixión. Este evento, predicho por los profetas con cientos de años de antelación y predicado explícitamente por Cristo mismo, señala la verdad de que Él es quien dijo que es, el Hijo de Dios.

Habiendo escrito acerca de esto en mi libro anterior, no repetiré la defensa que hice sobre la evidencia de la resurrección. Una enorme cantidad de desinformación abunda en Internet, haciendo afirmaciones necias e infundadas de que la historia de Jesús era simplemente un relato de mitos antiguos. Esas afirmaciones son mitos modernos que no tienen respaldo académico ni fuentes históricas. Esta es la razón por la cual es fundamental investigar cualquier pretensión de verdad.

Debido a que el evangelio está basado en la historia, nos permite investigarlo y debatirlo en la arena pública. No se trata de un cuento legendario ambientado en una galaxia completamente lejana. El evangelio es una noticia sobre lo que sucedió, e independientemente de cómo evolucione el cristianismo basado en la cultura o el contexto, nada puede cambiar el hecho de esos eventos en Jerusalén hace dos mil años. El doctor Kandiah también confirmó:

> La iglesia necesita —de manera humilde pero audaz— entrar a la esfera pública con un relato persuasivo de la historia cristiana; no como espiritualidad personal, sino como verdad pública. Él [Newbigin] toma la lógica de este diálogo público de la comunidad científica. Un científico no presenta los hallazgos de la investigación como una preferencia personal, sino con la esperanza de un acuerdo universal si los resultados resisten la investigación.[11]

Esta visión de la naturaleza del evangelio es ajena a la mayoría de los cristianos en Estados Unidos. No solo necesitamos un despertar espiritual, sino también intelectual. Ya sea que nos guste o no, estamos en medio de un enorme conflicto global en torno a las ideas. En su mayor parte, no hemos capacitado a los creyentes para que se involucren con éxito en este campo tan crucial.

La oposición actual más beligerante y agresiva a la fe cristiana proviene de las facciones militantes del islam y de las filas escépticas del ateísmo, las cuales sostienen que su cosmovisión proporciona el verdadero panorama de la realidad suprema. El islam hace afirmaciones históricas que deberían y deben ser desafiadas. Hablaremos de estos desafíos en detalle en el capítulo 7. El ateísmo da explicaciones detalladas sobre los orígenes, la moralidad y el destino de la humanidad que contienen muchos problemas lógicos y filosóficos serios. El evangelio hace afirmaciones que contradicen directamente estos dos sistemas de creencias y ofrece una cosmovisión o metanarrativa contrapuesta que explica mejor nuestros orígenes y aporta soluciones a la crisis de la condición humana.

La mayor amenaza para el progreso de la fe cristiana es el *silencio*. El desafío de Newbigin para nosotros como cristianos es hablar de manera audaz y amorosa en la arena pública:

> El cristianismo tiene que tomar su posición entre otras religiones en este mercado pluralista. La iglesia es fácilmente engañada en la presentación del evangelio como una manera de salvación privada. Esto cambia de hecho el carácter del evangelio de una manera fundamental, abandonando la metanarrativa que abarca toda la historia humana desde la creación hasta la nueva creación.[12]

Como vemos diariamente, las creencias de una persona pueden tener un efecto dramático en el mundo. Debemos participar en un debate respetuoso pero directo sobre cualquier creencia que afecte nuestro mundo. Cuando caemos en la trampa de ver la fe cristiana como un asunto simple y privado, permanecemos de brazos cruzados ante la dificultad más grande y el desafío más importante de nuestros días.

## El evangelio es conocimiento verdadero

El hecho de que el evangelio haga afirmaciones históricas válidas significa que debe considerarse como un conocimiento verdadero. Previsiblemente, para aquellos que están comprometidos con la idea de que solo el conocimiento científico y empírico es el conocimiento verdadero, ninguna cantidad de evidencia será suficiente. Incluso las afirmaciones filosóficas sobre el conocimiento son rechazadas por aquellos que han abrazado este tipo de «cientificismo». Esto está en el corazón del desafío cuando este mensaje se presenta en la arena pública.

Debemos comprender el error en la noción de que todo conocimiento religioso es subjetivo, en oposición al conocimiento científico objetivo. Tal como hacemos con el conocimiento en todas las demás áreas de nuestra existencia, usamos nuestros sentidos, la lógica, la intuición, la razón, así como un conjunto de suposiciones, para interpretar la información y los aportes que recibimos. La razón depende de la intuición y de la imaginación. Solo puede funcionar con la información que reciba. La razón no es una fuente independiente de información. Es tan confiable como la información que obtiene y la verdad de los presupuestos que filtra la información. No es razonable descartar la evidencia de las afirmaciones históricas del evangelio debido a una cosmovisión que excluye la existencia de Dios y la posibilidad de los milagros. Es como decir que no hay pruebas de que un sospechoso haya cometido un crimen, siempre y cuando excluya la evidencia que señala su culpabilidad.

La calidad de nuestro proceso de toma de decisiones depende de si el conocimiento que poseemos es verdadero o falso. Todo conocimiento no es igual y debe ser evaluado de manera diligente y cuidadosa. Cuanto más he hecho este tipo de evaluación con el evangelio, me he convencido con más ahínco de que es el conocimiento verdadero. Comenzando con la historicidad del escenario del evangelio, pasa entonces la prueba de la coherencia lógica. La vida de Cristo y Su mensaje a la humanidad son de hecho consistentes con la afirmación de la existencia de un Creador amoroso. Debido a que el universo surgió de la nada, también es lógicamente consistente que los milagros son posibles. Por lo tanto, los anuncios proféticos del nacimiento, la vida, la muerte y la resurrección de Cristo son evidencia de este tipo de poder sobrenatural obrando en nuestro mundo. Los milagros mismos, incluyendo Su nacimiento virginal y la resurrección, son consistentes dentro de la *estructura de plausibilidad* que ofrece el evangelio.[13] Por lo tanto, cuando se trata de un conocimiento confiable, podemos decir que el evangelio nos da un verdadero conocimiento acerca de las preguntas y desafíos más importantes de nuestra existencia. Esto incluye el conocimiento de nuestros orígenes, propósito, condición y el plan de Dios para nuestra salvación.

**Orígenes:** El hecho de que somos creados por Dios con la capacidad de razonar, amar, experimentar la belleza, e incluso pensar en este tipo de cosas demuestra que la vida no es un accidente. La cosmovisión del materialismo y del naturalismo que reduce nuestra existencia al azar es contradicha directamente por el evangelio.

**Propósito:** El evangelio nos dice que los seres humanos tienen un propósito. La pérdida de esta creencia en el propósito humano ha producido resultados catastróficos en términos del nihilismo inevitable (falta de sentido de la vida). Si no hay conocimiento de lo que es el propósito humano, entonces no hay manera de decidir qué acciones son buenas o malas en última instancia. Debido a que la vida tiene un propósito, esta tiene significado. Nuestras vidas son importantes y nuestras decisiones también lo son, más allá de su valor meramente práctico, aunque importante, aquí en la Tierra.

**Condición:** El evangelio nos dice que algo está mal con la naturaleza humana, y que tenemos un problema espiritual. Estamos separados de Dios debido al pecado y necesitamos un Salvador. Aunque deseamos hacer el bien, tenemos una propensión hacia el egoísmo y el mal, cuya evidencia es dolorosamente obvia a nivel mundial. (El siguiente capítulo ofrece una descripción más detallada de este hecho de la maldad humana). Tenemos la habilidad de hacer el bien o de cometer actos malvados. La evidencia del impacto de estas dos posibilidades es abrumadoramente obvia. El evangelio nos dice que algo está realmente mal con la naturaleza humana y que necesitamos un Salvador.

**El plan de Dios:** El evangelio nos da el conocimiento verdadero para liberarnos y ayudarnos. El conocimiento de la salvación es la esencia de esta historia. Al aceptar esto como verdad, nuestras vidas son sanadas y elevadas. Rechazar este conocimiento conduce a la futilidad y a la desesperación. Es por eso que el evangelio debe ser escuchado por todos, en todas partes.

Comprender la realidad de la verdad del evangelio proporciona el ancla y el fundamento de nuestra fe y de nuestro deseo de contarles la historia a otros. Ofrece un nuevo punto de partida a la humanidad para confiar en que este conocimiento es cierto.

## Un nuevo punto de partida

Hablar de un comienzo de las cosas es desconcertante para un materialista. El descubrimiento en el siglo veinte de que el universo tuvo un comienzo dio lugar al término *big bang* como una forma de burlarse de esta noción. La idea de que hubo un comienzo absoluto del espacio y del tiempo sonaba muy parecido al Génesis. Cuando se trata del evangelio, encontramos otro punto de partida. Por el hecho de Dios revelándose a sí mismo en la historia a través de Cristo y verificándolo por Su resurrección de entre los muertos, tenemos no solo el comienzo de una nueva fe, sino un nuevo punto de partida para la humanidad. Esta idea de que el evangelio ofreció un nuevo punto de partida fue un refrán constante para Newbigin mientras él planteaba su argumento de que el evangelio era una verdad pública:

> El hecho de que un hombre que ha estado muerto y enterrado durante tres días no se levanta de la tumba era bien conocido incluso antes de la invención de las luces eléctricas. Si es cierto, tiene que ser un nuevo punto de partida de una manera completamente nueva de entender el cosmos y la situación humana en el cosmos.[14]

Todo sistema de creencias —filosófico, científico o teológico— busca una base segura al descubrir un punto de partida creíble y verificable para su credo. Para Descartes en el siglo diecisiete, su propia capacidad de pensar fue el punto de partida de su filosofía. Su famosa frase «*Cogito ergo sum*» (pienso, luego existo) señaló a sus propios pensamientos como la única cosa de la que él no podía dudar. Esto ejemplifica la tendencia a hacernos humanos como el punto de referencia supremo, que nos deja en un ciclo continuo de subjetivismo y desesperación. Es por eso que todo conocimiento descansa en presuposiciones: un punto de partida, dijo Newbigin, que debe creerse:

Cada tipo de pensamiento sistemático tiene que comenzar desde algún punto de partida. Tiene que empezar por dar algunas cosas por sentadas. En todos los ámbitos del pensamiento siempre es posible cuestionar el punto de partida, preguntarse: «¿Por qué esto antes que otro?» o, «¿Qué motivos hay para empezar aquí?». Es obvio que este tipo de cuestionamiento no tiene un límite teórico. Uno podría seguir cuestionando, pero entonces uno nunca comenzaría a formarse una concepción clara de la verdad. Ningún pensamiento coherente es posible sin dar algunas cosas por sentadas. No es difícil demostrar, con respecto a cada rama del conocimiento tal como se enseña en las escuelas y universidades, que hay cosas que se dan por sentadas y que no son cuestionadas, cosas que podrían ser cuestionadas. Ningún pensamiento coherente es posible sin presuposiciones.[15]

El evangelio es ciertamente una buena noticia porque descansa sobre bases epistemológicas sólidas y nos da la confianza de que podemos saber lo que es cierto. El desafío de demostrar la validez de nuestro conocimiento de Dios viene junto con el hecho de predicar el evangelio como una verdad pública. (Examinaremos el campo de la epistemología en detalle en el capítulo 4). En la resurrección de Cristo, tenemos evidencia de que Dios nos ha revelado el conocimiento de aquello que podemos recibir como una verdad. De hecho, Jesús fue llamado la Palabra de Dios: el mensaje o la información viviente de Dios acerca del mundo y de quiénes somos como seres humanos. El Creador nos dio un don tremendo al darnos este punto de referencia epistemológico. Nos proporciona una base firme para la verdad y el conocimiento, así como temas críticos como los derechos humanos y la justicia. Podemos decir con el apóstol Pablo: «porque yo sé a quién he creído» (2 Timoteo 1.12, RVR60).

Usar el término *revelación* evoca afirmaciones místicas y esotéricas que tienen poco peso más allá de la persona que hace la afirmación. Las personas que hacen afirmaciones de haber recibido la revelación divina podrían haber ganado incluso muchos seguidores si expresaran estas afirmaciones a otros con la pasión suficiente. Pero la *revelación* que tenemos en Cristo no es nada como estas otras afirmaciones (por todas las razones que hemos mencionado hasta ahora).

Según nuestra propia experiencia, muy pocas personas pueden saber lo que estamos pensando a menos que les revelemos nuestros pensamientos e intenciones. Del mismo modo, el Creador le ha revelado conocimientos a la raza humana acerca de Él y de nosotros. Esto nos da un verdadero conocimiento de nuestro propósito, así como el conocimiento del bien y del mal. Newbigin señaló:

> Si no conozco el propósito para el cual fue diseñada la vida humana, no tengo bases para decir que cualquier tipo de estilo de vida humano es bueno o malo. Es simplemente un ejemplo de la vida humana tal cual es. Los juicios sobre lo que es bueno o malo solo pueden ser intuiciones personales.[16]

El evangelio también nos ofrece un nuevo punto de partida para nuestras propias vidas. Como veremos en los capítulos siguientes, se nos ha dado la oportunidad de nacer de nuevo; un nuevo comienzo en la vida independientemente de nuestro pasado (Juan 3.3). Esta regeneración está disponible no solo para los individuos, sino también para la sociedad en su conjunto. Es por eso que debemos ir audazmente y proclamar las buenas nuevas a todos.

## El evangelio en una sociedad pluralista

La cultura occidental en el siglo veintiuno se define como pluralista. Prácticamente, entendemos que vivimos en medio de una variedad de etnias, culturas y creencias, y que debemos vivir por lo tanto de una manera respetuosa con los demás. Esto significa que personas de todas las religiones —incluidas las laicas— tienen que aprender a llevarse bien. Lo que ha seguido a raíz de este pluralismo creciente es la presión para relativizar la verdad. El pluralismo es una realidad sociológica. El relativismo es una filosofía que dice que nadie puede conocer la verdad. El hecho es que todos sabemos alguna dosis de verdad, y la revelamos a los demás.

Así como en la época romana, el paganismo moderno también nos presiona para tratar todas las creencias como igualmente válidas. En apariencia, este tipo de razonamiento se desmorona rápidamente. Hay creencias erróneas de todo tipo, especialmente las religiosas, que son obviamente falsas y deben ser desafiadas. Este es el tipo de pluralismo que debemos desear y defender como válido. Es uno en el que hay un *encuentro de compromisos*. Esto significa que llevamos nuestras creencias firmemente sostenidas a la plaza pública y debatimos sus méritos o deficiencias abiertamente.

El pluralismo es concebido como una característica propia de la sociedad laica, una sociedad en la que no existe un patrón oficialmente aprobado de creencia o conducta. Por lo tanto, también se concibe como una sociedad libre, una sociedad no controlada por el dogma aceptado, sino más bien caracterizada por el espíritu crítico que está dispuesto a someter todos los dogmas a un examen crítico (e incluso escéptico).[17]

El mensaje del evangelio nació en la cultura pluralista de Roma. El mundo clásico estaba lleno de la noción de múltiples dioses y creencias, unida por la autoridad del estado, que ordenaba una lealtad suprema, pero que daba oportunidad para que existieran creencias privadas y personales. En este contexto, los primeros apóstoles se aventuraron con su mensaje de Cristo crucificado y resucitado. Ellos predicaron que no había salvación en ningún otro nombre sino el nombre de Jesús (Hechos 4.12). En muchos casos, su predicación produjo un renacimiento o un motín. Aunque hablaban de la exclusividad de Cristo, ellos no buscaban impedir legalmente que otros practicaran sus creencias particulares. Confiaron únicamente en la verdad de su mensaje y en su poder persuasivo.

Como cristianos que vivimos en Estados Unidos en el siglo veintiuno, nos encontramos en una atmósfera similar en términos de la plétora de creencias y religiones que nos rodean. Es fundamental que confiemos en la verdad de nuestro mensaje, en lugar de tratar de silenciar otras opiniones. Debemos prosperar en el desafío presentado por cada otra cosmovisión e ideología. Mientras digo esto, debemos tener en cuenta que a menos que nuestro mensaje esté expresado claramente en términos de sus reivindicaciones únicas y exclusivas, y sea audazmente proclamado, se perderá y finalmente se ignorará en medio del tsunami de información que existe. Newbigin nos recuerda:

El Evangelio es una noticia de lo que ha sucedido. El problema de comunicarlo en una sociedad pluralista es que simplemente desaparece en el océano indiferenciado de la información. Representa una opinión entre millones de otras. No puede ser «la verdad», ya que en una sociedad pluralista la verdad no es una sino muchas.[18]

No debemos retroceder de la proclamación del evangelio y de la confrontación respetuosa de otros sistemas de creencias que buscan definir la naturaleza de la realidad suprema. No estamos presentando un mensaje que no tiene nada que decir acerca de la moralidad, las opciones de estilo de vida, el matrimonio o la identidad personal. Para algunos, predicar el evangelio significa evitar cualquier tema polémico a toda costa. Cuando hacemos esto, abdicamos la creencia de que Jesús es el Señor. Decir esto significa que Él es la autoridad suprema de toda la vida y de los asuntos anexos. Significa que debemos buscar Su verdad a través de Su Palabra independientemente de nuestros sentimientos o presiones culturales. Esto debe hacerse con un espíritu de humildad, así como de audacia. No podemos dejar de responder a las preguntas difíciles con las respuestas que ofrece el evangelio. Tampoco debemos dejar de declarar la verdad porque pueda parecer impopular.

## Decirle la verdad al poder

El evangelio es una buena noticia para todos: individuos, familias, negocios, equipos deportivos, ciudades y naciones. Dondequiera que estén los seres humanos y lo que sea que hagamos, el evangelio tiene algo que decirnos. Les habla a todos los ámbitos de la vida y a todos los temas con los que nos enfrentamos y luchamos en el siglo veintiuno: raza, sexualidad, identidad de género, prácticas políticas, gobierno, economía, de todo. El impacto de la privatización de la fe cristiana ha producido una brecha en el discurso público cuando se trata de la verdad. Los cristianos han sido excluidos de cualquier lugar significativo en la mesa del diálogo crítico y relegados a ser capellanes. Ofrecen oraciones vagas y ambiguas al comienzo de las ceremonias o conferencias y luego salen del recinto de manera cortés y silenciosa. Esta no fue la postura de los profetas en el Antiguo Testamento o de los apóstoles en el Nuevo Testamento. El apóstol Pablo buscó ardientemente hacer su defensa del evangelio frente a los líderes políticos, incluso frente al propio César. Su mensaje no era sobre la reforma política y la necesidad de justicia social, sino sobre el hecho de anunciar el mensaje que Cristo le había enviado a contar. Cuando alguien recibe este mensaje como un conocimiento verdadero, entonces se debe tomar una decisión sobre la mejor manera de aplicar esta verdad. Aunque creo que los cristianos deben participar en la política y el gobierno, o en cualquier otra vocación y profesión en la vida, esto no es un llamado para tratar de establecer una sociedad cristiana desde arriba hacia abajo. Debemos ser sal y luz y confiar en que la verdad de nuestras creencias ganará corazones y mentes de manera libre y voluntaria.

## Proclamación y diálogo

Esto nos lleva a la conclusión obvia de que el evangelio debe ser claramente comunicado a los demás. De hecho, estamos dispuestos a un diálogo respetuoso con los incrédulos, pero no a expensas de la proclamación. Debido a que el evangelio es una noticia sobre los acontecimientos que han ocurrido, debemos ser libres para presentar el caso de Cristo y la evidencia de la realidad de Su vida, muerte y resurrección. Tenemos noticias que contar; eso es lo que significa el evangelio: buenas noticias. Estamos llamados a proclamar los acontecimientos que sucedieron y explicar su significado y las implicaciones para toda la humanidad en todas partes.

También debemos participar en un diálogo continuo para explicar, defender, escuchar y responder a las voces que rivalizan y se oponen a este mensaje. No podemos cometer el error de no entablar un diálogo respetuoso después de que se presenten las afirmaciones del evangelio o dialogar simplemente sin una presentación definitiva de los acontecimientos históricos que rodean la vida, la muerte y la resurrección de Jesús de Nazaret. Esta audacia para proclamar y entablar un diálogo continuo sobre el evangelio y sus implicaciones en toda la vida es la prueba definitiva de si realmente creemos que es verdad. Sobre esto, Newbigin afirmó:

> Estar dispuesto a publicarlos es la prueba de nuestra verdadera creencia. En este sentido, las misiones son la prueba de nuestra fe. Creemos que la verdad sobre la historia humana ha sido revelada en los eventos que forman la sustancia del evangelio. Por lo tanto, creemos que estos eventos son la clave real para la historia de cada persona, porque cada vida humana es parte de toda la historia humana y no puede ser entendida aparte de esa historia. De ello se desprende que la prueba de nuestra verdadera creencia es nuestra disposición a compartirla con todos los pueblos.[19]

Estoy muy agradecido con aquellas personas que me comprometieron con la verdad del evangelio durante mi tercer año de estudios universitarios. Fueron capaces de comunicar la verdad sin pretender tener todas las respuestas. Estaba claro para mí que seguir a Jesús significaba toda una vida de aprendizaje, crecimiento y cambio. Como mínimo, el evangelio que escuché me trajo esperanza. Esperanza de que la vida tuviera un propósito y, por lo tanto, de que yo también tuviera uno. Sobre todo, yo tenía la esperanza del perdón y la libertad de las garras del pecado: el orgullo, la inmoralidad y el miedo. El evangelio trae estas bendiciones de libertad, perdón y esperanza, las cuales pueden tener un impacto dramático en las vidas de quienes las reciben, y también en su sociedad. Esta es la razón por la cual no debemos rehusarnos a llevar esta verdad a la plaza pública. Para hacer esto debemos entender claramente lo que significa decir «el evangelio es la verdad pública».

## El evangelio es un derecho humano

La tesis primaria de este libro es que oír el evangelio es un derecho humano fundamental. A la luz de este capítulo, permítanme revisar las razones para esto de la manera más sucinta posible.

*El evangelio apunta a la fuente de los derechos humanos.* El evangelio es la buena noticia de que Dios se hizo hombre en Jesucristo. Él vivió y murió por los pecados del mundo. Su resurrección de entre los muertos verificó Su identidad como el Hijo de Dios y la verdad de Sus palabras. Esto es evidencia de que Dios existe y, por lo tanto, es la verdadera fuente de estos derechos humanos fundamentales. Si Dios no existe, entonces estos derechos son creados por el hombre y arbitrarios en última instancia. Entender esto es el paso más importante para captar la base inamovible e innegable de todos los derechos humanos.

*El evangelio da la razón por la que somos humanos.* No somos solo seres físicos, animales que operamos por nuestras proclividades genéticas. Cada uno de nosotros posee un alma. (La evidencia de la existencia del alma será presentada en el capítulo 5). Esto significa que nuestras acciones morales son reales y, por lo tanto, que el libre albedrío existe. La cosmovisión naturalista intenta reducir todo a la materia. Si esto es cierto, ¿cómo pueden nuestras acciones ser justas o injustas? Dios existe y nos hizo a Su imagen. Esta es la razón por la que, como seres humanos, tenemos valor y derechos más allá de los animales o de otros seres vivos.

*El evangelio enfatiza en tu derecho a elegir.* Cada persona tiene el derecho concedido por Dios de tomar decisiones. La fe no puede ser coaccionada. El evangelio nos llama a responder libremente a la evidencia de Dios y a las afirmaciones de Cristo. También podemos rechazar estas afirmaciones y vivir de cualquier manera que elijamos. Y aunque tenemos el derecho de tomar nuestras propias decisiones, no tenemos el derecho de elegir las consecuencias. La verdadera tolerancia se basa en el hecho de que Dios es la fuente de la libertad humana. Estamos llamados a respetar a los demás independientemente de sus diferencias en sus opiniones morales o religiosas porque tienen el derecho concedido por Dios de tener esas opiniones.

*El evangelio apunta a la ley de Dios, que describe los derechos y las responsabilidades.* La ley de Dios es la norma que juzga la conducta humana. La ley nos da el conocimiento de los estándares justos de Dios y nos revela en dónde nos hemos quedado cortos. Lejos de ser un conjunto de órdenes restrictivas y excesivas, estas leyes también revelan la esencia de los derechos humanos. Cada una de las leyes de Dios provee la justificación de los derechos humanos básicos que Él desea proteger.

*El evangelio nos dice que la injusticia es pecado.* La razón para la muerte de Cristo es debido a la injusticia y a la maldad de la humanidad. Esto es lo que se entiende por pecado. No hay nada más verificable empíricamente que la realidad de la pecaminosidad de la humanidad y nuestra necesidad de un Salvador.

Todas las naciones tienen leyes. Algunas son buenas, y otras son malas e injustas. Las leyes de Dios son superiores a cualquier ley nacional y tienen un peso mayor. Esto significa que, independientemente de cualquier tipo de opresión legalizada, el juicio llegará.

*Habrá un día de juicio.* Para que haya justicia, necesariamente debe haber un juicio. Dios ha prometido no solo eliminar la injusticia ofreciendo a la humanidad un nuevo corazón, sino juzgarnos a todos en última instancia. La resurrección de Cristo de entre los muertos apunta a este día de juicio, en el cual toda la humanidad estará delante de Dios y dará cuenta de nuestras acciones. Esto sirve como una restricción contra el mal y la promesa de un juicio final para toda la humanidad.

*El evangelio aborda la injusticia en su origen.* La verdadera fuente de la injusticia es el corazón humano (el alma). Jesús habló de la necesidad de nacer de nuevo. Este es el cumplimiento de las palabras de los profetas del Antiguo Testamento de que los fieles recibirían un nuevo espíritu y un nuevo corazón (Ezequiel 36.26, 27). Esto es obviamente un milagro sobrenatural que puede invertir el curso de cualquier vida humana. El plan de Dios es cambiar el mundo transformando totalmente a la humanidad. La injusticia institucional no puede durar si quienes participan han experimentado este tipo de renacimiento.

*El evangelio es cierto.* Debido a que el evangelio es cierto, debe ser un derecho humano básico que todos lo oigan. Como afirmó Newbigin: «Si es cierto, es cierto para todos y no se le debe ocultar a nadie».[20] Que la misma pasión por Cristo y Su mensaje nos rodeen de nuevo y nos despierten de la pesadilla de nuestra duda e incertidumbre.

El apóstol Pablo llevó el evangelio al corazón de una sociedad pagana hace dos mil años y proclamó su verdad a una cultura que abarcaba prácticamente todas las ideas religiosas. Uno de los relatos principales de sus esfuerzos, en Hechos 17, reveló tres reacciones. Algunos se burlaban y rechazaban lo que decía él, otros consideraban y sopesaban la verdad de sus afirmaciones, y hubo quienes le creyeron. Ojalá podamos estar dispuestos a proclamar la verdad, ser pacientes y sabios en nuestro diálogo, y ser lo suficientemente valientes como para aceptar estas reacciones diversas sin desanimarnos.

## Resumen

El tema de este capítulo es realmente el corazón y el alma del mensaje de este libro. El evangelio es la verdad pública. Cuando se reduce a ser presentado como creencias meramente privadas, entonces el cristianismo deja de ser la sal y la luz del mundo que está llamado a ser. El secularismo no ofrece un espacio neutral donde los hechos objetivos de la ciencia puedan guiar nuestras acciones. De hecho, todo conocimiento tiene un elemento de fe en su esencia. Como dijo Agustín: «Comprende para creer; cree para comprender».[21]

El evangelio es verdad pública porque está basado en afirmaciones históricas. Mientras que las creencias religiosas son vistas meramente como una fuente de valores, los hechos reales del evangelio pueden resistir la verificación histórica. El pluralismo afirma que todos los valores y creencias deben tener igual posición y respeto, pero no hay cosas tales como hechos pluralistas. Aunque seamos respetuosos con todos los individuos, debemos confrontar amorosamente todas las afirmaciones concernientes a la naturaleza de la realidad y probarlas para ver si son verdaderas o falsas. En última instancia, el evangelio es una fuente de conocimiento verdadero, tan válido como cualquier conocimiento de las ciencias naturales. Debido a que Dios se ha revelado a sí mismo en la historia y ha verificado esto a través de la resurrección de Cristo de entre los muertos, ahora tenemos un nuevo punto de partida en la historia humana. Este nuevo punto de partida nos da una base epistemológica sólida y un nuevo punto de partida para la regeneración personal y cultural.

A la luz de esto, debemos anunciar la verdad del evangelio y el señorío de Cristo en cada área de la vida. Decirle la verdad al poder no es buscar la salvación política ni la obediencia coaccionada a meras expresiones superficiales de fe, sino un diálogo genuino que sostiene pacientemente las afirmaciones de Cristo y cómo se pueden aplicar en la arena pública.

El testimonio de la historia es que el evangelio ha sido un motor de la justicia y la libertad dondequiera que se ha proclamado libre y abiertamente.

# CAPÍTULO 3

# EL CLAMOR POR LA JUSTICIA

## El evangelio y el cambio social

*La injusticia en cualquier lugar es una amenaza para la justicia en todas partes.*

*—Doctor Martin Luther King Jr.,*
*Carta desde una cárcel de Birmingham»*[1]

La nación de Sudáfrica ha estado en el centro de la lucha por los derechos humanos. El *apartheid* (término afrikáans que significa separación) comenzó en 1948 y fue el nombre de la política oficial de la nación que separaba a los blancos de los no blancos en todos los aspectos de la sociedad. A los blancos se les dio el lugar del poder y el privilegio, mientras que los no blancos fueron relegados y divididos en clases inferiores permanentes. Fue hace menos de treinta años que el clamor contra este sistema infame y opresivo se hizo tan fuerte que cayó en una avalancha sobre la tierra como un tsunami, eliminando la estructura de la injusticia institucional y originando un nuevo día de cambio y esperanza.

Aunque el racismo y el *apartheid* fueron promovidos y perpetuados por muchos en nombre de la religión, fue la influencia del cristianismo bíblico y su enseñanza la que ayudó a que la nación evitara una revolución sangrienta, y encontrara la gracia para perdonar y reconciliarse. Esto se encarnó en la vida de Nelson Mandela, quien, aunque encarcelado durante veintisiete años por intentar subvertir un sistema injusto, emergió para llevar al país al aire fresco de la libertad.[2]

La euforia de la nueva libertad se disipó pronto a medida que la nueva lucha por construir una sociedad justa fue abrazada. Una vez más, cambiar los corazones es el desafío más difícil de todos. Los acontecimientos de las dos décadas pasadas han sido especialmente importantes para mí debido a mi participación en el ministerio en Sudáfrica durante gran parte de este período. He observado que los cristianos pasan a la vanguardia para liderar el camino de la reforma social y de los problemas de justicia y reconciliación. Esta nación especial está superando las enormes apuestas en su contra cuando se trata de lograr la paz, la libertad y la unidad. Queda mucho trabajo por hacer para frenar la ola de corrupción que amenaza con devolver el país a la confusión.

Sudáfrica fue recientemente la sede de nuestra conferencia de Every Nation en Ciudad del Cabo, que atrajo a delegados de cincuenta y ocho naciones y fue el escenario ideal para hacer énfasis en el tema de que a medida que el evangelio es libremente compartido y ampliamente aplicado, la sociedad se ve afectada de manera positiva. Mi mensaje a esta audiencia fue similar al que di en Manila: «El derecho humano». Después de hablar, los líderes estudiantiles se apresuraron a expresarme la importancia de que el evangelio se estructurara de esta manera.

En repetidas ocasiones he oído hablar del desafío actual de deconstruir la percepción de que enfatizar en el evangelio hace que la gente ignore de alguna manera los verdaderos problemas sociales que enfrenta la cultura. Una y otra vez, me sorprende la realidad de que la historia del cristianismo, con su impacto radical en la cultura y su poder para hacer frente a la injusticia, haya sido oscurecida.

Después de la conferencia, permanecí en ese país para hablar en dos universidades, la Universidad de Ciudad del Cabo y la Universidad de Stellenbosch. Ambos campus estaban experimentando protestas con respecto a las tarifas estudiantiles y a un sentimiento general de que los derechos de muchos jóvenes no eran respetados todavía. Hablé de nuevo sobre el mismo tema de la conferencia, y la respuesta fue entusiasta, ya que los estudiantes hicieron la conexión entre el evangelio y su poder para lidiar con la injusticia en su origen, el corazón humano.

Mark Griffiths, el pastor de Every Nation Stellenbosch, me preguntó si me gustaría recorrer el campus y almorzar con algunos de sus líderes al día siguiente antes de regresar a mi país. Acepté, pensando que tendría un descanso reparador luego de las intensas reuniones en las que había participado en la conferencia. Cuando nos acercamos al lugar donde supuestamente debíamos reunirnos con este pequeño grupo de estudiantes, vi una avalancha de estudiantes universitarios que iban en la misma dirección. «Parece que algo emocionante está sucediendo en el campus, quizá una protesta», comenté. Al doblar la esquina, comencé a darme cuenta de que mi supuesta pequeña reunión se había convertido en una especie de multitud instantánea. Más de doscientos cincuenta estudiantes habían oído que yo iba a hablar y se apretujaron en un salón pequeño.

La razón era simple: querían oír las soluciones que el evangelio podría ofrecer a su inquietud estudiantil actual. La mayoría de los que asistieron a esta reunión espontánea eran blancos. Sin embargo, la pequeña minoría de estudiantes negros que asistieron fue la que más habló cuando habilité un espacio para preguntas y diálogos.

Varios estudiantes expresaron su frustración de que los cristianos no parecían estar interesados en su situación o luchas. Mi respuesta fue escuchar y hacer todo lo posible para expresar que la mayor esperanza de su nación (y de cualquier nación, para el caso) era Cristo y su mensaje de un corazón transformado. Les recalqué que esto ha sido el motor de cualquier cambio duradero que haya ocurrido en todo el mundo. Definir incluso lo que es justo e injusto requiere comprender la existencia de una autoridad moral en el universo. Pude sentir paz en la sala cuando los estudiantes consideraron que Cristo les dio la mejor oportunidad de tener un lugar verdaderamente seguro para dialogar abiertamente sobre soluciones a los problemas que enfrentaron.

## Dios y la justicia

El clamor por la justicia es cada vez más fuerte en casi todas las partes del mundo. Cuanto más se levantan estas voces, más debemos estar motivados para responder a la pregunta: *¿qué se puede hacer para acabar con la injusticia?*

Repetiré lo que les repetí a esos estudiantes: la justicia está en el corazón mismo del evangelio de Jesucristo. Es debido a la justicia de Dios que el castigo por el pecado y la injusticia no puede ser ignorado o desechado; tanto así que Dios vino a la tierra como Jesucristo para abordar personalmente el problema del mal. Por esta razón, debemos profundizar en la comprensión de lo que es la justicia y por qué es fundamental para nuestra comprensión de Dios, y cómo espera Él que vivamos.

Una y otra vez a lo largo de la historia, los profetas de Dios advirtieron del juicio inminente debido a la injusticia sistémica. Miqueas era uno de esos profetas. Él vivió y ministró durante el reinado de Ezequías y fue contemporáneo del profeta Isaías. Él hizo advertencias de que el juicio estaba llegando a la tierra. ¿La razón? La injusticia desenfrenada: «Oíd ahora esto, jefes de la casa de Jacob, y capitanes de la casa de Israel, que abomináis el juicio, y pervertís todo el derecho» (Miqueas 3.9, RVR60). Leer este libro breve del Antiguo Testamento te dará una idea de la naturaleza de la injusticia. No solo se practicaba la idolatría, sino también la opresión financiera, el robo, el soborno y el asesinato. Los gobernantes eran corruptos, y los líderes religiosos predicaban la «paz» mientras llamaban mal al bien y bien al mal. Más allá de la advertencia profética, se le dio un camino a la justicia y a la verdadera paz con Dios, el Juez supremo: «El Señor ya te ha dicho, oh hombre, en qué consiste lo bueno y qué es lo que él espera de ti: que hagas justicia, que seas fiel y leal y que obedezcas humildemente a tu Dios» (Miqueas 6.8, DHH).

Recorreremos el paisaje moral de nuestro mundo y examinaremos las atrocidades que lo han marcado profundamente. Veremos que toda injusticia no es igual. Así como hay ciertos crímenes que acarrean una condena más severa, también hay diferentes niveles de injusticia. Es fácil dar prioridad a la causa o preocupación cuyos componentes aumentan el clamor más fuerte. La matanza de personas inocentes perpetrada por dictadores crueles o extremistas islámicos, la plaga de la trata de seres humanos y las vidas inocentes perdidas en el aborto están entre las cosas que deberían ser nuestra mayor preocupación.

A pesar de estas cuestiones importantes, hay un movimiento cada vez mayor que exige tolerancia para cada creencia y comportamiento. Irónicamente, no hay nada más *intolerante* que muchas de estas mismas voces que se elevan a favor de la tolerancia. La palabra *tolerancia* podría ser una de las palabras y conceptos más incomprendidos de nuestra época. Por ejemplo, una de las mayores injusticias contra nuestros semejantes es *tolerar* el mal. En Estados Unidos, un entrenador de fútbol con un increíble récord de juegos ganados y una reputación de liderazgo e integridad fue acusado de que sabía de niños que eran asaltados por uno de sus entrenadores asistentes y, sin embargo, él no hizo nada. Cualquier tolerancia a este comportamiento maligno lesiona la vida de niños pequeños y borra toda una vida de logros prácticamente de la noche a la mañana. No podemos ser verdaderamente justos mientras miramos para otro lado cuando se practica el mal.

Por otra parte, debemos hacer algo más que simplemente *tolerar* a aquellos con quienes no estamos de acuerdo. Como creyentes, estamos llamados a algo más grande que la tolerancia. Jesús nos mandó amar a nuestros enemigos (Mateo 5.43, 44; Lucas 6.26, 27).[3] El apóstol Pedro nos ordena estar dispuestos a ofrecer la razón de la esperanza dentro de nosotros, pero hacerlo con dulzura y respeto (1 Pedro 3.15). Al final, no podemos hacer que cada ofensa y preferencia personal sea un asunto de justicia. Si nos quejamos cada vez que alguien está en desacuerdo con nosotros, o tildamos rápidamente a otros de intolerantes tras el primer indicio de que no están de acuerdo con lo que está siendo promovido culturalmente como el tema del día, en realidad somos culpables de la misma intolerancia de la que estamos acusando a otros de practicar. Si las preferencias y sensibilidades de todos son proyectadas como problemas de justicia, nuestra sociedad será destruida finalmente.

Esta discusión es tan volátil que ha dividido a comunidades y familias, así como a naciones. Las soluciones a este dilema no son fáciles de entender. Hay algunas cosas importantes por considerar si hay alguna esperanza de resolver este estancamiento. El lenguaje de los derechos, como hemos dicho, es un fenómeno relativamente reciente. En lugar de derechos, la discusión se ha centrado más en los deberes morales en términos históricos. Era más una cuestión de pecado y juicio contra una violación de los derechos de alguien. Hay dos pensamientos críticos que debemos considerar para comprender las profundidades de este dilema ético. Newbigin afirmó esto de manera resumida: «Primero, en una sociedad que no tiene una doctrina pública aceptada sobre el propósito para el cual todas las cosas y todas las personas existen, no hay una base sobre la cual decidir entre deseos y necesidades».[4]

En un mundo sin Dios, el hombre es simplemente otro animal sin un propósito verdadero. Si no hay ningún propósito, entonces no existe una base para determinar lo que es bueno o malo en términos de cómo usamos o abusamos de algo. Newbigin continuó:

> En segundo lugar, ambas partes se basan en el concepto de los derechos del individuo [...] pero los derechos carecen totalmente de sentido a menos que haya partes que reconozcan la responsabilidad de cumplir con la reclamación del derecho. Puesto que no existe una doctrina pública correspondiente sobre la responsabilidad humana, las reclamaciones del derecho múltiples y contrarias solo pueden destruir a la sociedad.[5]

Una vez más, se necesita una autoridad moral para definir cuáles son nuestras responsabilidades con nuestros semejantes. Jesucristo nos dio nuestro mandamiento supremo no solo de amar a Dios, sino de amar a nuestro prójimo así como a nosotros mismos. El cristianismo ofrece la base moral de la responsabilidad humana y de los derechos humanos. Es por eso que es tan inútil esperar la justicia mientras ignoramos o negamos el lugar legítimo de Dios y Su verdad como el criterio y el juez supremo por excelencia, el único que es totalmente recto y completamente justo. Si no hay un juez como este, entonces el término *justicia* es simplemente lo que cada persona decida definir. Cualquier reclamación de derechos por parte de ciertos individuos o grupos son simplemente conflictos de intereses en competencia.

Repetiré esto a menudo para no desanimarnos a medida que examinamos los horrores dolorosos de la inhumanidad del hombre con el hombre. Es la esperanza del evangelio la que nos obliga a avanzar hacia los lugares más oscuros de nuestro mundo con un mensaje que históricamente ha hecho la mayor diferencia con la promesa de que no nos avergonzaremos por declararla (Romanos 10.11).

Debemos recordar que dondequiera que se encuentre la injusticia, el evangelio es necesario. Esta fue sin duda la motivación del doctor Martin Luther King Jr., quien al ser desafiado en su viaje a la ciudad de Birmingham para estar con aquellos que enfrentaban la opresión en la década de 1960, escribió: «Estoy en Birmingham porque la injusticia está aquí».[6]

Necesitamos a toda costa una nueva generación de líderes como este, que miran la injusticia en la cara y se atreven a decir la verdad de Dios en cada área de la necesidad humana, independientemente de la oposición.

## El clamor por la injusticia

El difunto Christopher Hitchens fue considerado como la voz más elocuente del ateísmo. Su libro *Dios no es bueno* fue un *best seller* global. Sus ataques contra la religión fueron ensayados y repetidos con tanta frecuencia como el cliché favorito de un político. Uno de sus favoritos era comparar un mundo en el que Dios existía y daba órdenes a la humanidad, a partir de lo que él llamó «una especie de Corea del Norte divina».[7] Hitchens propuso que ese universo sería tan represivo como el régimen que existe actualmente en esa nación. Pero si Dios fuera algo así como el dictador en Corea del Norte, Hitchens nunca habría tenido la oportunidad de emitir esas opiniones o vivir de la manera que él eligió. Dios creó un mundo en el que los seres humanos tienen opciones reales. El mal es una elección, aunque sea una elección equivocada. *La existencia del mal no apunta a la ausencia de Dios del mundo, sino a Su ausencia de nuestras vidas.*

La realidad es que *el pecado lo arruina todo.* Toda la humanidad ha sido afectada por el «virus» del mal. Afecta no solo a individuos y familias, sino también a gobiernos, a la religión, y a todo. En su canción «Imagine», John Lennon intentó vender esta noción de que si la creencia en Dios y en la religión desaparecía, todo el mundo viviría en armonía. ¿Es eso realmente cierto? Si toda la religión desapareciera de la noche a la mañana, ¿el crimen se acabaría? ¿Cesaría el asesinato? ¿Las prisiones quedarían vacías? ¿Podríamos abrir nuestras puertas, despedir a nuestras fuerzas policiales y abolir nuestros ejércitos? ¿Terminarían finalmente el racismo, el sexismo y el clasismo? Todos sabemos que esto es absurdo. Un mundo sin Dios es la mejor descripción del infierno.

La carnicería producto de la huida del hombre lejos de Dios es casi demasiado para soportar y puede remontarse al comienzo de la historia humana. El mal y la injusticia han existido desde el comienzo de la humanidad. Casi cuatro mil años atrás, la magnitud de este tipo de injusticia era tan grande que produjo un alboroto: «El clamor de Sodoma y Gomorra ciertamente es grande, y su pecado es sumamente grave» (Génesis 18.20, LBLA).

De hecho, el primer asesinato registrado produjo un fenómeno similar. Cuando Caín mató a su hermano Abel, dicen las Sagradas Escrituras, Dios le dijo a Caín: «La sangre de tu hermano, que has derramado en la tierra, me pide a gritos que yo haga justicia» (Génesis 4.10, DHH). Si la sangre de un asesinato y el pecado de una ciudad produjeron un clamor que llegó al cielo mismo, imaginen el sonido que está produciendo hoy.

Esta es una descripción breve de la devastadora condición humana:

**Tráfico de seres humanos:** Pocos se dan cuenta de que hoy en día existen más esclavos en el mundo que nunca antes en la historia. Y el tráfico humano pronto superará el de drogas y de armas en términos de frecuencia, finanzas e impacto personal. El número de víctimas de este tráfico se estima en veintisiete millones de adultos y trece millones de niños en todo el mundo.[8] Algunos niños pequeños son secuestrados o vendidos a los traficantes por sus familias para convertirlos en prostitutas, trabajadores, niños soldados o incluso terroristas suicidas.

**Opresión de las mujeres:** La opresión de las mujeres, particularmente en países con mínima influencia cristiana histórica, sigue siendo una epidemia. Millones de mujeres civiles sufren tortura y otros abusos durante los conflictos armados.[9] Millones de ellas son casadas en contra de su voluntad a cambio de propiedades o ganado. Muchas niñas tienen poco acceso a la educación, y las leyes de sus países no las protegen de la violencia doméstica. Y hasta veinte mil mujeres en el Medio Oriente y el Sudeste Asiático mueren cada año como resultado de supuestos asesinatos de honor.

**Asesinato:** Las Naciones Unidas informan que aproximadamente medio millón de personas mueren cada año por homicidio.[10] Las tasas más altas se encuentran en Centroamérica y el sur de África, debido al malestar político. Otras naciones tienen grandes porcentajes derivados de la prevalencia del abuso de alcohol y drogas. Esta estadística no incluye a las personas que mueren cada año a causa de conflictos armados, cifra que se estima entre cien y doscientas mil.[11] El costo total de la violencia global es de 13,6 billones de dólares.[12]

**Aborto:** No se puede dejar de mencionar que un estimado de 1,5 mil millones de bebés han sido abortados en todo el mundo.[13] El que un corazón latiente haya sido detenido debería hacernos lamentar esta catástrofe en la mayoría de los casos. Si bien los derechos de las mujeres deben ser respetados, también deben protegerse los derechos del niño no nacido. El hecho de que el niño o la niña tengan su propio ADN debe ser prueba suficiente de que no es un apéndice o una extensión del cuerpo de la madre.

**Delitos:** En todo el mundo, las naciones se sienten abrumadas ante la proliferación de delitos como el narcotráfico, el lavado de dinero, la delincuencia en Internet, el crimen organizado, la piratería de la propiedad intelectual y el comercio de especies amenazadas. Los costos de la ciberdelincuencia por sí sola podrían ascender a más de 500 mil millones de dólares, una cifra mayor que el PIB de muchos países.[14] Solo Estados Unidos tiene más de un millón de delitos violentos en un año.[15]

**Terrorismo:** En 2015, las naciones de todo el mundo experimentaron 11.774 ataques terroristas. El impacto incluyó 35.000 heridos, 12.000 secuestros y más de 28.000 muertes.[16] (El número de muertos hoy es diez veces mayor que hace quince años, y los costos económicos son más de 50 mil millones de dólares).[17]

**Pobreza y hambre:** El desafío de la pobreza en todo el mundo es completamente asombroso. Más del ochenta por ciento de la población mundial vive con menos de diez dólares al día. Más de veinte mil niños mueren cada día debido a la pobreza. Casi mil millones de personas no sabían leer a comienzos de este nuevo siglo. Un estimado de cuarenta millones tienen VIH, y cerca de un millón mueren de malaria. Más de mil millones de personas tienen acceso inadecuado al agua, y 2.600 millones carecen de saneamiento básico. Más de mil millones viven sin electricidad. Y casi ochocientos millones están crónicamente desnutridos.[18] Muchos de estos problemas podrían empeorar durante las próximas décadas debido al continuo malestar político, al crecimiento demográfico y al acceso limitado a alimentos, agua y combustible.

**Racismo:** He mencionado el racismo en este libro como un ejemplo apropiado de la injusticia que puede abordar el evangelio de Cristo. En Estados Unidos, esta parece ser la herida que no sanará. Justo cuando parece que se está logrando un verdadero progreso, se produce un incidente, como, por ejemplo, un afroamericano al que la policía disparó, y la herida se abre de nuevo. Esto va seguido a menudo de protestas, de más violencia y discursos. En última instancia, no se logra ningún cambio o paz duraderos. La comunidad afroamericana tiene la sensación de que se espera que sufra en silencio.

Hay tantas otras cosas que podría haber mencionado que demuestran la enorme tragedia de la condición humana. Es casi humorístico que la canción que suena en el fondo mientras escribo esto sea «Esperando a que el mundo cambie». Abandonados a nuestra propia suerte, estamos encaminados a una larga espera. Necesitamos un Salvador a toda costa. Esto es lo que ofrece el evangelio. Pasemos ahora a la pregunta: *¿qué se puede hacer para acabar con la injusticia?*

Es un eufemismo monumental decir que el impacto de este gigante de la injusticia nos afecta a todos. En uno de los libros más antiguos de la Biblia, Job clamó desesperado al Señor porque no parecía haber ningún alivio para esta plaga del mal: «Aunque grito: "¡Violencia!", no hallo respuesta; aunque pido ayuda, no se me hace justicia» (Job 19.7). A la luz de esta montaña de injusticias, es una tendencia curiosa y desconcertante entre muchas personas concentrarse en los problemas que las afligen —en los síntomas, por así decirlo— mientras ignoran las causas de los problemas. Tal vez sea porque hay incertidumbre acerca de lo que es la justicia.

## ¿Qué es la justicia?

Es mucho más fácil señalar la injusticia que definir lo que es exactamente la justicia. Supongo que se podría decir que la justicia significa detener las injusticias de las que acabamos de hablar. El tema subyacente en muchas películas de hoy gira en torno a los tipos malos recibiendo la justicia que merecen por sus malas acciones. La palabra *karma* ha hecho su camino en el vocabulario occidental a partir del hinduismo y el budismo, que enseña un principio de «cosechar lo que siembras». Eres recompensado o castigado dependiendo de si tus acciones son buenas o malas.

Un significado básico de la *justicia* se refiere a lo que es moralmente correcto e incorrecto. Otro está asociado con sostener y defender las leyes de un gobierno en particular. A medida que profundizas en las muchas maneras en que se define la palabra *justicia*, comienzas a ver términos como *legitimidad* y *equidad*. Se hace evidente que la forma en que se define la justicia será la forma en que también verás la injusticia. Lejos de manipular meramente las definiciones, el debate sobre lo que es la justicia se ha convertido en una de las discusiones filosóficas y prácticas más importantes de nuestros días. Los filósofos morales pueden discutir sobre estos conceptos trascendentales en el ámbito académico, pero los individuos, gobiernos y culturas son juzgados por la forma en que definen y defienden su opinión acerca de la justicia.

## Justicia frente a justicia social

Teóricamente, la justicia se ocupa de lo que es legal, moral y ético. Sin embargo, el término *justicia social* ha emergido casi en contraste con la idea de la justicia. Para la mayoría de la gente, la justicia representa el hecho de sentenciar a las personas cuando violan las leyes y el consiguiente castigo involucrado. Sin embargo, gran parte de lo que se llama *justicia social* implica un código de conducta que la sociedad considera moral y justo, en lugar de ser estrictamente legal o ilegal. Aquellos que participan en actividades que involucran la justicia social se describirían como dedicados a corregir las desigualdades en el sistema judicial que permitirían que algo injusto o inmoral quedara en la impunidad.

Los movimientos por la justicia social en los campus tienen poco que ver con quebrantar las leyes en el sentido tradicional. La frase ha llegado a describir la primera línea de las guerras culturales, donde términos como *microagresiones* y *lugares seguros* también son preocupaciones principales. La seguridad que se busca es más un respiro de cualquier discurso o acciones de otros. Estas acciones solo tienen que hacer que alguien se sienta incómodo para calificar como fuera de límites. Lamentablemente, los hechos no importan tanto como las percepciones y los sentimientos. La libertad *de* expresión está siendo reemplazada por la libertad *desde* la expresión que alguien podría sentir que es ofensiva. El derecho a discrepar es fundamental para la idea de la democracia, y una negación de ese derecho es, de hecho, una creciente injusticia que ha secuestrado un gran segmento del movimiento por la justicia social. Si otros ven lo que dicen o hacen como crítico en cualquier sentido, la policía de la justicia social encontrará su camino a su puerta.

De ninguna manera descarto la totalidad de lo que se llama el movimiento por la justicia social. Muchos usan los términos *justicia* y *justicia social* indistintamente. Pero también es importante señalar que muchos elementos del movimiento por la justicia social han sido cooptados por fuerzas políticas que buscan promover sus causas y agendas. Mientras que el símbolo de la justicia es una estatua con los ojos vendados, muchos guerreros de la justicia social retiran la venda de los ojos y tratan a las personas de una manera diferente, ya sea que estén de acuerdo o en desacuerdo con sus cosmovisiones subyacentes. Este prejuicio socava la credibilidad de quien promueve o denuncia algo en nombre de la justicia social. Al igual que los eventos que ocurren en un partido deportivo, las acciones de los jugadores en el campo se consideran justas e imparciales dependiendo del equipo al que estén apoyando.

## Sin Dios no hay justicia

Durante los tiempos de agitación civil, se escuchan los cantos en las calles: *sin justicia no hay paz*. La paz parece ser el objetivo escurridizo de todas las partes involucradas. La paz no es solo la ausencia de conflicto, sino la presencia de algo más. Cuando cesan las protestas, no significa que se haya logrado una paz verdadera; solo significa que los problemas se han sumergido, esperando resurgir en el próximo punto álgido de injusticia.

La verdadera cuestión es esta: si Dios no existe, entonces la justicia y la moral son meramente las opiniones de un grupo enfrentadas contra las de otro. Ateos como Sam Harris y Michael Shermer hablan de un *arco moral* de la historia, haciendo eco de las palabras del doctor Martin Luther King Jr. para tratar de establecer una explicación laica y naturalista de la moralidad.

Sin embargo, como mencioné en el capítulo 1, ni los derechos humanos ni la justicia proceden lógicamente de una cosmovisión evolutiva (no teísta o no dirigida). Cuando las implicaciones religiosas de la moralidad no son ignoradas, esta conexión es obvia. En la película *Hombre de acero*, Superman está luchando contra una invasión de rebeldes del planeta Kriptón, quienes poseen los mismos superpoderes que él. Mientras él lucha por proteger a la gente de la Tierra de la aniquilación inminente, Faora, un kriptoniano, le dice: «El hecho de que usted tenga un sentido de la moralidad y nosotros no, nos da una ventaja evolutiva».[19]

Estos fueron los sentimientos de la vida real de los nazis en la Segunda Guerra Mundial. El fruto de esta filosofía fueron millones de personas muertas a manos de aquellos que se habían sacudido los grilletes de la conciencia y abrazado plenamente la filosofía nietzscheana de que «nuestra supuesta naturaleza humana es precisamente lo que debemos hacer bien para superar».[20] Él se refería a que la versión actual de la humanidad sería reemplazada por el siguiente paso en la evolución; así como el hombre moderno había superado su ascendencia simiesca, la próxima generación de la humanidad superaría lo que somos hoy. El desprecio de Nietzsche por las restricciones morales del cristianismo llegó a su plena expresión en las mentes de los instigadores del Tercer Reich.

Por otro lado, no hay duda de que la creencia en Dios y las enseñanzas de Cristo han impactado el mundo para bien. Los mandamientos de las Sagradas Escrituras para amar a tus enemigos y ayudar a los débiles están en marcado contraste con el principio evolutivo de la supervivencia de los más aptos. Veamos más de cerca el impacto increíblemente positivo que este conjunto de valores ha tenido en el mundo.

## La Biblia y la justicia

Primero, debemos mirar la Biblia directamente para captar la profundidad y amplitud del amor de Dios por la humanidad y su llamado a la justicia. Como lo expongo con más detalle en el capítulo 6, la Biblia ha sido la fuente de gran parte de lo mucho de lo que disfrutamos que es bueno y honorable.

### El Antiguo Testamento

El comienzo del Génesis describe la fuente de la injusticia social como la corrupción del corazón humano, que resultó de la separación de las personas de su Creador. Las escrituras restantes del Antiguo Testamento describen la manera en que Dios respondió a la rebelión de la humanidad organizando una operación de rescate para llevar a todas las personas de nuevo a Él.

Como uno de los acontecimientos más notables, el libro del Éxodo comienza con los hebreos siendo forzados en la esclavitud brutal por los egipcios. Dios escucha los gritos de Su pueblo oprimido y luego llama a Moisés para rescatarlos de la esclavitud y llevarlos a una tierra en la que pudieran encontrar la paz. Dios también les dio leyes a los israelitas, que definían cómo debía funcionar una sociedad justa en su contexto. A menudo, los escépticos descartan las leyes de Dios como anticuadas o incluso opresivas. Una mirada más cercana revela que estas leyes nos protegen de comportamientos y prácticas que terminarán por destruirnos. Las leyes de Dios son marcadores de límites y etiquetas de advertencia para evitar que nos destruyamos a nosotros mismos.

Un ejemplo clásico es el mandamiento de penalizar un castigo, que es un «ojo por ojo, diente por diente» (Éxodo 21.24). Hoy en día, este mandamiento genera críticas por ser duro y sentencioso. La verdad es justamente lo contrario. La mayoría de los códigos legales en ese momento contemplaban juicios más duros a los pobres que a los ricos. En contraste, la Ley mosaica prescribe un castigo que se ajusta al delito, independientemente del estatus social del instigador.

La Ley también difería de las leyes de los vecinos de Israel en la manera en que habla de los más vulnerables en la sociedad. La mayoría de los códigos legales antiguos favorecían a la élite social, pero los edictos del Antiguo Testamento siempre enfatizan la protección de la viuda, el huérfano y el extranjero. Estos grupos se encontraban en la parte inferior de la escala social, por lo que podrían enfrentar consecuencias devastadoras debido a cualquier agitación social o desgracia económica. La ley de Dios declaraba que Él sería su defensor: «No maltrates a las viudas ni a los huérfanos, porque si los maltratas y ellos me piden ayuda, yo iré en su ayuda» (Éxodo 22.21–23, DHH).

Del mismo modo, la Ley mosaica proporciona numerosas protecciones para los pobres. Los estatutos protegen contra la intrusión y evitan que los pobres pierdan sus mantos cuando son necesarios para abrigarse en las noches. También aseguran que los salarios se paguen puntualmente:

> Si hacen un préstamo a su prójimo, no entren en su casa para tomar ninguna prenda suya. Quédense afuera, y esperen a que él saque lo que va a dar en prenda. Y si se trata de una persona pobre, no deben retener la prenda durante la noche; tienen que devolvérsela a la puesta del sol, para que así pueda taparse con su manto cuando se vaya a dormir. Así él los bendecirá y ustedes harán una buena acción delante del Señor su Dios. (Deuteronomio 24.10–13, DHH)

Los israelitas también son mandados a prestar libremente a los pobres (Deuteronomio 15.7, 8), y dejar atrás algunos cultivos después de la cosecha, para que los pobres puedan recolectarlos para su sustento (24.19–22). Además, los pobres tendrían sus deudas canceladas cada siete años (15.1, 2). De continuar esto, la Ley acabaría con la pobreza por completo (15.4, 5). Desafortunadamente, Israel no siguió la ley de Dios, y la pobreza y la injusticia prosperaron. Sin embargo, Dios no permitió que estas transgresiones pasaran desapercibidas. Habló a los profetas durante cientos de años para advertir a Israel de que injusticias sociales como aprovecharse de los pobres y maltratar a los marginados desataban su ira:

> Las gentes de la tierra han hecho violencia y cometido robo, han oprimido al pobre y al necesitado y han maltratado injustamente al extranjero. Busqué entre ellos alguien que levantara un muro y se pusiera en pie en la brecha delante de mí a favor de la tierra, para que yo no la destruyera, pero no lo hallé. He derramado, pues, mi indignación sobre ellos; con el fuego de mi furor los

he consumido; he hecho recaer su conducta sobre sus cabezas —declara el Señor Dios». (Ezequiel 22.29–31, NBLH)

Los profetas también prometieron que un día vendría un Salvador que completaría la misión de Israel de promover la justicia, la liberación y la restauración en todo el mundo.

### El Nuevo Testamento

En el Nuevo Testamento, Jesús reitera muchos de los temas de justicia del Antiguo Testamento y los lleva a nuevas alturas. La primera proclamación mencionada en el Evangelio de Marcos llama a la gente a arrepentirse (alejarse de su antiguo camino en la vida) y convertirse en parte del reino de Dios, que está cerca (Marcos 1.15). El reino de Dios representa Su gobierno y autoridad entrando a la tierra a través de personas que acuden a Jesús, recibiendo perdón por sus pecados, y llegando a ser adoptados como hijos de Dios.

La ética del reino se esbozó más adelante en la enseñanza de Jesús conocida como el Sermón del Monte (Mateo 5–7). Incluye órdenes para perdonar a los enemigos, mostrar una generosidad básica, evitar la inmoralidad sexual y todas las violaciones de los mandamientos de Dios, servir a Dios por encima de las posesiones y vivir libre de preocupaciones. Siguiendo con estos temas, Jesús les enseñó en otros casos a sus seguidores a no invitar a personas influyentes a su hogar para beneficio personal, sino a invitar a los parias y marginados (Lucas 14.11–14). En última instancia, Él resumió la ley como amar a Dios con todo el ser y amar al prójimo como a sí mismo (Marcos 12.30, 31).

Jesús también modeló Su enseñanza acerca de la compasión y el servicio a lo largo de Su ministerio. Alimentó a las multitudes, sanó a los enfermos y expulsó a los demonios. Mateo, el escritor del Evangelio, interpretaría este tipo de acciones como el cumplimiento de las profecías de Isaías con respecto al Mesías:

> Consciente de esto, Jesús se retiró de aquel lugar. Muchos lo siguieron, y él sanó a todos los enfermos, pero les ordenó que no dijeran quién era él. Esto fue para que se cumpliera lo dicho por el profeta Isaías:

> «Este es mi siervo, a quien he escogido, mi amado, en quien estoy muy complacido; sobre él pondré mi Espíritu, y proclamará justicia a las naciones. No disputará ni gritará; nadie oirá su voz en las calles. No acabará de romper la caña quebrada ni apagará la mecha que apenas arde, hasta que haga triunfar la justicia. Y en su nombre pondrán las naciones su esperanza». (Mateo 12.15–21)

Cristo vino a proclamar la justicia a las naciones. El impacto de esto sería tan grande que Él tuvo que evitar momentáneamente que la gente difundiera las noticias sobre Él para cumplir primero con Su misión de morir en la cruz. Su sacrificio por los pecados del mundo produjo la verdadera libertad que necesitaban las naciones. Por eso el profeta Isaías predijo que las naciones pondrían su esperanza en este Mesías.

En síntesis, las enseñanzas de Jesús modelaron la ética de justicia social más extraordinaria jamás imaginada. Él se acercó a los recaudadores de impuestos, leprosos, samaritanos y gentiles. Muchas de estas personas fueron ampliamente clasificadas por los líderes religiosos de su tiempo como pecadores. Ninguna otra figura de la historia ha enseñado nunca una ética tan noble, ni ha expuesto tal enseñanza de manera tan perfecta. Cuando Sus seguidores modelan también Su enseñanza y Su ejemplo, los resultados son la eliminación de la pobreza, la discriminación y el conflicto. Y los marginados son elevados en términos materiales y sociales. La iglesia primitiva no siguió estos ideales a la perfección, pero incluso en sus intentos imperfectos transformaron el mundo.

Los discípulos de Cristo, como Pablo, Pedro y Santiago, vivirían este llamado no solo para predicar el evangelio, sino también para cuidar a los necesitados y luchar contra las fuerzas de la maldad. También se asegurarían de que las personas comprendieran que la lucha no era solo contra el mal humano, sino que había una batalla espiritual entre bastidores. Esta comprensión les dio a los primeros creyentes el conocimiento y la motivación para ayudar a los oprimidos, y también para amar a los opresores y orar por ellos. Nunca había habido una revolución como esta en la historia. Es por eso que dos mil años después, el evangelio de Jesucristo sigue siendo la mayor esperanza de la humanidad.

## El cristianismo y el cambio social

En mi libro *Dios no está muerto*, dediqué un capítulo entero al impacto que ha tenido la fe cristiana en el mundo. En este capítulo quiero destacar algunos ejemplos que refuerzan la tesis de que ser un seguidor de Cristo significa necesariamente comprometerse a enfrentar la injusticia con la verdad y el poder transformador del evangelio.

### La obra de Charles Dickens

Charles Dickens es posiblemente el novelista más grande de la historia. Sus obras, como *Historia de dos ciudades*, *Canción de Navidad*, *Oliver Twist*, y muchas más, son clásicos vivos. Las historias de Dickens emanaban de su propia niñez desfavorecida. Su padre, John, fue enviado a la cárcel para deudores cuando Charles tenía solo diez años. Este se vio obligado a encontrar trabajo en las calles de Londres, que eran increíblemente sucias y peligrosas. El hambre, el peligro y los malos tratos que experimentó cuando era niño nutrieron sus escritos posteriormente. A través de sus libros, trajo a la vida las dificultades y la situación de los pobres, especialmente de los niños.

Dickens retrató los problemas de los pobres de tal manera que la clase alta y rica de Inglaterra emprendió acciones para ayudar a corregir estas injusticias. En una biografía de su vida, llamada *Charles Dickens and the Street Children of London* [Charles Dickens y los niños de las calles de Londres], Andrea Warren escribió: «En definitiva, Charles Dickens fue un catalizador más poderoso para el cambio que cualquier reina, primer ministro o político. Es conocido como uno de los mayores reformadores de la historia».[21]

Los escritos de Dickens tenían un tema de redención, personificado en Ebenezer Scrooge, una de las figuras más icónicas de toda la ficción. Este anciano miserable se encontró cara a cara con su propio egoísmo y depravación, y fue transformado a través de la intervención divina en un hombre nuevo, todo ello en Nochebuena. Aunque la fe de Dickens en Dios se manifiesta a través de sus escritos, la profundidad de esta motivación a menudo es pasada por alto a medida que las personas minimizan el papel que desempeñó en sus novelas. G. K. Chesterton escribió:

> Si alguna vez hubo un mensaje lleno de lo que la gente moderna llama verdadero cristianismo, el llamado directo al corazón común, una fe que era simple, y una esperanza infinita y una caridad omnívora, si alguna vez llegaba entre los hombres lo que estos llamaban el cristianismo de Cristo, estaba contenido en el mensaje de Dickens.[22]

Dickens respondió a aquellos que cuestionaban el retrato que hacía de los cristianos en sus escritos:

Con un profundo sentido de mi gran responsabilidad siempre ante mí cuando ejerzo mi arte, uno de mis esfuerzos más constantes y más serios ha sido exponerle a todo mi pueblo compasivo algunas reflexiones vagas sobre las enseñanzas de nuestro gran Maestro, y conducir modestamente al lector a dichas enseñanzas como la gran fuente de toda bondad moral. Todas mis ilustraciones más fuertes se derivan del Nuevo Testamento; todos mis abusos sociales se muestran como desviaciones de su espíritu; todas mis personas bondadosas son humildes, caritativas, fieles y compasivas.[23]

Dickens criticó la religión vacía tanto como exteriorizó la arrogancia de los ricos y poderosos. Vio a través de la vanidad de la simple tradición y buscó poner el foco en Jesucristo y el ejemplo de Su vida. Dickens detestaba la piedad vacía, que carecía de compasión por los pobres, y una falta general de justicia e integridad que él sentía que era apropiada para el nombre del cristianismo. Su obra *La vida de nuestro Señor*, que fue escrita inicialmente para sus hijos, sería la última obra de su vida. En este libro sencillo pero hermoso, dio una visión general de los Evangelios y del impacto de la vida de Jesús en el mundo. El libro termina con esta advertencia:

¡Recuerden! El cristianismo es hacer siempre el bien, incluso a los que nos hacen el mal. El cristianismo es amar a nuestro prójimo como a nosotros mismos, y hacer a todos los hombres lo que nos gustaría que nos hicieran a nosotros. El cristianismo es ser dulces, misericordiosos y perdonadores, mantener esas cualidades tranquilas en nuestros propios corazones, y nunca enorgullecernos de ellas, de nuestras oraciones o de nuestro amor por Dios, sino demostrar siempre que lo amamos humildemente tratando de hacer lo correcto en todo.[24]

## Harriet Beecher Stowe y la esclavitud

El azote de la esclavitud fue injustamente tolerado inicialmente en Estados Unidos. En Inglaterra, la práctica de la esclavitud fue abolida en 1833 mediante los esfuerzos de William Wilberforce, un miembro del Parlamento y un hombre que fue dramáticamente transformado por Cristo. Su fe lo llevó a trabajar incansablemente para derrocar esta injusticia y desterrarla para siempre de la mayor parte del Imperio Británico. En Estados Unidos, este mal no sería desmantelado sin una eventual guerra civil.

En el corazón de la historia de cómo se abolió la esclavitud estadounidense está Harriet Beecher Stowe. Esposa de un ministro e hija de otro, Stowe tenía una fe que le dio el mandato de luchar contra la injusticia. Y no había nada más flagrantemente erróneo que esta institución, que redujo a las personas a simples esclavas, tratadas peor que los animales. Después de que el Congreso aprobó la Ley de Esclavos Fugitivos de 1850, prohibiendo cualquier ayuda a un esclavo fugitivo en busca de ayuda, Stowe decidió escribir algo que cambiaría la forma en que la gente veía esta práctica malvada. El nueve de marzo de 1850, Stowe le escribió a Gamaliel Bailey, editor de la publicación abolicionista *National Era*, acerca de sus planes para escribir sobre los males de la esclavitud: «Siento que ya ha llegado el momento en que incluso una mujer o un niño que puedan decir una sola palabra a favor de la libertad y la humanidad estén obligadas a hablar... Espero que todas las mujeres que puedan escribir no se callen».[25]

El libro fue publicado en 1852, y en un año se vendieron trescientos mil ejemplares. En 1862, después del comienzo de la Guerra Civil, Harriet Beecher Stowe se reunió con el presidente Lincoln, quien, según la leyenda, la saludó diciéndole: «¡Así que tú eres la mujercita que escribió el libro que causó esta gran guerra!».[26]

Estos son apenas dos ejemplos de individuos que cambiaron el mundo porque su fe los motivó a luchar contra la injusticia. Ya hemos mencionado al doctor Martin Luther King Jr. y a sus esfuerzos para combatir el racismo institucional y la discriminación casi cien años después de la Guerra Civil y de la Proclamación de Emancipación que liberó a los esclavos. El tiempo no nos permite entrar en detalles sobre las universidades que se fundaron (106 de las primeras 108 en Estados Unidos[27]) para educar a los jóvenes en respuesta al mandato de Jesús de hacer discípulos y enseñar a todas las naciones, los hospitales que se han construido, las obras de caridad que se han puesto en marcha, las organizaciones de socorro en casos de desastre que han sido fundamentales al ser las primeras en responder cuando ocurren tragedias. ¿Cómo podemos pasar por alto los esfuerzos de la Cruz Roja o del Ejército de Salvación? Clara Barton, la fundadora de la Cruz Roja, fue criada como una universalista, pero vivió su fe en Dios en el servicio a la humanidad. El Ejército de Salvación, fundado por William y Catherine Booth, no descuidó la predicación del evangelio o las obras buenas de ayuda a los necesitados. Al examinar con más detenimiento el capítulo 6, descubrimos las Sagradas Escrituras repletas de mandamientos para amar a nuestro prójimo como a nosotros mismos, así como alimentar a los hambrientos, cuidar a los enfermos y ayudar a los huérfanos y a las viudas.

## Resumen

El clamor por la justicia se escucha en todo el mundo. Prácticamente todos los aspectos de la vida en este planeta se han visto afectados por la naturaleza devastadora del pecado y la injusticia. El alcance del problema es asombroso. Durante varios siglos, ha habido innumerables esfuerzos que han fracasado en corregir los errores cometidos por la humanidad simplemente por medio de reformas políticas o sociales. Se necesita algo de mayor envergadura. La humanidad necesita primero una transformación interna que el evangelio de Jesucristo ofrece a todos aquellos que creen.

Debemos entender que la conclusión racional para cualquier persona que busca un cambio duradero es esta: Dios es quien define lo que es justo e injusto. Ignorar esto es ignorar el testimonio de la historia y estar condenados a repetir los triviales esfuerzos laicos que han intentado alterar la sociedad y rectificar la injusticia.

El cristianismo ha demostrado el poder de transformar vidas individuales, así como a la sociedad. La Biblia cuenta la historia del trato de Dios a las naciones dependiendo de que sean justas o injustas. Este llamado inequívoco a la rectitud y a la justicia basada en el mandato de Dios ha sido la fuerza motriz de una verdadera reforma social a lo largo de las épocas. Los individuos movidos a la acción luego de ver la injusticia han hecho cambios notables, demostrando el poder asombroso de aquellos que luchan por la justicia y la verdad.

Una sociedad verdaderamente justa es también tolerante y respetuosa. Todo el mundo debe tener la libertad de creer y expresar sus creencias, especialmente si son minoría. Hay límites obvios a lo que debe considerarse como libertad de expresión. Nadie tiene el derecho de amenazar a otra persona o de atacarla físicamente. Sin embargo, no debemos permitir que nuestra búsqueda por la justicia social se transforme en un tipo diferente de intolerancia, en el que aquellos que simplemente discrepan de otros son acusados de discurso de odio. Somos llamados como creyentes a expresar la razón de nuestra esperanza con dulzura y respeto; debemos ser respetados a cambio.

Pasemos ahora al tema de la verdad. Cuando perdemos la verdad, la justicia también se pierde. Jesús prometió que si conocemos la verdad, seremos verdaderamente libres. Es *esta* la libertad que todos deseamos, específicamente, la libertad de perseguir nuestro potencial y sueños concedidos por Dios, libres de la tiranía de ataques injustos contra nosotros. Esta es la libertad que debemos experimentar y proclamar a los demás como seguidores de Cristo. A medida que caminamos en esta libertad, poseemos mayor convicción y confianza en la verdad del mensaje que estamos llamados a proclamar. Esto requiere que examinemos más de cerca la idea misma de la verdad y comprendamos sus implicaciones, así como el precio que paga la sociedad cuando se pierde la verdad.

# CAPÍTULO 4

# LA BÚSQUEDA DE
# LA VERDAD

## *El fundamento de la realidad*

*Así se le vuelve la espalda al derecho,*
*y se mantiene alejada la justicia;*
*a la verdad se le hace tropezar en la plaza,*
*y no le damos lugar a la honradez.*
—Isaías 59.14

Es casi cómico que el *Diccionario Oxford* anunciara que la palabra del año 2016 era la *posverdad*. Se define como «relacionada con, o que denota circunstancias en las cuales los hechos objetivos influyen menos en la formación de la opinión pública que en los llamamientos a la emoción y a la creencia personal».[1]

No es exagerado afirmar que el reto más difícil que enfrentarás en la vida es saber lo que es realmente cierto, ya sea la verdad sobre Dios, la política, la historia o incluso tu propia identidad. Independientemente de la cuestión, la verdad es lo más valioso que existe y, por lo tanto, está sometida a ataques constantemente. Por una multitud de razones, muchos han renunciado simplemente a saber lo que es cierto. El lugar donde este tipo de pensamiento ocurre con mayor frecuencia es el campus universitario. Harvard, la primera universidad de Estados Unidos, irónicamente eligió como su lema *Veritas*, que en latín significa *verdad*. Muchas de las universidades más prominentes fueron fundadas para cumplir el mandamiento de Cristo de enseñar a Sus seguidores. Uno pensaría que un ambiente académico estaría marcado por estudiantes y profesores comprometidos en una búsqueda incesante de la verdad, sin importar sus implicaciones. Nada puede estar más lejos de la realidad. Más bien, la universidad laica promedio de hoy en día es un caldo de cultivo de prejuicios y de intereses especiales. La hipersensibilidad y la intolerancia son la norma.

A pesar de los desafíos que he descrito, hay señales de esperanza de que la verdad podría estar haciendo una reaparición en los campus universitarios. Ministerios como Every Nation Campus, junto con muchos otros, están involucrando a estudiantes y profesores alrededor del mundo.[2] Tengo el privilegio de hablar regularmente en los campus, presentando la evidencia de la verdad de la fe cristiana. Muchos han reconocido la importancia de llegar a los campus universitarios, y están ayudando a hacer una diferencia.

Una de las voces más claras de la causa de la verdad en los campus es el doctor Frank Turek; rara vez encontrarás un orador más directo y sensato abordando asuntos de verdad, fe, ateísmo y moralidad. Un exoficial de la Armada nacido en Nueva Jersey, Turek es mejor conocido por su libro *I Don't Have Enough Faith to Be an Atheist* [No tengo la fe suficiente para ser un ateo], coescrito con el doctor Norm Geisler, un apologista.

Turek pregunta a los estudiantes: «¿La verdad existe?». Él enfatiza en que necesitas tratar con la existencia de la verdad antes de poder discutir adecuadamente la existencia de Dios. «Los estudiantes necesitan comprender que la verdad existe antes de que yo pueda razonar con ellos que Dios existe», explica él.[3] Turek habla en universidades alrededor del mundo y trabaja incansablemente con las audiencias en las secuelas de sus discursos con sesiones de preguntas y respuestas. Estos encuentros pueden verse en su página web (crossexamined.org) y son de visita obligada para cualquier persona interesada en cuestiones relacionadas con la defensa de la fe.

De manera invariable, algún estudiante hará la afirmación de que «la verdad absoluta no existe». Frank se detendrá y luego dará su respuesta característica: «¿Es cierto eso?». En caso de que te perdieras el remate, la declaración «No existe una verdad absoluta» es, de hecho, contraproducente. Esto significa que si la declaración es verdadera, entonces es falsa.

Muchas otras declaraciones pierden la prueba de la verdad cuando se examinan de cerca. Tomemos por ejemplo la afirmación de que «la ciencia solo puede darnos un conocimiento real». La ciencia no puede demostrar esa afirmación; es una declaración filosófica, no científica. Las falacias lógicas abundan cuando se trata del debate sobre la existencia de Dios y la búsqueda de la realidad suprema. El posmodernismo y el escepticismo han tratado de desechar la verdad o de reducirla a declaraciones que se hacen sobre el mundo físico sin el reconocimiento de ninguna categoría metafísica.

Para convertirte en un defensor efectivo de la fe, debes tener una comprensión firme de la naturaleza de la verdad y de lo que debe contar como un conocimiento verdadero. Cuando se trata de compartir el evangelio, deberías ser capaz de ayudar a otros a comprender que la verdad es un regalo de Dios, y no una invención de la mente humana. Los derechos humanos para todas las personas están anclados por lo tanto en la base de la verdad. Para ser comunicadores eficaces de estas cuestiones críticas, debemos ser capaces de dar una respuesta razonable a esta pregunta fundamental:

## ¿Qué es la verdad?

La pregunta, *¿qué es la verdad?* fue planteada por Poncio Pilato a Jesús durante Su juicio antes de Su crucifixión (Juan 18.38). Dos mil años después, la respuesta sigue siendo un misterio para muchos. La respuesta no debe ser tan esquiva. Se nos enseña desde una edad temprana a «decir la verdad». De alguna manera, conocemos desde niños la diferencia que hay entre lo que es verdadero y lo falso sin tener que asistir a clases de filosofía moral. Intuitivamente, los seres humanos comprendemos lo importante que es la verdad y reconocemos que si esta no se valora y se practica, la sociedad se sumirá rápidamente en el caos. Todos dependemos de la verdad en prácticamente todos los aspectos de la vida sin entender en realidad cómo definirla técnicamente o comprenderla filosóficamente. Aun así, debido a que hay tanta confusión girando alrededor del concepto de la verdad, estamos obligados a mirar la *verdad acerca de la verdad*.

Déjenme darles una «alerta de *spoiler*»: la verdad no es solo un conjunto de proposiciones lógicas, sino que está encarnada en la persona de Jesucristo, quien proclamó: «Yo soy la... verdad» (Juan 14.6). Como señaló Leslie Newbigin: «La verdad no es una doctrina ni una visión del mundo, ni siquiera una experiencia religiosa; ciertamente no se encuentra repitiendo sustantivos abstractos como la justicia y el amor; es el hombre Jesucristo en quien Dios reconcilió al mundo. La verdad es personal, concreta, histórica».[4]

Teniendo en cuenta que Cristo es la encarnación de la verdad, también debemos recordar que hay reglas para la lógica y pruebas para la verdad que provienen del reconocimiento de una Mente racional que creó el universo. El mejor lugar para comenzar a responder a la pregunta de lo que es cierto es por medio de una definición básica. Para decirlo de la manera más sencilla posible, la verdad es aquello que *corresponde* a la realidad. En términos académicos, se llama la teoría de la correspondencia de la verdad.[5] A medida que nos embarcamos en esta importante discusión sobre la verdad, es necesario alertar al lector casual de que algo de esto puede parecer un poco técnico. Sin embargo, pensar en estas definiciones y descripciones de las pruebas de la verdad aumentará mucho tu confianza en la verdad del evangelio y la fe cristiana. Considera esta definición:

> La verdad se define como «el estado verdadero o real de una materia». Generalmente se considera que es lo mismo que un hecho o que una realidad. La verdad es algo que no puede disputarse, se considera generalmente como un hecho, el cual es verificable. La verdad es algo real, genuino y auténtico. No es algo que pueda ser falso o engañoso.[6]

Además de esta definición, hay varias pruebas para la verdad. Estas incluyen (1) la coherencia, es decir, la consistencia lógica; (2) la adecuación empírica; y (3) la relevancia experiencial.[7]

*Coherencia* significa que una afirmación es lógicamente consistente, y no absurda o plagada de falacias lógicas (algo que discutiremos en breve) y coherente con los hechos conocidos. Cuando yo estaba en la escuela secundaria y llegaba tarde un sábado por la noche, mis padres me preguntaban en dónde había estado, buscando cualquier inconsistencia en mi historia en comparación con los hechos que sabían que eran verdaderos (basados en sus «fuentes»). Es así como los detectives que investigan casos sin resolver, como mi amigo J. Warner Wallace, autor de *Cold Case Christianity* [El cristianismo, un caso del pasado], examinan los testimonios de sospechosos de asesinato para cotejar la coherencia o consistencia de sus declaraciones con los hechos conocidos.

La prueba de la *adecuación empírica* se refiere a tener el respaldo de datos empíricos siempre que sea posible. Si decimos: «El paciente tiene la temperatura alta», entonces hay datos que están disponibles para verificar esta afirmación. Sin embargo, la adecuación empírica no sería relevante en una declaración como: «Te amo».

Una tercera prueba es la *relevancia experiencial*. Si dices: «Hace frío afuera», entonces alguien podría verificar esto a través de su propia experiencia.

## Las leyes de la lógica

Un curso básico de lógica te introducirá a tres leyes tradicionales de la lógica: (1) la ley de la no-contradicción; (2) la ley del medio excluido; y (3) la ley de la identidad. La comprensión de estas leyes será vital mientras luchamos por la existencia de la verdad, así como por la verdad de la fe cristiana. Los escépticos afirman que su sistema de pensamiento es lógico y racional simplemente porque ellos enmarcan sus creencias dentro de estas reglas de la lógica, pero, como he señalado, la fe cristiana también debería enmarcarse y presentarse dentro de estos parámetros.

En pocas palabras, la ley de la *no-contradicción* establece que las declaraciones contradictorias no pueden ser verdaderas en el mismo sentido y al mismo tiempo; por ejemplo, las dos proposiciones «A es B» y «A no es B» son mutuamente excluyentes. No hay nada en el mensaje del evangelio o de la fe cristiana ortodoxa que viole esta ley.

La ley del *medio excluido* afirma eso para cualquier proposición, ya sea que esa proposición sea verdadera o que su negación sea verdadera. Esta ley evita que el lenguaje sea equívoco, lo que haría que la mayoría de las afirmaciones carecieran de sentido si no se tuvieran en cuenta.

La ley de la *identidad* afirma que «cada cosa es igual a sí misma y diferente de otra». Esta ley será importante en el próximo capítulo, cuando discutamos la cuestión de si la mente es diferente del cerebro. La ley de la identidad nos ayudará a responder esa pregunta en términos lógicos y filosóficos.

## Falacias lógicas

Sin duda, has tenido un diálogo en el que se introdujeron falacias lógicas. Estas son declaraciones que, por su propia naturaleza, intentan obtener el estatus de verdad a pesar de sus deficiencias falsificadoras. La lista completa de falacias lógicas es demasiado larga para mencionarlas aquí.[8] Pero las siguientes son algunas de las falacias más comunes que enfrentarás.

**Petición de principio.** Esto significa que eres culpable de razonamiento circular; es decir, de reafirmar una premisa como una conclusión: «Dios no existe porque Dios no existe». Los cristianos son culpables de razonamiento circular si argumentan: «La Biblia declara que es la Palabra de Dios; por lo tanto, la Biblia es la Palabra de Dios». (Veremos un argumento lineal para la afirmación concerniente a la verdad de las Sagradas Escrituras en el capítulo 6).

*Ad hominem.* Esto indica que un argumento es incorrecto debido a la persona que hace la afirmación. Asume generalmente la forma de ataques personales en lugar de debatir la verdad o la falsedad de la afirmación: «Susie es religiosa; obviamente no está dispuesta a admitir que está equivocada». Los ataques personales abusivos se han vuelto tan frecuentes en la era de las redes sociales que han hecho que el verdadero debate y el diálogo respetuoso desaparezcan virtualmente.

**Falacia genética.** La declaración o creencia es falsa debido a la manera en que se originó. «Tienes fe en Dios porque naciste en un hogar cristiano en Estados Unidos». Lo mismo podría decirse de un ateo: «No crees en Dios porque tus padres no creían». El origen de las creencias de una persona no las hace necesariamente verdaderas o falsas.

**Hombre de paja.** Esto ocurre cuando distorsionas el argumento de alguien y luego lo atacas como falso. Tanto los cristianos como los no cristianos son a menudo culpables de esta falacia. Los escépticos caen en esto cuando tratan de generalizar afirmaciones acerca de la religión. Toman los peores elementos de cada religión y fabrican a un hombre de paja monstruoso que simplemente no es cierto. Los creyentes pueden hacer lo mismo describiendo la imagen de los ateos como totalmente malvados y siniestros.

Por último, debemos recordar el «argumento de la falacia». Según este, estamos equivocados al creer que solo porque un argumento contiene una falacia, la conclusión es errónea; ¡podría ser correcta!

## La verdad es exclusiva

Otro ejemplo de razonamiento defectuoso es cuando se afirma que todas las religiones son iguales. La verdad es exclusiva por su propia naturaleza. Decir que algo es verdadero significa que excluye todo aquello que lo contradice como falso. Esto se aplica a las creencias religiosas. De hecho, las principales religiones afirman poseer verdades exclusivas. (Compararé el cristianismo con las principales religiones en el capítulo 7).

Buda fue un indio, criado en una cultura hindú, que rechazó la autoridad de los Vedas (escrituras hindúes primarias), así como el sistema de castas. El islam hace afirmaciones en el Corán que contradicen directamente al cristianismo. El ejemplo más llamativo es la declaración de que Jesús no fue crucificado (Sura 4.157). Esta es una declaración falsa. Es un hecho histórico que Jesús fue crucificado a manos de Poncio Pilato. Por lo tanto, si esto es cierto, el Corán ha hecho una declaración falsa. Lo anterior no significa que comuniquemos esto de una manera arrogante, sino que lo hagamos con el respeto que ordena la Biblia.

Debería ser nuestra búsqueda conocer la verdad, independientemente de sus implicaciones en nuestras creencias existentes o narrativas culturales. En nuestra búsqueda de la verdad, debemos hacer la pregunta: *¿cómo podemos llegar a saber lo que es verdad?* Pero primero, para responder a esa pregunta, tenemos que tratar con uno de los mitos más populares y predominantes de nuestros días: *la ciencia es la única fuente del verdadero conocimiento.* Una vez eliminada esta obstrucción, tendremos una imagen más clara de cómo la verdad es deslumbrante, obvia e inamovible.

## ¿Puede la ciencia dar una respuesta a todo?

David Hume, filósofo escocés del siglo dieciocho, es famoso por su defensa de la filosofía del empirismo. Según él, únicamente las declaraciones que pueden respaldarse con datos empíricos califican para ser verdaderas. Al igual que el título de la película *Duro de matar*, esta idea defectuosa vive y sigue en la mentalidad académica y científica colectiva. Hume escribió:

> Si tomamos en nuestras manos un libro cualquiera, de teología o de metafísica por ejemplo, preguntémonos: ¿contiene un razonamiento abstracto relativo a una cantidad o a un número?; no. ¿Contiene un razonamiento fundado en la experiencia, relativo a hechos prácticos o a la existencia?; no. Echadlo, pues, a las llamas ya que no puede contener más que sofismas e ilusiones.[9]

De acuerdo con el propio estándar de Hume, ¡deberíamos arrojar sus declaraciones a las llamas! Esto es porque sus declaraciones no pasan las mismas pruebas que él propone. A modo de comentario marginal, Hume nunca se casó. Si hubiera tenido una esposa, habría aprendido rápidamente que aconsejarle a ella que todo lo que le dijera a él debería tener una prueba empírica no habría producido un matrimonio feliz.

La prevalencia del pensamiento sesgado de Hume nos recuerda que la ciencia descansa sobre fundamentos filosóficos improbables. Como admitió el filósofo Thomas Nagel de la Universidad de Nueva York, quien se describe como ateo: «La inteligibilidad (para nosotros) que hace posible la ciencia es una de las cosas que necesitan explicación».[10]

La afirmación «Solo la ciencia puede darnos el verdadero conocimiento» es autodestructiva, es decir, que no está comprobada científicamente. Estos son los tipos de errores filosóficos que muchas personas —especialmente ateas— tienden a ignorar.

## Fundamentos filosóficos de la ciencia

Bertrand Russell, un filósofo analítico y ateo que es mejor recordado por su libro *Por qué no soy cristiano*, dijo: «Lo que no puede decirnos la ciencia, no lo puede saber la humanidad».[11] Una vez más, esta afirmación atrevida no puede demostrarse científicamente. El doctor Michael Guillen, un físico teórico que enseñó física en Harvard y trabajó catorce años como editor de Ciencias en ABC News, escribió: «Siempre me he reído de esta observación de Russell. Es una declaración circular sin sentido».[12] Esta creencia equivale al *cientificismo*, no a la ciencia. La ciencia se basa en fundamentos filosóficos que consisten en verdades metafísicas. Por *metafísica* me refiero a las realidades no físicas que deben existir necesariamente para practicar la ciencia. Estas incluyen: las leyes de la lógica, la moralidad, las matemáticas, el propósito, la causalidad, e incluso la verdad misma.

En cuanto a otras fuentes de conocimiento por fuera de la ciencia, ciertamente podemos adquirir conocimientos a través de la historia. Aunque no podemos demostrar la historia mediante el uso del método científico y su principio de repetibilidad experimental, podemos llegar al conocimiento de lo que ocurrió en el pasado siguiendo las pautas de una historiografía sólida. Mediante la consulta de múltiples fuentes independientes, relatos de testigos oculares y pruebas forenses cuando están disponibles, podemos llegar a la verdad sobre el pasado. También adquirimos conocimiento a través de nuestra razón y de nuestra experiencia del mundo con el que interactuamos. El vasto conocimiento disponible a través del estudio de la literatura, el derecho, el periodismo, la poesía, el arte, la música y la amplia variedad de temas por fuera de las ciencias naturales hace que cualquier afirmación de que la ciencia es la única fuente de verdadero conocimiento sea verdaderamente ridícula.

Hace unos años, Eric Hedin, un físico de la Universidad de Ball State, impartió una clase llamada Los límites de la ciencia. En ella, explicaba que la ciencia dependía de suposiciones filosóficas. Después de seis años de impartir esta clase, Hedin se encontró envuelto en una tormenta mediática debido a las quejas de la organización Libertad de religión y de su portavoz, Jerry Coyne. Los esfuerzos de Coyne estaban dirigidos a presionar a la universidad para evitar que Hedin impartiera la clase debido a la importancia de mantener la separación entre la Iglesia y el Estado. Por supuesto, Coyne tenía poco conocimiento de primera mano de lo que se enseñaba en la clase. De hecho, todo lo que hizo Hedin fue poner la ciencia bajo el mismo microscopio que se utiliza en todo lo demás. Aunque Hedin mantuvo su trabajo, la clase fue cancelada. Actualmente, es profesor titular y está escribiendo un libro titulado *The Boundaries of Science* [Los límites de la ciencia], que cubre la esencia de lo que enseñó en la clase. El libro incluye implicaciones teológicas no discutidas en la clase y deja muy claro que la ciencia no puede explicarse sin la filosofía: «Quizás sostenga que solo la ciencia puede o dará respuestas a cada pregunta significativa. Pero asumir esta posición implica que ya te has alejado de la ciencia y pasado al ámbito de la metafísica. Las declaraciones sobre la ciencia no son declaraciones de la ciencia».[13]

La prueba del doctor Hedin no es de ningún modo un incidente aislado. El compromiso con el naturalismo y el materialismo es tan inquebrantable en los pasillos del mundo académico que cualquier desviación de este es tratada con la misma intolerancia que los escépticos afirman que la religión ha demostrado en el pasado.

## Materialismo reductivo

La filosofía dominante de la que estamos hablando reduce toda la vida —y todo— a la materia y a la energía física. Ya sea que describamos la conciencia, el sentido del yo, la mente, o simplemente la experiencia del amor y la belleza, todo puede reducirse a la física y a la química. Sugerir la existencia de algo más allá de lo físico es visto como introducir la religión. No hay un término medio. Nagel confirmó: «Entre los científicos y filósofos que expresan opiniones sobre el orden natural como un todo, se supone ampliamente que el materialismo reductivo es la única posibilidad seria».[14] (Esto se discutirá con más detalle en el próximo capítulo, cuando observemos la evidencia para el alma).

No podemos ignorar la verdad de que todos hacemos declaraciones a partir de un conjunto de presupuestos filosóficos. «La ciencia no dice nada, los científicos lo hacen», les recuerda continuamente Frank Turek a sus audiencias.[15] El compromiso con la filosofía del naturalismo te impide abrir todas las puertas disponibles en la búsqueda del conocimiento y la verdad. Es casi tonto que nos digan que nuestra búsqueda debe limitarse a las ciencias naturales. Una investigación honesta sobre las preguntas más importantes de la vida debe incluir la verdad desde cada fuente de conocimiento posible. Imagina que tratas de resolver un caso de asesinato y te digan que solo puedes examinar la prueba de ADN y no todas las otras áreas de pruebas circunstanciales que podrían ofrecer las pistas para resolver el misterio. Debemos desechar las voces que nos dicen que solo un tipo de conocimiento es legítimo. Para ello, debemos adquirir una comprensión de la *epistemología*, el estudio del conocimiento, y cómo sabemos lo que pretendemos saber. Lejos de ser un tema oscuro, es en la ubicación del campo de batalla real en donde tiene lugar la lucha por la verdad.

## Epistemología: ¿Cómo sabemos qué es cierto?

Llegamos a esta pregunta: *¿cómo podemos saber qué es cierto?* ¿Existe la verdad objetivamente, o estamos relegados a lo que Oprah Winfrey describe como «hablar tu propia verdad?».[16] Responder a estas preguntas será la tarea intelectual más indispensable de tu vida. Gran parte del pensamiento posmodernista rechaza la posibilidad de conocer la verdad y trata de encontrar significado en lugar de verdad a través de historias compartidas. En *El futuro de la religión*, de Richard Rorty y Gianni Vattimo, se sugiere que estamos viviendo «en la era de la interpretación. ¿Cuál es nuestro deber hoy? ¿Cuáles son los sentidos "positivos" y "negativos" de la deconstrucción de la historia de la ontología con respecto a la fe y la creencia?».[17]

Rorty subraya que lo que se ha perdido es la creencia en la capacidad de encontrar la realidad o la verdad suprema. Todo lo que podemos hacer es tamizar a través de los escombros de la expresión humana y tratar de extraer un significado al interpretar el pasado mediante la red de nuestra propia cultura y sentimientos. Esto está en estrecha contradicción con la razón, así como con las Sagradas Escrituras. Nadie puede realmente vivir su vida sin ser capaz de saber lo suficiente acerca de las cosas: ya se trate de un saldo bancario, de los resultados de una resonancia magnética, del marcador de un juego, hay cosas que creemos que podemos saber.

En la filosofía, el estudio de cómo conocemos las cosas se llama epistemología, y es el punto cero donde los escépticos y creyentes religiosos están comprometidos en la lucha por definir y delimitar lo que cuenta como conocimiento. La *epistemología* se define como «la teoría del conocimiento, especialmente con respecto a sus métodos, validez y alcance, y la distinción entre creencia y opinión justificadas».[18]

Recuerda que, como seguidor de Cristo, estás luchando contra la falsa percepción de que el cristianismo se basa en la fe ciega, y no en la razón o en la evidencia. La mayoría de los escépticos te ven como alguien que simplemente tiene creencias acerca de lo que *supones* que es cierto, pero que no es *verdaderamente* cierto. Mientras más te aferres firmemente a estas creencias, más serás visto como poco dispuesto a escuchar cualquier objeción contrapuesta. Debe ser obvio que este es un argumento falaz que no representa la manera en que la Biblia describe que debemos llegar a la fe en Dios. Por supuesto, hay muchas religiones y personas religiosas que basan sus creencias en una experiencia subjetiva o en una supuesta revelación no fundamentada de Dios. Es comprensible por qué los críticos pueden enervarse por este tipo de fe. El hecho de que algunas personas adquieran creencias a través de un proceso defectuoso no niega lógicamente todas sus creencias, especialmente las que lo hicieron por medio de la razón y la evidencia, y no en contra de esto. (Recuerda la falacia del «argumento y la falacia»).

Es casi cómico escuchar a escépticos profesionales, como Richard Dawkins y Lawrence Krauss, tratando de evitar la palabra *creencia* como si hubieran trascendido la necesidad de usar dicho término. El gran conocimiento que poseen en sus campos de especialización no se ha traducido en un conocimiento sólido de la filosofía. Como discutiremos más adelante, todas las creencias no son iguales. Este malentendido acerca de lo que es la creencia ha aparecido en algunos diccionarios que definen una creencia como «una aceptación de que algo existe o es cierto, especialmente algo sin pruebas».[19] Sin embargo, el *Diccionario Merriam-Webster* define la creencia como «convicción de la verdad de alguna declaración o de la realidad de algún ser o fenómeno, especialmente cuando *se basa en el examen de la evidencia*».[20]

Peter Boghossian, un ateo que enseña filosofía en la Universidad Estatal de Portland, perpetúa el malentendido de lo que es la fe en su libro *A Manual for Creating Atheists* [Un manual para crear ateos]. Boghossian afirmó que «la fe es creer sin evidencia» y «pretender saber cosas que no sabes».[21] Es realmente impactante que él pusiera semejante palabrería en letra impresa. Esto subraya el lado irracional y emocional del ateísmo, que hace que la gente educada diga cosas absurdas. Los libros que se han escrito detallando la evidencia de Dios por parte de una amplia gama de creyentes científicos, filósofos y teólogos (así como por los fundadores de la ciencia moderna que eran virtualmente todas personas de fe) hace que dichos comentarios sean inexcusables. Thomas Nagel hizo una súplica para terminar este absurdo:

> Incluso si uno no se siente atraído por la alternativa de una explicación por las acciones de un diseñador, los problemas que plantean estos iconoclastas para el consenso científico ortodoxo deben ser tomados en serio. No merecen el desprecio con que se encuentran comúnmente. Es manifiestamente injusto.[22]

Boghossian continuó diciendo que «la fe es una epistemología defectuosa».[23] Lo que él quiere decir es que los creyentes dicen que saben cosas porque eligen simplemente creerlas ciegamente. Mi amigo Tom Gilson señala que la mayoría de los cristianos estaría de acuerdo en que no se debería pretender saber las cosas de esta manera:

No estoy en desacuerdo con que la fe se trate a veces como una epistemología. Por ejemplo: «¡Sé que es verdad porque tengo fe!». Este es el fideísmo en su forma más cruda, y si Lindsay y Boghossian quieren quejarse de que es una manera errada de pensar en la vida y en la realidad, tendrán un montón de compañía dentro de las filas de los cristianos reflexivos. Convengamos entonces que estamos de acuerdo en que esto suceda. ¡Pero no supongamos que el fideísmo comprende todo lo que se puede decir de la fe![24]

La fe es el resultado final de un proceso que comienza con el conocimiento, pasa a la verdad, y luego formula creencias basadas en la evidencia y la razón. Este es un breve resumen de cada paso en este proceso:

El conocimiento. Como se mencionó anteriormente, el conocimiento no se limita a las ciencias naturales. A través del uso de la razón y la lógica, reunimos y consideramos evidencia de la historia, la filosofía, la literatura, el arte y de nuestra propia experiencia, así como del testimonio de otros, incluyendo las autoridades y la tradición. Como cristianos, creemos que el Espíritu Santo puede darnos conocimientos a través de la verdad de las Sagradas Escrituras. Como demuestro en el capítulo 6, aceptar las cosas escritas en la Biblia no se debe al razonamiento circular (es decir, la Biblia es verdadera porque la Biblia dice que es verdadera).

Hay buenas razones para creer que las Sagradas Escrituras nos proporcionan un conocimiento verdadero. También hay conocimiento que los filósofos, como Alvin Plantinga, llaman «apropiadamente básico».[25] Significa que todos asumimos ciertas cosas para formular creencias. Esto incluiría la creencia en el mundo externo y su inteligibilidad racional.

**La verdad.** No todo conocimiento es verdadero conocimiento. Después de considerar la evidencia, tomamos decisiones sobre lo que es verdad y lo que no. Este es el paso crítico para llegar a creencias justificadas. La esencia de este capítulo ha consistido en entender lo que es la verdad y cómo se puede verificar. Como hemos visto, la verdad es verificable y conocible. He escuchado innumerables testimonios de personas de todo el mundo que me han dicho que su traslado a la fe cristiana comenzó con el deseo de conocer la verdad. Nunca he oído a nadie decir: «Realmente no me importa si el cristianismo es realmente cierto. Me gusta la forma en que me hace sentir». Aunque hay millones de creyentes que tal vez no puedan defender la racionalidad de su fe ni comprender todas las pruebas que existen para su credibilidad, no se desprende lógicamente que el cristianismo mismo no esté basado en la razón y la evidencia.

**La creencia.** Todo el mundo cree. Esto incluye a los ateos. Es deshonesto y equívoco pretender el hecho de no tener que usar la palabra *creencia*, como insisten Richard Dawkins y Lawrence Krauss. Sin embargo, estos individuos nos han prestado un servicio a todos al exigir una explicación racional acerca de por qué nuestras creencias son verdaderas. En efecto, existen disparates rampantes fomentados en el nombre de la fe religiosa. Todos debemos examinar lo que se dice y decidir si es verdadero o falso. Nuestras creencias deben basarse en el conocimiento verdadero. Los sentimientos o experiencias subjetivas son perfectamente aceptables como factores contribuyentes que nos ayudan en nuestros esfuerzos para confirmar la verdad de nuestras creencias, pero no son el fundamento de la fe bíblica.

Durante más de treinta y cinco años, mis creencias cristianas han sido desafiadas en todos los sentidos imaginables. Muchas de ellas han cambiado o evolucionado a través de este proceso. Mis creencias básicas acerca de la existencia de Dios y de la verdad de la fe cristiana solo se han fortalecido a través de este viaje. Esto no se debe a que me haya negado a escuchar puntos de vista opuestos. He pasado horas incontables escuchando conferencias y leyendo libros escritos por una variedad de escépticos en una amplia gama de disciplinas. He asistido a reuniones como la Convención Global Atea de 2012 en Australia. Mientras más escucho el otro lado del «debate de Dios», más convencido estoy de que la fe en Dios es una *conclusión*, no una *ilusión*.

## ¿Por qué la verdad importa?

Caminar por el campo de la muerte en Auschwitz, Polonia, donde más de un millón de personas (en su mayoría judías) fueron asesinadas en las cámaras de gas, es un recordatorio brutal de que las ideas tienen consecuencias. La lógica retorcida de quienes perpetraron los actos más horrendos de la historia fue alimentada por la creencia de que no había otra verdad trascendente que no fuera su propia voluntad de poder nietzscheana. He hecho varios recorridos por los cuarteles del infame campo de la muerte; la evidencia de la inhumanidad del hombre con el hombre es capturada en las habitaciones llenas de las pertenencias personales de aquellos que murieron. Una sala tras otra atestiguan el desgarrador testimonio de la tortura y la degradación padecida por millones de personas.

La verdad importa. El reconocimiento de la realidad de la verdad objetiva y la existencia de un Creador moral del Universo actúa como una restricción contra el mal. Los autores de estos crímenes, o bien pensaron que no había un Dios observándolos, o que aquellos a quienes asesinaron eran menos que humanos. Las Sagradas Escrituras advierten de la espiral descendente en la depravación si se pierde la luz de la verdad:

> Ciertamente, la ira de Dios viene revelándose desde el cielo contra toda impiedad e injusticia de los seres humanos, que con su maldad obstruyen la verdad. Me explico: lo que se puede conocer acerca de Dios es evidente para ellos, pues él mismo se lo ha revelado. Porque desde la creación del mundo las cualidades invisibles de Dios, es decir, su eterno poder y su naturaleza divina, se perciben claramente a través de lo que él creó, de modo que nadie tiene excusa. A pesar de haber conocido a Dios, no lo glorificaron como a Dios ni le dieron gracias, sino que se extraviaron en sus inútiles razonamientos, y se les oscureció su insensato corazón. (Romanos 1.18–21)

Aunque la verdad es evidente alrededor del mundo que Dios creó y la ley moral que Él implantó dentro de todas las personas, esta puede suprimirse. Una vez que te alejas de la verdad, tu mente y tu corazón se oscurecen. Es en la oscuridad del alma humana donde el mal puede ser desde una pequeña semilla de corrupción hasta un monstruo incontrolable. Sin embargo, la luz radiante de la verdad puede destruir este cáncer antes de poder manifestar plenamente su poder destructivo. He visto el poder de la verdad de la Palabra de Dios detener a las personas y extirpar el engaño antes de que se arraigue en sus corazones y en sus mentes. Una de las frases más citadas que pronunció Jesús fue: «Y conocerán la verdad, y la verdad los hará libres» (Juan 8.32).

Es fácil ver por qué la Biblia, que contiene las palabras de Dios, ha sido el centro de este conflicto espiritual. Desde el comienzo de la humanidad, el diablo ha desafiado la Palabra de Dios y ha trabajado para engañarnos en la misma locura. Se le llama el «padre de la mentira» (Juan 8.44). El contraste entre el bien y el mal es en realidad el conflicto entre la verdad y la mentira. La Biblia está llena de la descripción detallada de la verdad y del llamado a los creyentes a ser transformados por ella: «Esto es bueno y agradable a Dios nuestro Salvador, pues él quiere que todos sean salvos y lleguen a conocer la verdad» (1 Timoteo 2.3, 4).

Cuando perdemos la verdad, perdemos la capacidad de conocer a Dios. No podremos entenderlo si nos alejamos de la verdad. Jesús declaró audazmente: «Yo soy el camino, la verdad y la vida. Nadie llega al Padre sino por mí» (Juan 14.6). Esta afirmación sorprendente significa que Jesús no solo dijo la verdad; Él es la verdad. Dios envió a Su Hijo a la tierra como la Palabra viva para demostrar inequívocamente Su naturaleza y carácter. El impacto de la verdad se sentía en todos los lugares a donde iba Él. Incluso Sus enemigos no tuvieron respuesta al poder de la verdad que Él hablaba y representaba.

El gobernador romano Pilato quedó impactado cuando oyó decir a Jesús que Él había venido al mundo «para dar testimonio a la verdad» (18.37, RVR60). Vishal Mangalwadi escribió:

> Pilato podría haber dicho a sus acusadores: «Nunca he conocido a nadie que supiera la verdad. Ahora que lo has traído a mí, lo mantendré por lo menos durante un tiempo para aprender todo acerca de la verdad». Pero Pilato no tenía paciencia para «tonterías». ¿Cómo pudo este carpintero conocer la verdad cuando los más grandes filósofos griegos y poetas latinos no tenían idea? En la época de Pilato, Europa había perdido la esperanza de conocer la verdad, y hasta el interés en buscarla. Al igual que el Occidente posmoderno de hoy, Pilato creía que nadie conoce la verdad; no en ningún sentido racional que pueda explicarse con palabras.[26]

El mundo al que vino Jesús era ignorante de la verdad. Sin embargo, aún había muchos filósofos que pretendieron venderlo. Desde la perspectiva romana de Pilato, Jesús, con Su reino de la verdad, era otro sabio inofensivo, y no otra amenaza más para Roma que los sabios cínicos de las calles.

Por otra parte, la nación de Israel había sido comisionada para ser un lugar adonde pudieran acudir las naciones y aprender la ley de Dios. Ellos habían divagado en una cáscara vacía de lo que estaban destinados a ser. Jesús vino al mundo y trajo la verdad. El impacto se sigue sintiendo dos mil años después. Sin embargo, parecemos decididos a retroceder, expurgando intencionalmente la verdad de nuestra cultura y de nuestra vida cotidiana. Si la luz de la verdad se apaga o simplemente se oscurece, corremos el riesgo de que el mundo se sumerja en una nueva era oscura.

Los escarnecedores sugieren que creemos en valores y principios simplemente porque están escritos en un libro. Este es uno de esos insultos destinados a hacer que la gente desestime su confianza en las Sagradas Escrituras sin que esta reciba un juicio justo. En Estados Unidos, la Constitución es respetada como base y fundamento de nuestras leyes como nación. Es ampliamente considerada como un documento verdadero e históricamente confiable. Su verdad ha pasado las pruebas de la relevancia lógica, consistente y experiencial. Eso significa simplemente que la Constitución funciona en un sentido pragmático. ¿Cuánto más califica la Biblia como verdad a la luz de estas pruebas? (Esto se tratará con mayor detalle en el capítulo 6).

Sin embargo, podemos conocer la verdad aparte de leer la Biblia. Anteriormente mencioné que la Biblia enseña en Romanos 1 que la creación misma revela la verdad sobre el Creador. Y Romanos 2 muestra que la conciencia está marcada por la realidad de la ley moral. ¿Cómo podría surgir la verdad de un pasado absurdo de casualidad y mutación para convertirse en el principio orientador de la vida? Si la supervivencia es la fuerza motriz de la historia, ¿cómo puede existir una verdad mayor que la existente? La evidencia de que la verdad es un regalo de Dios resulta abrumadora. Al reconocer su fuente, podemos mirar con confianza hacia el futuro con una esperanza fundada de que la justicia y la paz verdaderas son posibles.

## La verdad importa

Debemos comprender plenamente que la verdad importa realmente. Toca cada parte de nuestra existencia y es el verdadero debate en cada pregunta que domina nuestro diálogo cultural.

*La verdad importa* cuando se trata de la moralidad. Si los seres humanos son los autores de la moral, estamos condenados a deslizarnos de nuevo en el pantano del que surjimos. (Nota: no creo que la humanidad haya salido del pantano; es un toque de sátira con respecto a la visión evolutiva de nuestros «orígenes modestos»).

*La verdad importa* cuando se trata de la justicia. La verdad y la justicia son inseparables. Si renuncias a conocer la verdad objetiva, estás condenando a la sociedad a un futuro de injusticia.

*La verdad importa* cuando se trata de las categorías metafísicas del propósito y el significado. Si no existe algo como la verdad objetiva, entonces el propósito y el significado desaparecen como un espejismo.

Las preguntas importantes de nuestro día se refieren a la moral y la sexualidad. ¿El matrimonio pretende ser entre un hombre y una mujer? Hace una generación, una mayoría abrumadora de personas habría dicho que sí sin dudarlo. Los tiempos han cambiado. En muchos entornos, *ahora* puedes perder tu trabajo por afirmar esa verdad simple. Los ingenieros sociales explican este cambio repentino en nuestras creencias sociales como la evolución del sentido común. Una mirada rápida en el espejo retrovisor de la historia te mostrará que el sentido común no es lo que solía ser. Ciertamente, la definición actual es muy diferente de la de nuestros padres o abuelos.

El sentido común consiste simplemente en los conceptos colectivos de las «creencias *du jour*».[27] Es típico decir que algo es de sentido común y no molestarse en preguntar de dónde vino o si es realmente cierto y justo. Si los pensadores laicos se niegan a molestarse con la pregunta «¿por qué?» acerca de nuestra existencia, ¿cuánto más evitan la pregunta «por qué» cuando se trata de asuntos de moralidad?

Entender lo que es verdad puede salvarnos de nuestra proclividad como seres humanos para autodestruirnos. Un paso crítico para recobrar nuestros sentidos es recuperar un control firme sobre la existencia de la verdad y el deseo de descubrirla y aferrarnos a ella a toda costa.

## La verdad es un derecho humano

La tesis de este libro es que oír el evangelio es un derecho humano fundamental. En última instancia, esto se debe a que el evangelio es verdadero. Todo el mundo debe tener el derecho de buscar libremente la verdad y plantear el caso de lo que ha descubierto, como afirmó Newbigin:

> Creo que todo ser humano tiene la responsabilidad de tratar de captar la verdad sobre la realidad que nos reúne y nos abarca, y de declarar los resultados de esa búsqueda, sabiendo que la comprensión plena siempre está más allá de nosotros. Para este cristiano, esta búsqueda es sostenida por la promesa de que, mientras que ahora solo sabemos en parte, vendrá un día cuando sabremos tal como somos conocidos.[28]

En cuanto seres humanos, nunca sabremos todo lo que hay que saber en esta vida, pero eso no significa que permanezcamos en la incertidumbre.

Significa que debemos dedicarnos a buscar lo que es verdadero y luego vivir nuestras vidas en la realidad de la verdad. Como prometió Jesús: «Conocerás la verdad y la verdad te hará libre». Esta libertad señala la importancia vital de la oportunidad que toda la humanidad debe tener para escuchar el mensaje que tiene el poder de otorgar ese don a la mente y al corazón humano.

## Resumen

El mayor desafío de esta generación se refiere a la existencia y naturaleza de la verdad. La pregunta que le hizo Pilato a Jesucristo —«¿Qué es la verdad?»— sigue siendo esquiva para la mayoría. Nuestra cultura está confundida no solo al entender el concepto de la verdad, sino al comprender lo que es específicamente verdadero y falso. El término *posverdad* describe una sociedad que basa sus creencias más en sentimientos que en hechos. La verdad es un regalo de Dios. No surge de un paradigma evolutivo. Dios es la fuente de la verdad, y, por ende, hay hechos objetivos sobre nuestro mundo tanto científicos como filosóficos. Una definición básica de la verdad es que corresponde a la realidad. Esto es comprobable de varias maneras. Debe ser lógicamente coherente, empíricamente adecuada y relevante desde el punto de vista experimental.

La ciencia moderna ha traído al mundo muchos avances tecnológicos y médicos, pero la idea de que la ciencia es la única fuente de conocimiento es simplemente falsa. Cuando se trata del área de la epistemología —que es el estudio de cómo llegamos a conocer las cosas—, la ciencia no es sino una fuente de conocimiento. Podemos adquirir conocimientos de historia, de filosofía, de arte y de literatura, así como de nuestras experiencias subjetivas del mundo en que vivimos. Contrariamente al ataque escéptico, los cristianos no están llamados a tener la fe ciega como fundamento de nuestra epistemología. Nuestras creencias se basan en el conocimiento, la verdad y la razón. La ciencia no hace reclamaciones; son los científicos quienes lo hacen. Los científicos tienen creencias como todos los demás. Todos debemos estar dispuestos a ajustar nuestras creencias y seguir la evidencia adondequiera que conduzca.

Cuando abandonamos la verdad como una realidad objetiva y cognoscible, basamos nuestra vida en el engaño y el ilusionismo. La verdad importa cuando se trata de cada área de nuestra existencia. Al final, es la verdad la que nos liberará. El mensaje del evangelio es verdadero y señala a Cristo como la Verdad viviente. En última instancia, la verdad no es solo un concepto filosófico, sino una persona viviente.

Con esto en mente, es imperativo que lleguemos a la verdad acerca de nosotros como seres humanos. ¿Somos animales, conformados solo por materia física, o hay una dimensión no física o espiritual? Veamos ahora uno de los grandes misterios de nuestra existencia humana: la realidad del alma.

# CAPÍTULO 5

# LA REALIDAD DEL ALMA

## *Somos más que animales*

*Solo veo que si Jesús fue resucitado de entre los*
*muertos, Él ha estado en la otra vida y está calificado para*
*hablarnos de ello.*

—J. P. MORELAND,
THE GOD QUESTION[1]

La imagen era una de las más aterradoras que cualquier padre pudiera imaginar. Un niño pequeño en manos de un gorila de espalda plateada llamado Harambe en el parque zoológico de Cincinnati el 28 de mayo de 2016. El gorila tuvo al niño por casi diez minutos, arrastrándolo como si fuera una muñeca de trapo, mientras el niño miraba calmado al animal —aunque desconcertado—, como si fuera un personaje en un paseo de Disney World.

El niño de tres años había penetrado inexplicablemente a través de la cerca protectora del hábitat del gorila y caído en el foso. No había nada que los espectadores o funcionarios del zoológico pudieran hacer mientras miraban al niño en las garras de esta bestia enorme. El video en YouTube es escalofriante. Harambe fue baleado y asesinado para salvar la vida del niño. El público, así como los activistas por los derechos de los animales, se indignaron: «Muchos están enojados de que el gorila —en peligro de extinción— fuera abatido. Otros quieren que la madre del niño enfrente cargos por amenaza infantil, informó Jamie Yuccas, de CBS News. Las páginas de Facebook como «Justicia para Harambe» se están extendiendo rápidamente».[2] (Usar esto como un ejemplo no es negar de ninguna manera que este incidente sea trágico en muchos sentidos).

Mientras que la mayor parte del debate se centró en las cuestiones de si Harambe había lastimado al niño o por qué este o cualquier otro animal debería estar en cautiverio, hubo una discusión más preocupante bajo la superficie sobre por qué el niño fue elegido para vivir en lugar del gorila. La cuestión de por qué la vida humana es más valiosa que la vida animal es muy debatida en muchos círculos intelectuales. En particular, esto es ciertamente un problema ético real para materialistas como Richard Dawkins, quien ha declarado públicamente que los seres humanos no son moralmente superiores a los animales. En un artículo de opinión de *The Guardian*, se publicó una conversación donde Dawkins argumentó explícitamente lo siguiente:

Estás en una playa desierta con un rifle, un elefante y un bebé. Este es el último elefante en la tierra y está atacando al bebé. ¿Le disparas al elefante, sabiendo que la especie se extinguiría?

Este fue el dilema que Richard Dawkins me planteó durante un fin de semana en el campo. Nuestro anfitrión, el editor Anthony Cheetham, nos había puesto maliciosamente el uno junto al otro en la mesa. Pensé que el dilema era una obviedad; mi única duda era si yo dispararía con la puntería suficiente para matar a la bestia.

Él quedó indignado por mi respuesta: hombre, bestia, todos eran iguales para él, y la prioridad debía ser proteger a las especies en peligro de extinción. Me reprendió por mi creencia absurda en la especialidad de la humanidad debido a su alma.[3]

Aunque esta razón suena chocante para muchos, es la posición de aquellos que están comprometidos con la filosofía del naturalismo, que insisten en que la vida humana no es más valiosa que cualquier otra vida animal. Les concedo esto: por lo menos están siendo consistentes en términos intelectuales y filosóficos. Si no hay Dios, y el hombre es, por lo tanto, solo otro animal, entonces realmente no hay mucha diferencia. Pero si los seres humanos no son realmente diferentes de otros animales, entonces el concepto de derechos humanos se desmorona también. El evangelio señala que Dios nos ha creado a Su imagen y que somos fundamentalmente diferentes de cualquier otra cosa en Su creación. La existencia del alma humana está ligada inextricablemente a la realidad de los *derechos humanos*, así como a la *responsabilidad humana*. Si somos solo animales cuyas acciones están programadas por nuestro ADN, entonces nuestras acciones no tienen consecuencias morales. *Los animales que matan a otros animales no son escenas de crimen.* Al ver la evidencia de la realidad del alma en este capítulo, la conclusión rotunda debe ser evidente de que *si el alma no existe, entonces no puede haber acciones morales reales, y, por lo tanto, la injusticia no es más que una ilusión.*

En la última década ha habido un aumento en el número de libros escritos no solo para promover el ateísmo como la única cosmovisión verdadera de la mente racional y alfabetizada en términos científicos, sino también para desacreditar la supuesta arrogancia de los seres humanos, quienes creemos tener un lugar especial en el mundo. Uno de los autores más elocuentes es Sam Harris, cuyos libros y discursos le han ganado muchos seguidores. Él se burla de la noción de que los seres humanos tienen más valor que incluso una mosca:

> Un embrión humano de tres días es una colección de 150 células llamadas blastocistos. Para efectos de comparación, hay más de 100.000 células en el cerebro de una mosca... Si estamos preocupados por el sufrimiento en este universo, matar moscas debería entrañar mayores dificultades morales que matar un blastocisto humano.[4]

Esta posición debería sonar como todo un absurdo para la mayoría de las personas en el siglo veintiuno; sin embargo, lo que se consideraba como sentido común en otras generaciones está cambiando dramáticamente. Lo que habría sido obviamente sentido común en otras generaciones ahora está en duda, por lo que nos encontramos debatiendo si la vida humana es especial en comparación con la vida animal. Si es así, ¿por qué?

Comentarios de escritores ateos como Dawkins y Harris demuestran la conclusión lógica del ateísmo y el materialismo. Si no hay Dios, entonces los seres humanos somos colecciones de sustancias químicas sin alma, y como señaló William Lane: «No tenemos más derechos que un enjambre de mosquitos o que un corral de cerdos».[5]

La creencia de que los seres humanos son especiales no es un resultado del pensamiento darwiniano. Esto es el resultado de la influencia de las Sagradas Escrituras, que explican que hombres y mujeres son creados a imagen de Dios. Este hecho les confiere a los seres humanos una dignidad y una prioridad que no puede alcanzar ningún otro animal. El filósofo cristiano J. P. Moreland hizo esta afirmación:

Es en virtud del tipo de alma que poseen los seres humanos, reflejando en efecto la imagen de Dios, que los humanos tienen un valor tan alto e intrínseco [...] Si es verdad que somos meramente objetos físicos, somos de poco valor, o al menos eso me parece.[6]

No es difícil rastrear en dónde fue desafiada la opinión de que los seres humanos somos especiales y dignos de protección con respecto a los animales. En 1859, cuando Charles Darwin escribió *Sobre el origen de las especies*, él no solo descartó a Dios como el diseñador de la vida, sino que devaluó a los humanos como una curiosidad simplemente evolutiva. Es difícil calcular los efectos de esta creencia despectiva en el comportamiento humano: una creencia que dice que, a pesar de nuestros logros en la ciencia, la belleza expresada en el arte y la poesía, la magnificencia de nuestros esfuerzos heroicos en la medicina y la profundidad de nuestra compasión en nuestros esfuerzos para ayudar a nuestros semejantes, todavía somos simplemente animales. Como diría Darwin: «Sin embargo, debemos reconocer, tal como me parece, que el hombre, con todas sus nobles cualidades [...] todavía lleva en su cuerpo el sello indeleble de su origen modesto».[7]

Si Darwin estaba equivocado, creerle de todos modos es entonces totalmente erróneo y destructivo. La verdad es que somos más que seres físicos, más que el resultado de un proceso no guiado llamado selección natural. Poseemos una dimensión eterna. El nombre más común dado a este aspecto de nuestra existencia es el *alma*. En este capítulo, examinamos la historia de esta creencia y la evidencia de su realidad. Hay una advertencia que vale la pena mencionar: no estoy distinguiendo entre espíritu y alma desde un punto de vista teológico. Esta discusión es simplemente un intento por demostrar que los seres humanos poseen una dimensión no física.

# Una breve historia del alma

Desde el comienzo de la historia registrada, los seres humanos han expresado una creencia de que hay vida después de la muerte. Los faraones de Egipto y sus pirámides son testamentos de esta convicción y esperanza. Los patriarcas bíblicos Abraham y Moisés comprendieron la verdad de que la existencia de un Dios eterno significa que hay vida más allá de la tumba; hay una dimensión no física de nuestra existencia que vive después de la muerte del cuerpo. Esta creencia en el alma aparece simultáneamente con el nacimiento de la filosofía.

Desde el principio de la filosofía en la costa jónica, con pensadores como Tales de Mileto (siglo siete a. de C.), hasta los escritos de Homero, se creyó en la idea de que hay un alma que sobrevive a la muerte del cuerpo. El alma era vista como sinónimo de estar vivo, así como la dimensión de nuestra existencia que experimentaba y denotaba alegría, tristeza y coraje. Confucio y Buda contemplaban ideas en los siglos seis y cinco a. de C. que señalaban la existencia del alma. Varias generaciones antes que ellos, el profeta Daniel escribió: «Y del polvo de la tierra se levantarán las multitudes de los que duermen, algunos de ellos para vivir por siempre, pero otros para quedar en la vergüenza y en la confusión perpetuas» (Daniel 12.2).

Los tres grandes pensadores, Sócrates, Platón y Aristóteles (siglos quinto y cuarto a. de C.), creían en el alma, aunque sus ideas difieran ligeramente. Sócrates es considerado como uno de los fundadores de la filosofía occidental. (Fue condenado a muerte por corromper a la juventud de Atenas y obligado a ingerir veneno). Aunque ninguno de sus escritos ha sobrevivido, sabemos de él principalmente gracias al trabajo de Platón, su discípulo, y de otros. Su influencia todavía se siente hoy a través de lo que se llama el método socrático de investigación y consulta por medio de preguntas. Expresó su creencia en la vida después de la muerte y en la existencia del alma. En *Fedón*, una obra de Platón, esta creencia es explícita:

Respóndeme, pues, continuó Sócrates: ¿qué es lo que hace que el cuerpo esté viviente?

El alma.

¿Es siempre así?

¿Cómo podría no serlo?, dijo Cebes.

¿Lleva el alma, pues, consigo la vida a todas partes donde penetra?

Seguramente.

¿Existe algo contrario a la vida o no hay nada?

Sí; hay algo.

¿Qué?

La muerte.[8]

Sócrates afirmó que el proyecto más importante de la vida es el cuidado del alma de cada individuo. Platón creía en la inmortalidad del alma y la describió con más detalle en la *República*, diciendo que tenía tres partes: la razón, el espíritu y el apetito.[9]

Para Platón, el ideal más elevado del alma era la obtención del conocimiento. Esto se expresa en su creencia de que el alma existió antes de que el cuerpo físico de una persona fuera creado y, por lo tanto, llevaba consigo ideas innatas, así como conocimiento. En *A Brief History of the Soul* [Una breve historia del alma], Stewart Goetz y Charles Taliaferro confirmaron la convicción de Platón sobre el propósito último del alma: «Platón parece considerar la razón/el intelecto como lo único que constituye la esencia del alma, y les dice a sus lectores que el alma es alimentada por la razón y el conocimiento».[10]

Aristóteles era un estudiante que se unió a la academia de Platón a los dieciocho años. Rechazaba el mundo de las formas (es decir, que la verdadera esencia de las cosas ocurre en las ideas, y no en la realidad), y propuso una perspectiva metafísica basada en la causalidad. Su introducción de las cuatro causas proporcionaba categorías que apuntaban a la realidad práctica de la existencia de la verdad metafísica, como el significado y el propósito. Las cosas consisten en una *causa material* (de lo que está hecha; por ejemplo, una bola de goma consiste en la materia); una *causa formal* (la forma que la hace una bola; es decir, la redondez); una *causa eficiente* (el agente que produjo su existencia); y una *causa final* (el propósito del objeto).

Estas categorías son verdades vitales que han sido descartadas erróneamente a través de la duda radical de Descartes y de muchos pensadores de la Ilustración. El rechazo de las categorías metafísicas de Aristóteles es llamado por el filósofo estadounidense Edward Feser «el error más grande jamás cometido en toda la historia del pensamiento occidental».[11]

Para Aristóteles, un alma es la forma o esencia de una cosa viviente, y su causa final (propósito) es conocer la verdad. Feser explicó que, para Aristóteles, un alma buena es aquella que busca la verdad y el conocimiento. Del mismo modo, somos buenos si nuestras acciones corresponden a los fines u objetivos finales para los cuales fuimos creados:

> Así, un buen ser humano será, entre muchas otras cosas, alguien que persigue la verdad y evita el error. Y esto se convierte en bondad moral en la medida en que podemos elegir si cumplimos o no con nuestras naturalezas de esta manera. Elegir acorde con las causas o propósitos finales que son nuestros por naturaleza es moralmente bueno; elegir en contra de ellos es moralmente malo.[12]

Permítanme hacer un breve paréntesis de nuestra discusión sobre la evidencia del alma y hacer una conexión a esta discusión sobre las causas finales y los debates contemporáneos que rodean la moralidad. Hay una noción errónea de que los cristianos extraen lo que es bueno y malo únicamente de la Biblia a expensas de la razón. Las Sagradas Escrituras nos llaman a discernir la naturaleza y los atributos de Dios a través de las cosas que Dios ha hecho (Romanos 1.20). Continúa diciendo que aun sin conocer la ley de Dios, nuestras conciencias nos hablan del bien y del mal (2.4–15).

Esto significa que el bien y el mal, así como el significado y el propósito (categorías metafísicas), pueden discernirse por medio de la naturaleza. Si nada tiene un propósito objetivo y real, ¿es posible entonces decir qué es realmente bueno o malo? El argumento de que existen evidencias de una predisposición genética para ciertos comportamientos es equivocado. Incluso si pudieras afirmar que había un gen que hace a alguien propenso a ciertos comportamientos o deseos, no significaría que actuar sobre esa propensión debería considerarse como bueno para el bienestar de esa persona. Por ejemplo, se ha establecido una proclividad genética para el alcoholismo. Esto no significa que uno esté haciendo lo que es correcto al beber alcohol. Significa que tendrá que ser más diligente para evitar incluso la más mínima exposición al alcohol. Puedes hacer la misma conexión con cualquier tipo de comportamiento moral que se justifique en nombre de la genética.[13]

## Nuestras acciones morales afectan nuestras almas

Los escritores bíblicos enseñaron ciertamente la existencia del alma y que no habría solo vida después de la muerte, sino también un juicio para todas las acciones cometidas en esta vida. El alma sobrevivirá a la muerte del cuerpo y actuará como la caja negra (grabadora de vuelo) que se recupera después de un accidente de aviación. La existencia del alma significa que nuestras acciones en esta vida son importantes. Es por eso que el debate sobre lo que es bueno y malo no puede considerarse como actitudes de la cultura y lo que esta considera popular frente a lo que es correcto e incorrecto en última instancia. Por lo tanto, lo bueno es lo que es mejor para el bienestar de nuestras almas. El mal, por el contrario, es lo que la degrada o destruye. Hablaremos más acerca de esto cuando describamos las evidencias del alma.

Una de las declaraciones más memorables y citadas de Jesucristo, registradas por el escritor evangélico Mateo, fue: «Porque ¿qué aprovechará al hombre, si ganare todo el mundo, y perdiere su alma? ¿O qué recompensa dará el hombre por su alma?» (Mateo 16.26, RVR60). Los escritos del líder de la iglesia primitiva Agustín de Hipona se citan a menudo en la comprensión histórica de la existencia y la naturaleza del alma. Agustín creía que cada uno de nosotros sabe lo que es un alma por el simple hecho de que cada uno de nosotros es una. Él sostiene que nada es más íntimamente conocido y consciente de su propia existencia que un alma, porque nada puede estar más presente para el alma que ella misma.[14]

Agustín nos habla hoy debido a la lucha interna acerca de la cual escribió con respecto a los valores morales y a la verdad objetiva. En su época existían muchas escuelas filosóficas de pensamiento que eran populares. Según una de ellas, el *Maniqueísmo* (siglo cuarto), él debería seguir adelante y satisfacer sus apetitos sensuales sin sufrir ningún remordimiento de conciencia. Él creyó por un tiempo en esta cosmovisión no bíblica, pero finalmente vio a través de la vanidad de un razonamiento tan vacío. Agustín escribió en sus *Confesiones*:

Me retenían frivolidades de frivolidades y vanidades de vanidades, antiguas amigas mías, tirándome del vestido de la carne, y me decían por lo bajo: «¿Nos dejas?». Y «¿desde este momento no estaremos contigo por siempre jamás?». Y «¿desde este momento nunca más te será lícito esto y aquello?». ¡Y qué cosas, Dios mío, qué cosas me sugerían con las palabras esto y aquello! Por tu misericordia aléjalas del alma de tu siervo. ¡Oh, qué suciedades me sugerían, qué indecencias![15]

Lamentablemente, esas cosas sucias y vergonzosas se consideran normales y aceptables en esta generación.

Varios cientos de años después, Tomás de Aquino (1225–74) abrazó las verdades metafísicas presentadas por Aristóteles y las integró con el marco agustiniano que se inclinaba más hacia una visión platónica del mundo. Esto proporcionó una defensa racional de la fe cristiana, la inmortalidad del alma y la realidad de la ley natural (la idea de que el bien y el mal son conocibles a través de las cosas que se hacen). La influencia de Aquino aún se siente hoy debido a la fuerza de las verdades presentadas en sus argumentos.

La creencia en el alma continuó a través de la época de la Ilustración (siglos diecisiete y dieciocho), y no fue cuestionada hasta mediados del siglo diecinueve con los escritos de Darwin y la idea de que los seres humanos no fueron creados por Dios, sino por un proceso largo y lento de mutación aleatoria y selección natural. Desde entonces, el compromiso con el materialismo y el naturalismo se ha convertido, en su mayor parte, en el credo de las comunidades científicas, filosóficas y psicológicas.

Esto se ve en los escritos de Sigmund Freud (1856–1939), que todavía dominan la mayor parte del pensamiento en la psicología y la psiquiatría del siglo veintiuno. La creencia de que somos criaturas físicas conduce en última instancia a la noción práctica de que todos nuestros comportamientos son simplemente un resultado de causa y efecto. La teoría de Freud sobre el ello, el yo y el superyó describe un proceso mecanicista que trata de descubrir las influencias desconocidas del ello y cómo los deseos resultantes del yo son modificados y regulados por el superyó, que está condicionado por normas culturales y societales.

Al igual que muchos de los principales pensadores de hoy, Freud era un determinista que veía el libre albedrío como una ilusión (más sobre esto en un momento). El debate actual sobre la existencia del alma se está librando en el ámbito de la neurociencia, el campo de estudio al que los escépticos se refieren en su mayor parte para descartar la noción del alma. Hay frases que tratan de caricaturizar esta creencia, como «el fantasma en la máquina» o «creencia en el ectoplasma» (piensen en la película *Cazafantasmas*), no solo para burlarse de la creencia en el alma, sino para afirmar, por lo tanto, que no existe ninguna evidencia para ninguna de estas caricaturas. Esto tipifica la falacia de exponer un argumento que enmarca lo que tú crees que debe ser el aspecto de la evidencia, y luego anunciar triunfantemente que dicha evidencia no existe. Es por eso que es importante comprender que el materialismo (la creencia de que toda nuestra existencia puede reducirse a una explicación física y natural) es esgrimido de una manera tan dogmática por los ateos cuando afirman que las personas religiosas mantienen sus creencias. Esto se debe a que la alternativa (la existencia de un mundo espiritual) es impensable. El doctor Edward Feser llama a esta creencia «la última superstición».[16]

Sam Harris, al igual que otros ateos, insiste en que la neurociencia no suministra evidencias de que el alma exista. Él cita la capacidad de correlacionar, con diversos estímulos, las regiones del cerebro donde se encuentran los recuerdos, las emociones y las áreas de funcionalidad. Esto no explica los aspectos críticos de nuestra existencia, como la conciencia, el libre albedrío y el sentido del yo que todos tenemos. El hecho de que un daño en el cerebro afecte la memoria o las habilidades de razonamiento es la evidencia definitiva para Harris de que el alma no existe. Su chiste favorito, que provoca una risa garantizada de sus seguidores escépticos, es algo así como esto:

> Sufres un daño en una parte del cerebro y de la mente; se pierde algo de la mente y la subjetividad. Sufres otro daño y pierdes más. Y, sin embargo, si te lo dañas *todo* al morir, podemos levantarnos del cerebro, con todas nuestras facultades intactas, reconociendo a la abuela y hablando inglés.[17]

Al responder a personas como Harris, veremos evidencias que demuestran que nuestras mentes son diferentes de nuestros cerebros. Si nuestros cerebros están dañados o deteriorados, no estamos condenados a una eternidad de discapacidad. El ejemplo que se utiliza a menudo es el de un conductor en un automóvil que está involucrado en un accidente devastador. Si el auto se estrelló, el conductor podría salir indemne y sin lesiones, aunque el auto haya quedado inservible. Lo mismo ocurre con el cerebro.

Si existe esta esencia espiritual en nuestra existencia que sobrevive a nuestra muerte física, entonces los seres humanos serán responsables de sus acciones en la próxima vida, y no solo en esta. Esta es una proposición aterradora para aquellos que buscan desechar a toda costa la existencia del alma debido a la conclusión inevitable de que, por lo tanto, Dios también existe. Basta pensar en la resistencia al descubrimiento de que el universo tuvo un comienzo a principios del siglo veinte. El término *big bang* fue acuñado por un ateo como un término burlón porque él conocía las implicaciones de este comienzo cósmico. Dijo que esto sería «dejar el pie divino en la puerta». ¡Si esta analogía se aplicara a la existencia del alma, sería el equivalente a que todo el Ser Divino se mudara a la casa, y no solo que pusiera un pie en la puerta!

## La evidencia del alma

Veamos ahora la evidencia sobre la existencia del alma. Una vez más, mi objetivo es demostrar que nuestra existencia humana contiene algo más que la simple dimensión física. Cada una de estas áreas es una parte de un caso acumulativo de que nuestra humanidad tiene un aspecto no material.

## El yo

Muchas veces, al hablar con los escépticos que quieren debatir la existencia de Dios, digo: «Podemos hablar de la existencia de Dios en un momento; mi pregunta es, ¿tú existes?». La respuesta a esta pregunta puede parecer obvia. Pero los ateos prominentes cuestionan en realidad si realmente existimos en un sentido definitivo. Por ejemplo, el filósofo Daniel Dennett describe a las personas más como robots programados por su entorno y genética: «Tu conciencia, tu sentido de ti mismo, es como una "ilusión de usuario" benigna».[18]

Sam Harris afirma audazmente que «el yo es una ilusión».[19] La evidencia de la existencia del yo apunta a la existencia del alma. Si hay un yo, entonces tú y yo somos algo más que químicos y conexiones neurales. Como persona, cada uno de nosotros tiene una identidad que no es una ilusión. Podemos mirar a nuestros seres queridos y amigos, así como a cualquier otro ser humano y detectar que tienen una identidad real: ¡existen!

Pensadores cristianos como Agustín y C. S. Lewis sentían que esta era la pregunta más fácil de comprobar. Como persona, obviamente eres consciente de ti mismo. Como comentamos en el capítulo anterior, el matemático y filósofo francés René Descartes podía dudar de todo menos del hecho de dudar. Él sabía mínimamente que existía. En su libro *The Soul* [El alma], el filósofo cristiano J. P. Moreland escribió que los avances en la neurociencia no pueden explicar la realidad de la «identidad» o del «yo»:

> En general, la neurociencia es maravillosa para proporcionar información sobre los aspectos neurológicos del funcionamiento mental y las acciones del yo, pero no sirve de nada para decirnos qué son los estados mentales y el yo. La correlación, la dependencia y las relaciones causales no son la identidad.[20]

El cristianismo y el judaísmo enseñan que tú y yo tenemos esta identidad personal que llamamos *el yo*. El apóstol Pablo explicó que, como seguidor de Cristo, se te dio un *nuevo* yo. Por lo tanto, ser fiel a ti mismo significaba ser fiel a la nueva identidad que tienes en Cristo. Una vez más, estamos empezando a suministrar la evidencia abundante de que cada individuo tiene un yo y una identidad real. Concluimos con esta afirmación sencilla: *si el yo existe, el alma existe*.

## La conciencia

La *conciencia* está estrechamente asociada con la realidad del yo. No hay un área de la existencia humana que haya sido más estudiada y que siga siendo, sin embargo, un misterio completo. La conciencia ha sido descrita como la experiencia subjetiva en primera persona que tenemos como seres humanos. El término técnico para esto es *qualia*. David Chalmers es un científico cognitivo y considerado uno de los principales expertos en el mundo en el área de la conciencia. Él llama a esta experiencia «el problema difícil de la conciencia».[21] En otras palabras, no hay una explicación naturalista de por qué un cerebro objetivamente observable con todas sus capacidades puede tener este sentido de la experiencia subjetiva.

El problema de la conciencia sería fácil, y no difícil, si los neurocientíficos pudieran detectarlo simplemente colocando electrodos en el cerebro humano. No hay manera de que cualquiera de esas medidas objetivas pueda decir lo que está experimentando la persona. Podrías hacer un estudio del sueño, por ejemplo, y ver qué áreas del cerebro de una persona se están iluminando mientras sueña, pero tienes que despertar al durmiente para descubrir lo que está soñando. Eso es lo que quiere decir Chalmers con el difícil problema de la conciencia. Esto me recuerda las Sagradas Escrituras: «En efecto, ¿quién conoce los pensamientos del ser humano sino su propio espíritu que está en él? Así mismo, nadie conoce los pensamientos de Dios sino el Espíritu de Dios» (1 Corintios 2.11).

Chalmers es una leyenda en el campo de los estudios de la conciencia. Es famoso por su conferencia sobre zombis, que, quiere decir él, son seres humanos que funcionan físicamente, pero sin una experiencia consciente. La pregunta que plantea es la siguiente: si los humanos somos simplemente físicos, ¿por qué no somos zombis? «Mira, no soy un zombi, y oro para que no seas un zombi», dijo Chalmers, «pero el hecho es que la evolución podría haber producido zombis en lugar de criaturas conscientes, ¡y no lo hizo!».[22]

Chalmers explicó el reto de tratar de explicar la conciencia con conceptos puramente físicos y científicos en una charla TED en 2014: «La física explica la química, la química explica la biología, la biología explica partes de la psicología. Pero la conciencia no parece encajar en este cuadro».[23]

La conciencia es la experiencia de ser tú. Es a la vez frustrante y cómico escuchar a los principales expertos en la conciencia tratando de especular de dónde vino y lo que es. Ellos usan frases como «la conciencia es una propiedad emergente», lo que significa que es semejante al oxígeno emitido por las plantas. También conjeturan que es simplemente una propiedad fundamental, lo que significa que está ahí y que no requiere de ninguna explicación. Algunos llegan al extremo de especular que si eres una propiedad emergente de la materia, entonces es posible que todo sea consciente de alguna forma u otra (desde las rocas hasta tu iPhone). Esto se llama *panpsiquismo*. Por ello, estos expertos muestran que a pesar del tsunami de información disponible, que proviene de innumerables estudios del cerebro, no tienen ni idea de lo que es la conciencia.

La doctora Susan Greenfield, una neurocientífica con un impresionante currículo de treinta grados honorarios, declaró: «No solo no sabemos lo que es... no tenemos idea de cómo sería el aspecto de la solución que la demostrara».[24] Ella se refirió a la conciencia como «el milagro»:

Mientras que la neurociencia puede contribuir realmente a la comprensión de las condiciones psiquiátricas y mentales, el cerebro humano puede ayudarnos en general a mirar las correlaciones y apreciar los procesos, lo que aún no podemos hacer es dar una respuesta al milagro. Pero creo que podríamos escribir novelas de ciencia ficción si deseáramos qué clase de respuesta podríamos esperar un día.[25]

En un artículo científico, Christof Koch, del Instituto Allen para la Ciencia del Cerebro en Seattle, habló de cómo «el agua de la información integrada se convirtió en el vino de la experiencia».[26] Es, de hecho, un milagro. Al igual que el comienzo milagroso del universo y el origen de la vida, la conciencia apunta a un Creador consciente que nos creó a Su imagen y nos hizo almas vivientes.

## La mente no es el cerebro

Uno de los problemas clásicos de la filosofía ha sido denominado el «problema mente-cuerpo», pero también podríamos llamarlo el «problema mente-cerebro». Si los materialistas tienen razón, la mente es simplemente una parte del cerebro y, por lo tanto, es una entidad o propiedad puramente física. Moreland escribió: «El dualismo de la sustancia es la creencia de que una persona humana tiene tanto un cerebro que es una cosa física con propiedades físicas, y una mente o alma que es una sustancia mental y tiene propiedades mentales».[27]

Es importante analizar una dimensión de la verdad que tratamos en el capítulo anterior, llamada la ley de la identidad. Esta ley de la lógica afirma que si A es idéntica a B, entonces no hay diferencia entre A y B. Al aplicar esto a la pregunta de si la mente es el cerebro, entonces cada rasgo de la mente sería el mismo que el cerebro. Si existe alguna diferencia, entonces la mente no es el cerebro. Los materialistas son firmes en su denuncia sobre la posibilidad de cualquier tipo de distinción entre la mente y el cerebro debido a unas implicaciones que son enormes.

Daniel Dennett ofrece este resumen de la visión materialista actual del mundo natural y de la mente:

> La sabiduría predominante, expresada y argumentada de diversas maneras, es el *materialismo*: solo existe una clase de cosas, es decir, la *materia* —la sustancia física de la física, la química y la fisiología— y la mente es de alguna manera solo un fenómeno físico. En resumen, la mente es el cerebro. Según los materialistas, podemos explicar (¡en principio!) cada fenómeno mental usando los mismos principios físicos, leyes y materias primas que son suficientes para explicar la radiactividad, la deriva continental, la fotosíntesis, la reproducción, la nutrición y el crecimiento.[28]

Pero esto no es cierto. Por un lado, los estados cerebrales y los estados mentales son diferentes, como explicó Moreland:

> Los estados mentales se caracterizan por su sensación intrínseca, subjetiva, interior, privada y cualitativa, que se hace presente a un sujeto por medio de la introspección en primera persona. Por ejemplo, un dolor es una herida que se siente. La naturaleza intrínseca de los estados mentales no puede describirse mediante el lenguaje físico, incluso si, mediante el estudio del cerebro, se pueden descubrir las relaciones causales/funcionales entre los estados mentales y cerebrales.[29]

Solo porque exista una *correlación* entre los estados mentales y los estados cerebrales no significa que sean idénticos. Esto apunta simplemente a una conexión de causa y efecto. Por ejemplo, aunque existe una correlación entre el humo y el fuego, no significa que sean idénticos.

Puede ser que para cada actividad mental, un neurofisiólogo pueda encontrar una actividad física en el cerebro con la que esté correlacionada. Pero solo porque A origine a B (o viceversa), o simplemente porque A y B estén correlacionados constantemente entre sí, no significa que A sea idéntica a B. La luz solar puede hacerme estornudar, pero está claro que la luz solar no es lo mismo que estornudar.[30]

C. S. Lewis diría que era mucho más lógico creer que la mente creó la materia y no que la materia produjo la mente.[31] La existencia de Dios significa que hay un aspecto fundamental de la mente en el universo. Específicamente, la evidencia apunta a una mente inteligente detrás de toda la vida. Debido a que el cerebro es físico, eso significaría que es diferente de la mente en su configuración más fundamental. Para decirlo claramente, *lo mental no es físico*.

Otras áreas demuestran que la mente y el cerebro no son lo mismo. De hecho, hay evidencia de que la mente puede cambiar el cerebro. Hay estudios que confirman que la terapia cognitiva puede ayudar a reprogramar literalmente el cerebro y a crear nuevas vías neuronales. La frontera de la *plasticidad neural*, como se le llama, está revolucionando el tratamiento para las personas con lesiones cerebrales. (Hablaremos más sobre esto un poco más adelante). Esta es otra pieza de evidencia que sugiere que, basados en la ley de la identidad, la mente no es el cerebro.

## Metacognición: Pensando acerca de pensar

Los animales de todo tipo tienen algún nivel de capacidad cognitiva. Las ratas tienen la capacidad de encontrar su camino a través de un laberinto. Los perros y los caballos pueden identificar claramente a los seres humanos y relacionarse con ellos. Sin embargo, existe una distinción enorme entre el pensamiento de los animales y el pensamiento de los seres humanos; es decir, que los seres humanos son capaces de pensar en su pensamiento. Esto se llama *metacognición*. Ser consciente de nuestra situación es otro aspecto de nuestra experiencia consciente que apunta a un estado mental y no a un proceso puramente físico. Ser consciente de nuestra situación como personas es algo milagroso cuando pensamos en ello. Para el materialista, el universo es creado a partir de la nada, sin motivo alguno. Entonces, las leyes de la física entran en existencia y ordenan el universo de una manera asombrosamente afinada. Luego aparece la química, seguida por la biología, y entonces la vida consciente surge por casualidad para pensar en todo el proceso. La existencia misma de este tipo de razonamiento y autoconciencia está más allá de ser desconcertante desde un punto de vista evolutivo.

Si postulamos la existencia del alma moldeada por Dios y dotada de razón y de capacidad cognitiva, entonces tiene sentido que podamos comprender nuestra condición humana y ser capaces de responder a un mundo hostil con posibles soluciones y remedios. La capacidad de pensar estratégicamente y aplicar lo que aprendemos de un campo de estudio a otro es lo que nos distingue como seres humanos. Atribuir este rasgo asombroso exclusivamente a la selección natural sería prácticamente imposible. Una vez más, todo pensamiento utiliza el cerebro, pero hay algo a lo que apunta este tipo de pensamiento en términos de comprender conceptos abstractos, así como de conectar esas abstracciones para crear arte y música, y participar en el proceso científico. Los desarrolladores de programas de posgrado en la enseñanza basada en el cerebro en la Universidad de Nova Southeastern notaron lo siguiente:

Aunque la investigación educativa sobre el poder de la metacognición para aumentar el aprendizaje y los logros de los estudiantes se ha estado acumulando durante varias décadas, los científicos solo han comenzado a señalar recientemente el centro físico de la metacognición en el cerebro. Los investigadores del University College de Londres han descubierto que los sujetos con mejor metacognición tenían más materia gris en la corteza prefrontal anterior (frontal). Los estudios están en curso para determinar cómo esta área del cerebro contribuye a la habilidad tan sumamente importante de la metacognición.[32]

Como se discutió en la última sección, solo porque exista una correlación entre la ubicación en el cerebro y un estímulo no significa que sean lo mismo. Nuestra capacidad de pensar en términos abstractos, trascendiendo nuestra propia existencia física, apunta a una dimensión no física que sería clasificada como mente o alma.

## Experiencias cercanas a la muerte

Una quinta área de evidencia para el alma son las *experiencias cercanas a la muerte* (ECM). Con el enorme éxito de libros como *El cielo es real*, sobre la experiencia de vida de un niño después de la muerte, y de otros dos libros, escritos por doctores, *La prueba del cielo* e *Ida y vuelta al cielo*, es obvio que la gente quiere tener la comodidad y la seguridad de que verán de nuevo a sus amigos y seres queridos que han muerto. Para los escépticos, esto es simplemente una ilusión. Sin embargo, lo que una vez fue desestimado como simples alucinaciones de los moribundos, ahora se está tratando seriamente como fuentes de información empírica.

La revista *Newsweek* publicó una historia en 2012, escrita por el doctor Eben Alexander, autor de *La prueba del cielo: El viaje de un neurocirujano a la vida después de la muerte*:

Como neurocirujano, yo no creía en el fenómeno de las experiencias cercanas a la muerte. Crecí en un mundo científico, siendo hijo de un neurocirujano. Seguí el camino de mi padre y me convertí en neurocirujano académico, enseñando en la Escuela Médica de Harvard y en otras universidades. Entiendo lo que sucede con el cerebro cuando la gente está cerca de la muerte, y siempre he creído que había buenas explicaciones científicas para los viajes celestiales fuera del cuerpo descritos por aquellos que escaparon por poco de la muerte.[33]

Aunque su corazón nunca se detuvo, la corteza del doctor Alexander quedó completamente inactiva tras un episodio de meningitis bacteriana que lo hizo caer en estado de coma. Su actividad cerebral se detuvo. El doctor describió lo que pasó:

No hay ninguna explicación científica para el hecho de que mientras mi cuerpo estaba en coma, mi mente —mi ser consciente, mi ser interior—estaba vivo y bien. Aunque las neuronas de mi corteza quedaron completamente inactivas debido a las bacterias que las habían atacado, la conciencia de mi cerebro libre viajó a otra dimensión más grande del universo: una dimensión que nunca había soñado que existía y que el antiguo yo antes del coma habría estado más que encantado de explicar era una simple imposibilidad.[34]

El doctor Gary Habermas, de la Universidad Liberty, cita más de trescientos casos en los que muchas personas que estuvieron cerca de la muerte describieron cosas sobre las cuales no podrían haber sabido posiblemente. Como me dijo en una entrevista sobre su próximo ensayo acerca del tema:

«La evidencia de la realidad de las ECM ha cambiado la noción de que no hay evidencia científica para dichas ocurrencias».[35]

## La neuroplasticidad

Mientras que los escépticos utilizan la neurociencia para sus propios fines, este campo de estudio ofrece pruebas que indican la existencia de un alma, una mente que es distinta del cerebro. Es similar a la evidencia científica que señala la existencia de Dios, en términos de cómo interpretamos los datos, ya sea desde una cosmovisión naturalista o teísta. Al presentar evidencia de la existencia de Dios a partir del *big bang* o de la afinación de las leyes de la física para la vida inteligente, la información puede ser interpretada tanto por los dualistas (quienes creen que tanto el cuerpo como el alma existen) como por los fisicalistas (quienes creen que todo es físico en última instancia). Según Moreland: «El dualismo y el fisicalismo son puntos de vista empíricamente equivalentes y consistentes con todos y con cada uno de los mismos datos científicos. Por lo tanto, la autoridad de los datos empíricos en la ciencia no puede ser reclamada por ningún bando».[36]

Vale la pena destacar también la plasticidad neural, que ha ganado un terreno trascendental en el tratamiento de personas que han sufrido daños cerebrales. En una entrevista publicada en la revista *Scientific American* en 2007, Sharon Begley, entonces escritora científica de *Newsweek* y autora de *Entrena tu mente, cambia tu cerebro*, mencionó tanto la neurogénesis (producción de nuevas neuronas) como la neuroplasticidad, las cuales se consideraban imposibles. Los experimentos se llevaron a cabo con personas sentadas frente a un piano durante largos períodos de tiempo mientras pensaban solo en tocar notas, y las regiones del cerebro se expandieron a pesar de que las personas realmente no tocaron las teclas con los dedos. Begley concluyó: «Ese fue un ejemplo muy llamativo de cómo el acto de pensar, de cómo algo que sucede dentro del propio cerebro sin el aporte del mundo exterior puede cambiar la estructura física del cerebro».[37]

Una simple búsqueda en línea de las palabras *neuroplasticidad* o *terapia conductual* arrojará una gran cantidad de información sobre cómo entender la forma de mejorar la salud del cerebro a través del reconocimiento de que este puede ser reprogramado y, en esencia, rejuvenecido a través de actividades deliberadas. Lo que no siempre se reconoce son las implicaciones, tanto a nivel filosófico como espiritual. Conclusión: *si la mente puede cambiar el cerebro, entonces, basados en la ley de la identidad, la mente no es el cerebro.* Esto apunta a la existencia del yo, así como a una mente inmaterial y, por lo tanto, a la existencia del alma. C. S. Lewis creía que nuestras acciones no son meros instintos o funciones cerebrales. Hay algo más obrando además de estas fuerzas físicas:

> Supongamos que oyes un grito de ayuda de un hombre en peligro. Es probable que sientas dos deseos: un deseo de brindar ayuda (debido a tu instinto de manada), y el otro, un deseo de mantenerte alejado del peligro (debido al instinto de autopreservación). Pero encontrarás dentro de ti, además de estos dos impulsos, una tercera cosa que te dice que deberías seguir el impulso de ayudar y suprimir el impulso de huir. Ahora bien, esta cosa que juzga entre dos instintos y decide qué debe estimularse no puede ser ninguna de ellas.[38]

Esto apunta a otra área que sugiere que somos más que una colección de procesos físicos: la realidad del libre albedrío.

## El libre albedrío

Si somos simplemente seres físicos, entonces una conclusión lógica es que nuestras acciones están determinadas y el libre albedrío es solo una ilusión. Si, por otro lado, existe el libre albedrío, entonces hay un yo o un alma que es capaz de tomar decisiones contra nuestros mismos instintos o proclividades genéticas. Esto tiene unas implicaciones enormes en el ámbito de la justicia. Si no somos verdaderamente libres para tomar decisiones reales, ¿somos entonces realmente responsables de cualquier acción negativa que emprendamos? Como dije antes, *los animales que matan a otros no son escenas de crimen.* El determinismo sigue lógicamente la cosmovisión materialista. Como lo confirmó Stephen Hawking: «Es difícil imaginar cómo el libre albedrío puede operar si nuestra conducta está determinada por leyes físicas, por lo que parece que no somos más que máquinas biológicas y que el libre albedrío es solo una ilusión».[39]

Sam Harris escribió en su libro *Free Will* (Libre albedrío):

Nuestra sensación de nuestra propia libertad resulta de no prestar mucha atención a lo que es ser nosotros. En el momento en que prestamos atención, es posible ver que el libre albedrío no se encuentra en ninguna parte, y que nuestra experiencia es perfectamente compatible con esta verdad. Los pensamientos y las intenciones simplemente surgen en la mente. ¿Qué más podrían hacer? La verdad sobre nosotros es más extraña de lo que muchos suponen: la ilusión del libre albedrío es en sí misma una ilusión.[40]

El filósofo John Searle habló del «problema del libre albedrío» como un problema filosófico inflexible. Searle afirmó que por un lado tenemos experiencias directas y diarias de conciencia y de libre albedrío. Sin embargo, eso es inconsistente con nuestro conocimiento de cómo funciona el mundo natural. El libre albedrío es la evidencia convincente en el mundo de que hay algo sobre nosotros como seres humanos (y solo nosotros) que no es físico y está sujeto a fuerzas causales:

Las implicaciones de esta conclusión para los derechos humanos son desalentadoras. Si nuestras acciones son simplemente producto de nuestros genes y experiencias externas o estímulos, entonces no tenemos libre albedrío. Todas nuestras acciones, por lo tanto, están determinadas por fuerzas que están por fuera de nuestro control. Dicha posición socava cualquier base para preferir la vida o los derechos humanos sobre los de los animales, las bacterias o las rocas.[41]

Searle, que se describe a sí mismo como ateo, saca con franqueza la conclusión lógica de las implicaciones de descartar el libre albedrío: los derechos humanos desaparecen. No hay nada más fundamental para nuestra experiencia humana que nuestra capacidad para tomar decisiones. Rechazar esta verdad demuestra hasta dónde está dispuesto a ir alguien para escapar de la verdadera razón.

## El testimonio de las Sagradas Escrituras

Un área final de evidencia para el alma proviene de la Biblia. Podría llamarse el *manual del propietario para el alma humana*. Sin duda, has comprado un auto o una computadora que viene con un manual explicando cómo funciona, y también cómo se puede operar de manera óptima. En el capítulo 6 examinaremos la Biblia como verdad, y su autoridad con respecto a nuestras vidas. Es importante recordar que Cristo nos llama a seguirlo y a someternos a Él por elección, no por coacción. Cuando reconocemos el carácter del Creador y Su amor perfecto por nosotros, podemos confiar en que Él no quiere nada más de nosotros ni para nosotros que nuestro bien. Él es digno de nuestra confianza.

La existencia del alma es presentada desde el Génesis hasta el Apocalipsis. En el Nuevo Testamento está claro que Jesús enseñó que el alma existía. Quizá la referencia más significativa es cuando le preguntaron a Jesús sobre el mandamiento más importante:

Uno de ellos, experto en la ley, le tendió una trampa con esta pregunta:

—Maestro, ¿cuál es el mandamiento más importante de la ley?

—Ama al Señor tu Dios con todo tu corazón, con todo tu ser y con toda tu mente —le respondió Jesús—. Este es el primero y el más importante de los mandamientos. El segundo se parece a este: «Ama a tu prójimo como a ti mismo». De estos dos mandamientos dependen toda la ley y los profetas. (Mateo 22.35–40)

Este versículo ofrece una visión multidimensional de lo que simplemente llamamos el «alma» al referenciar el corazón y la mente, así como el alma. El yo se infiere también en el mandato para nosotros como individuos de dirigir todo nuestro afecto interior de esta manera. Jesús se refirió a Su propia alma en los momentos antes de Su sufrimiento en la cruz: «Es tal la angustia que me invade, que me siento morir. Quédense aquí y manténganse despiertos conmigo» (Mateo 26.38).

La resurrección de Jesús tres días después de su muerte nos da la prueba definitiva de la vida después de la muerte y, por lo tanto, de la existencia del alma. Sobre la autoridad del mismo Cristo, podemos confiar no solo en que el alma es real, sino también en que la decisión más sabia que podemos tomar es dejar el bienestar de nuestras almas bajo Su cuidado.

Él prometió:

Vengan a mí todos ustedes que están cansados y agobiados, y yo les daré descanso. Carguen con mi yugo y aprendan de mí, pues yo soy apacible y humilde de corazón, y encontrarán descanso

para su alma. Porque mi yugo es suave y mi carga es liviana».
(Mateo 11.28–30)

Como Creador del alma, Dios desea tu bienestar y protección. Sus mandamientos fueron dados para guiarnos en el camino de la vida y para ayudarnos a encontrar la sanación y restauración que necesitamos con tanta urgencia. Es por eso que entender el evangelio es el derecho humano más importante. Contiene la única cura real para la enfermedad espiritual llamada *pecado* que busca destruirnos por completo.

## Resumen

Para el materialista, no hay evidencia para el alma porque no puede haber ninguna evidencia de ella: es un ejemplo clásico del razonamiento circular. Sin embargo, como hemos visto, el caso acumulativo para el alma es sustancial. El alma es una dimensión no física de nuestra existencia. La creencia en el alma es tan omnipresente en todo el mundo como la creencia en la existencia de Dios. La evidencia sobre la existencia del alma proviene de la filosofía, la ciencia, la historia y la teología. Algunas creencias actuales en el campo de la neurociencia han intentado descartar la realidad del alma debido a la noción errónea de que identificar áreas de correlación y causalidad hace que la mente y el cerebro sean una misma cosa. La evidencia confirma que la mente no es el cerebro. Hay una diferencia entre un estado mental y un estado del cerebro, aunque existan correlaciones entre los dos. Sorprendentemente, las investigaciones muestran que la mente puede cambiar el cerebro, ofreciendo pruebas adicionales de que no son lo mismo.

Dios nos creó a Su imagen y nos dio la capacidad de conocer y buscar la verdad. Debido a que el alma existe, podemos tener confianza en que la vida tiene un propósito y un significado. También tenemos el conocimiento del bien y del mal, así como la responsabilidad abrumadora de tomar decisiones. A diferencia de los animales, nuestras acciones no están determinadas por nuestra genética o instintos. Al final, debido a que el alma existe, la justicia es posible. Jesucristo y la verdad de las Sagradas Escrituras suministran en última instancia evidencia de la realidad del alma y, también, las instrucciones para ver cómo nuestras almas prosperan en esta vida y en la venidera.

# CAPÍTULO 6

# DIOS NOS HA HABLADO

## La autoridad de las Sagradas Escrituras

*Toda la Escritura es inspirada por Dios.*
*—2 Timoteo 3.16*

**B**art Ehrman entró al Seminario de Princeton en Nueva Jersey siendo un cristiano creyente en la Biblia. Actualmente es uno de los escépticos y críticos más reconocidos de la fe cristiana a nivel mundial. Este resultado fue lo último que el joven Ehrman habría pensado que era posible. Primero asistió al Moody Bible College, «donde la "Biblia" es nuestro segundo nombre», bromea él. Luego estudió en el Wheaton College de Chicago, una de las escuelas evangélicas más respetadas de la nación y *alma mater* de Billy Graham. Comenzó su trabajo de doctorado en el Seminario Princeton, que es teológicamente liberal, para estudiar bajo la tutela del doctor Bruce Metzger, quizás el erudito bíblico más preeminente de su generación. Pero sucedió algo que interrumpió la creencia de Ehrman de que la Biblia era verdadera y confiable, haciendo que su fe se desvaneciera por completo:

> Y me quedó claro durante un largo período de tiempo que mis opiniones anteriores de la Biblia como la revelación infalible de Dios eran erróneas. Mi elección era, o bien aferrarme a puntos de vista que yo había llegado a comprender que estaban equivocados, o seguir hacia donde creía que la verdad me estaba guiando. Al final, no había otra opción. Si algo era verdad, era cierto; si no, no.[1]

Ehrman rechazaría eventualmente la fe cristiana y se convertiría en uno de los principales escépticos del mundo. Actualmente enseña en la Universidad de Carolina del Norte en Chapel Hill y se ha convertido en un escritor prolífico con muchos *best sellers* que descartan la inspiración de las Sagradas Escrituras. Los estudiantes de primer año que se inscriben en su clase sobre el Nuevo Testamento comprenden rápidamente que no es una escuela dominical. Él les pregunta al principio del semestre si creen que la Biblia es la Palabra de Dios. Los informes señalan que la mayoría de los estudiantes alzan la mano para reconocer que, de hecho, creen que esto es cierto. Como es de esperarse, al final del semestre una mayoría significativa ha abandonado esta creencia. Se sabe que los padres reciben llamadas telefónicas de sus hijos pocas semanas después de tomar su clase y decir: «Papá, ya no creo en Dios».[2]

Este triste escenario está sucediendo una y otra vez en todo Estados Unidos, mientras los jóvenes cristianos abandonan sus iglesias y grupos juveniles para asistir a las universidades. Para algunos —como en el caso de Ehrman—, una institución religiosa puede contribuir a su incredulidad. Mirando su historia en términos retrospectivos, Ehrman afirma que cuando llegó a la conclusión de que la Biblia y la verdad estaban en desacuerdo la una con la otra, decidió seguir lo que creía que era la verdad.

Mi percepción es que el proceso de toma de decisiones es defectuoso en términos de la forma en que muchos evalúan la Biblia como verdadera o falsa. El trasfondo cristiano fundamentalista hace hincapié en una Biblia infalible, lo que significa que el texto traducido al inglés está completamente libre de posibles errores o conflictos no resueltos. Infortunadamente, hacer una prueba tan limitada de la verdad puede engañar a muchos. El testimonio de Ehrman revela que a él le sucedió algo similar. Una vez que encontró el primer problema insoluble en el texto, todo su sistema de creencias se desplomó como un castillo de naipes. Fue así cómo describió ese momento fatídico: «Finalmente concluí, "Mm... tal vez Marcos *cometió* un error". Una vez que hice esa admisión, las compuertas se abrieron. Porque si pudiera haber un pequeño error en Marcos 2, también podría haber errores en otros lugares».[3]

Al igual que muchos pasajes de la Biblia que tienen una dificultad aparente, el problema de Ehrman con Marcos 2 tiene una resolución razonable.[4] Pero aunque no la tuviera, eso no desacreditaría la validez y la verdad de las Sagradas Escrituras. Obviamente, nadie aplicaría semejante criterio a ningún otro ámbito del conocimiento. Imagina desechar todo un libro de historia escrito por un historiador preeminente porque un detalle no podía reconciliarse con otros registros históricos.

Uno de los principales estudiosos de la Biblia en Estados Unidos, el doctor Dan Wallace, conoce a Ehrman desde hace treinta y cinco años y lo ha debatido tres veces en público. Él concluyó: «Bart Ehrman simplemente cambió una forma de fundamentalismo por otra».[5] Mi opinión es que personas como Ehrman han perdido el bosque por los árboles. Hay razones para creer que la Biblia es un don de Dios para el hombre. A pesar de que ha llegado a nosotros a través de seres humanos falibles, lleva las marcas de la autoría divina. En este capítulo, planteo el caso de la autoridad de las

Sagradas Escrituras y las razones por las que se les debe conceder el mayor de los respetos en nuestras vidas. Esto también es crucial cuando se trata de la cuestión de los derechos humanos en general, así como para defender que el evangelio sea *el derecho humano*. Como dijo Vishal Mangalwadi: «Llamo a la Biblia el alma de la civilización occidental porque propulsa el desarrollo de todo lo bueno en Occidente: su noción de dignidad humana, derechos humanos, igualdad humana, justicia, optimismo, heroísmo, racionalidad, familia, educación, universidades, tecnología, ciencia, cultura de la compasión, gran literatura, progreso económico, libertad política».[6]

La pregunta clave que examinaremos en este capítulo es si Dios le ha hablado a la humanidad. Es lo que se entiende por la *revelación*. «Dios, que muchas veces y de varias maneras habló a nuestros antepasados en otras épocas por medio de los profetas, en estos días finales nos ha hablado por medio de su Hijo. A este lo designó heredero de todo, y por medio de él hizo el universo» (Hebreos 1.1, 2).

Debido a la evidencia de que Dios existe y se ha revelado a sí mismo en Cristo, entonces se deduce lógicamente que Él es capaz de comunicarse con Su creación. Espero demostrar que esto ha sucedido realmente en las Sagradas Escrituras.

## Cómo llegó la Biblia a nosotros

Al establecer la verdad de las Sagradas Escrituras, creo que es importante entender el telón de fondo de cómo la Biblia llegó a nosotros. Las afirmaciones displicentes de los escépticos de que se trata simplemente de una colección de fábulas transmitidas por «campesinos analfabetos de la Edad de Bronce»[7] es, de hecho, una acusación que puede refutarse fácilmente con un poco de investigación y una dosis de objetividad. En el libro *Dios no está muerto*, dediqué un capítulo a la confiabilidad de las Sagradas Escrituras.

Desde el número de manuscritos antiguos que existen (en comparación con otra literatura antigua) hasta el testimonio de los Manuscritos del Mar Muerto, tenemos pruebas abundantes de que, como afirma el doctor Dan Wallace, «lo que tenemos ahora es lo que escribieron entonces».[8]

La Biblia llegó a nosotros a través de una diversidad de autores en una variedad de escenarios culturales. En realidad, no es un libro sino una colección de sesenta y seis libros, escritos por más de cuarenta autores durante un período de 1400 años. Es un libro de libros. Las Sagradas Escrituras que tenemos hoy se han preservado fielmente a lo largo de los siglos y han pasado las pruebas del tiempo, la persecución y la oposición. La colección de los treinta y nueve libros del Antiguo Testamento fue recopilada alrededor del 500 a. de C. y fue traducida del hebreo al griego a partir del tercer siglo a. de C. en lo que se llama la Septuaginta. El título alude a un relato que describe a setenta eruditos que se reunieron en Alejandría, Egipto, para emprender la traducción.[9] Todos los veintisiete libros del Nuevo Testamento fueron escritos en el siglo primero, y fueron reconocidos como auténticos y autoritarios casi de inmediato. Las listas de la mayoría de estos libros aparecieron en el siglo segundo. Otros evangelios falsos y supuestas cartas con los nombres de personalidades prominentes fueron escritos mucho después del siglo primero, siendo rechazados por no ser auténticos o precisos.

La fe cristiana comenzó en Jerusalén después de la crucifixión y posterior resurrección de Cristo. Los primeros veinticinco años (30–55 d. de C.) fueron testigos del explosivo crecimiento de la iglesia en un ambiente muy hostil debido a la persecución romana y a la oposición religiosa. El primer Evangelio escrito (Marcos) fue redactado en los años 50 del siglo primero. Lucas y Mateo fueron escritos en los años 60, y el Evangelio de Juan en los años 90 (antes del final del siglo primero). Pablo comenzó a escribir sus cartas (epístolas) en los años 40 de ese siglo y siguió haciéndolo hasta su muerte a manos del emperador Nerón en el año 67 d. de C.

Durante los primeros setenta años de existencia, la iglesia funcionó y creció sin la Biblia que tenemos hoy en nuestras manos. Los veintisiete libros del Nuevo Testamento fueron reconocidos por primera vez como una colección en el año 315 por Atanasio, aunque la mayoría de los libros, incluyendo los Evangelios, fueron reconocidos como autoritativos mucho antes.[10] Finalmente fueron traducidos del griego al latín en el siglo cuarto por Jerónimo, ya que el latín era el idioma común en ese momento. Existían otras traducciones latinas, pero la versión de Jerónimo, conocida como la Vulgata, se convirtió en la traducción primaria por más de mil años. El latín cayó finalmente en desuso, pero pocas traducciones se hicieron en los idiomas comunes de la gente. La renuencia a producir nuevas traducciones se debió al analfabetismo a gran escala y a la preocupación por la distribución de versiones no autorizadas por parte de los líderes de la iglesia.[11] Sin el conocimiento de la verdad en la Biblia, las masas eran a menudo ignorantes de las muchas prácticas religiosas corruptas que tenían lugar, como la venta de indulgencias (en esencia, el pago de dinero para el perdón de los pecados).

John Wycliffe fue llamado «El lucero del alba de la Reforma» porque tradujo la Biblia al inglés durante la década de 1380. El odio y la oposición a Wycliffe por parte de las autoridades eclesiásticas fueron tan severos que cuarenta y tres años después de su muerte, sus oponentes exhumaron sus huesos, los quemaron, y esparcieron los restos en el río Swift. En 1526, William Tyndale publicó el primer Nuevo Testamento completo en inglés, el cual era una traducción del original griego. (Las versiones anteriores fueron traducidas de la Vulgata). Tyndale fue también el primero en usar la imprenta recientemente inventada para que su traducción tuviera una mayor distribución. Fue estrangulado, y su cadáver quemado en la hoguera por hacer esto.

Impulsado por el reciente desarrollo de la imprenta de Gutenberg, y gracias a un esfuerzo exponencial de distribución en Europa alrededor de

1450, esto hizo posible que las Biblias estuvieran en manos de las masas. Muchas otras traducciones fueron distribuidas eventualmente en diferentes idiomas, para que las masas pudieran tener acceso directo a las Sagradas Escrituras. El acceso a las Biblias, que comenzó a inicios del siglo quince junto con un aumento de la alfabetización, ayudó a impulsar la Reforma Protestante. Ahora cualquiera puede acceder directamente a la Biblia y aplicar la enseñanza de esta a su vida, así como comparar lo que dicen las Sagradas Escrituras con lo enseñado por las autoridades eclesiásticas. En Inglaterra, cualquier casa o taberna podía convertirse en un centro de debate, donde la gente discutía si los decretos políticos oficiales o las reclamaciones hechas por otras autoridades estaban de acuerdo con las Sagradas Escrituras. Como resultado, algunos historiadores han concluido: «La Biblia es lo que hizo de la civilización occidental una civilización pensante».[12]

## La autoridad de Cristo proviene de Su resurrección

Mirando la expansión repentina de la iglesia primitiva en términos retrospectivos, es obvio que un evento trascendental fue la razón de su existencia: la resurrección de Jesucristo de entre los muertos. A finales del siglo cuarto, la iglesia había crecido a pesar de varios períodos importantes de una persecución devastadora y cruel. Los cristianos habían sido lanzados a los leones del Coliseo romano, quemados en la hoguera y crucificados. Ellos renunciaron a sus vidas en vez de negar que Jesucristo era el Señor resucitado. Reconocieron el papel esencial del Antiguo Testamento y los escritos eventuales del Nuevo Testamento, pero la fuerza motriz de su fe era el fundamento inquebrantable de la resurrección. Como señaló Tim Keller: «El asunto en el que todo descansa no es si te gusta o no su enseñanza, sino si Él se levantó o no de entre los muertos».[13]

Una vez que se establece ese hecho, tenemos un pilar clave que afirma que la Biblia es verdadera. Debido a la resurrección de Jesús de entre los muertos, podemos tener la seguridad de que Él es el Hijo de Dios y que Sus palabras son verdaderas y deben ser la autoridad suprema en nuestras vidas. Como dijo Jesús: «El cielo y la tierra dejarán de existir, pero mis palabras no dejarán de cumplirse» (Mateo 24.35, DHH).

Las palabras de Jesús no solo merecen ocupar el lugar supremo de autoridad sobre nuestras vidas; Él verificó además que las Sagradas Escrituras del Antiguo Testamento también fueran auténticas: «que había de cumplirse todo lo que está escrito de mí en la ley de Moisés, en los libros de los profetas y en los salmos» (Lucas 24.44, DHH).

En apariencia, la fe cristiana no está basada obviamente en una traducción libre de errores o de discrepancias del texto. Si ese requisito fuera cierto, entonces no tendríamos ahora semejante variedad de traducciones de la Biblia en uso. En contraste, el islam afirma que el Corán fue dado en árabe a un Mahoma analfabeto, que simplemente dictó lo que escuchó a otros. Ellos creen que no tiene defectos. Esto es demostrablemente falso. A la luz de esto, los musulmanes creen que no debería ser traducido de su idioma original, para que el texto no se corrompa. El cristianismo, en cambio, cree que el evangelio debe ser escuchado por todos e invita a que el texto de las Sagradas Escrituras sea fielmente traducido a todos los idiomas. Mientras que mantenga la integridad de cada traducción, la verdad del mensaje puede ser entendida por todos.

## Cómo la Biblia dio forma a nuestro mundo

Una de las cosas más importantes que debemos reconocer es cómo la Biblia moldeó el mundo moderno, particularmente en el reconocimiento de los derechos humanos y la necesidad de justicia. Me asombra que alguien pudiera descartar la grandeza, la complejidad y la pura maravilla de nuestro planeta lleno de vida simplemente como producto de procesos ciegos, sin el reconocimiento de un Creador. Tengo el mismo asombro por cualquiera que descarte la Biblia como un simple libro humano. Esos escépticos deben cerrar los ojos a la grandeza y la magnificencia de sus palabras, e ignorar deliberadamente su impacto en el mundo en que vivimos. Si la Biblia no hubiera sido escrita, el mundo sería un lugar más oscuro, casi irreconocible en comparación con lo que disfrutamos hoy. Son innumerables los beneficios modernos que se pueden rastrear a algo inspirado por la Biblia.

Vishal Mangalwadi escribió *El libro que dio forma al mundo*, detallando el impacto de las Sagradas Escrituras en la sociedad moderna. Él dio muchos ejemplos —algunos de los cuales describo en las páginas que siguen—, pero uno de los más significativos tiene lugar en el campo de la ciencia:

> La Biblia creó el mundo moderno de la ciencia y del aprendizaje porque nos dio la visión del Creador de lo que es la realidad. Eso es lo que hizo del Occidente moderno una civilización de lectura y pensamiento. La gente posmoderna ve poco sentido en la lectura de libros que no contribuyan directamente a su profesión o placer. Este es un resultado lógico del ateísmo, que ha comprendido ahora que la mente humana no puede saber lo que es verdadero y correcto.[14]

Estas declaraciones suenan extrañas a muchos oídos modernos, que han sido inundados con la historia revisionista durante los últimos cien años, diciéndonos que la religión en general, y la Biblia en particular, han sido la fuente de opresión. Con un poco de esfuerzo e incluso de una pequeña medida de objetividad, la verdadera historia surgirá.

## El impacto de la Biblia

La Biblia y sus enseñanzas han tenido un impacto incomparable e irreemplazable en el mundo moderno, y no solo en Occidente. A continuación, se ofrece un breve resumen de algunas de las áreas clave que ha impactado.

**Derechos humanos/Justicia.** Una de las principales discusiones de este libro es que los derechos humanos son reales porque están basados en una autoridad moral trascendente: Dios. Espero que los capítulos anteriores hayan dejado claro que las Sagradas Escrituras delinean estos derechos y les dan la fuente suprema de legitimidad.

En Génesis, el derecho a la vida es subrayado al señalar el asesinato como una ofensa capital: «Si alguien derrama la sangre de un ser humano, otro ser humano derramará la suya, porque el ser humano ha sido creado a imagen de Dios mismo» (Génesis 9.6).

Como se mencionó anteriormente, el mandamiento de no robar reconoce el derecho a la propiedad personal. Dios es el dador de la vida, y ha otorgado a los seres humanos la libertad de tomar decisiones reales, así estén equivocadas.

**Gobierno.** La Biblia revolucionó la forma en que los líderes y gobernantes veían sus roles y responsabilidades. Los reyes, presidentes y primeros ministros de todo el mundo ya no eran vistos como poseedores de la autoridad suprema. Mientras que las Sagradas Escrituras endosaba la autoridad del liderazgo político, también concedía límites y responsabilidades. Todos los presidentes de Estados Unidos desde George Washington han sido juramentados en su cargo con sus manos izquierdas en la Biblia. Este acto reconoce a la Biblia como la fuente suprema de la verdad, y les recuerda a los nuevos líderes que están bajo su autoridad. El mismo término *primer ministro* viene de «primer servidor», que alude al ejemplo de Jesucristo lavando los pies de Sus discípulos y llamándolos a ser siervos (Juan 13.1–17), un acto que cambió por siempre el paradigma para los líderes.

**Ciencia.** La ciencia moderna surgió porque la Biblia reveló que el universo fue creado por un diseñador inteligente y era por lo tanto racionalmente comprensible. No fue el resultado de un panteón de dioses con intereses y agendas en conflicto, sino que fue creado intencionalmente, impregnado de propósito. Todos los fundadores de la ciencia moderna eran prácticamente personas de fe, como Francis Bacon, Johannes Kepler e Isaac Newton, por mencionar solo algunos.

**Educación.** La idea misma de la universidad surgió en Europa en respuesta al mandamiento de la Biblia de enseñar la Palabra de Dios a sus hijos (Deuteronomio 6.6, 7; 11.19). Esta comisión significaba que se necesitaba enseñarles a los niños a leer y pensar, pues el Dios de la Biblia había comunicado Su voluntad a la humanidad con palabras. La Revelación (la Palabra de Dios) y la razón estaban unidas, no enfrentadas entre sí.

Este alto valor en la educación derivado de la Biblia ha sido una fuerza motriz para construir escuelas, colegios universitarios y universidades en todo el mundo. Ha producido estudios profundos en la comunidad judía. Un asombroso veintidós por ciento de los ganadores del Premio Nobel provienen de un pueblo que comprende el .02 por ciento de la población mundial.

**Medicina e higiene.** Los hospitales tuvieron orígenes más tempranos, pero fueron popularizados por los cristianos en la Edad Media en respuesta a la enseñanza de Jesús para cuidar a los enfermos y a los necesitados. Además, el libro de Levítico dio instrucciones sobre cómo tratar la enfermedad y poner en cuarentena a las personas infectadas. Estas y otras leyes de limpieza impidieron la propagación de enfermedades, y las restricciones dietarias protegieron a los adherentes de alimentos con mayores niveles de veneno. Las leyes promovían la salud y la longevidad en general, y sus conocimientos médicos no fueron igualados hasta los tiempos modernos. Debido a que la misión de Jesús incluía la sanación de los enfermos, el cristianismo ha abierto hospitales y clínicas en todo el mundo, así como plantar iglesias.

**Matrimonio.** El tradicional concepto occidental del matrimonio entre un hombre y una mujer fue claramente un resultado de la enseñanza del Génesis (1.27) y enfatizado por Jesucristo (Mateo 19.4–6). Dios creó a hombres y mujeres y los bendijo y les dijo que fueran fructíferos y se multiplicaran. No hay que ser un experto médico para reconocer el diseño de la anatomía masculina y femenina con el propósito de la reproducción. Aunque existen ejemplos de poligamia en el Antiguo Testamento, no fue el diseño original de Dios. Tanto Jesús como Pablo (Efesios 5.21–32) hablaron del matrimonio como un pacto entre un hombre y una mujer. Su enseñanza desecha el engaño de la llamada fluidez de género. Las distinciones masculinas y femeninas no dependen de los sentimientos, sino de los hechos.

**Moralidad.** Mientras muchos tratan de descartar la Biblia como un libro moral por sus leyes y sus penas duras (que discutiremos con mayor detalle momentáneamente), fue la creencia de que había un legislador moral que se preocupaba por los detalles de nuestras vidas lo que promovió una responsabilidad autónoma. Mangalwadi dice: «La integridad moral es un factor enorme detrás del particular éxito socioeconómico/sociopolítico de Occidente».[15]

La Biblia enseñó que había alguien observando nuestras acciones. Es fácil acreditar las leyes de la física o de la gravedad como la razón por la que estamos aquí; realmente no les importa cómo vivimos o nos tratamos unos a otros. La Biblia enseñó que Dios juzga el pecado. Si esto es cierto, entonces no debemos rebelarnos y blandir nuestros puños a Dios, sino mirar lo que Él nos pide que hagamos. Sí, había leyes estrictas en el Antiguo Testamento. Estas mostraban que nuestras acciones eran importantes y que nuestro comportamiento sería juzgado. La misericordia siempre estaba en el fondo de toda ley. Dios dio leyes y también dio maneras de ser perdonados para que pudiéramos intentarlo de nuevo. Es difícil imaginar la crueldad y la barbarie que sería normal si Dios no nos hubiera hablado tan específicamente en la ley.

**La enseñanza bíblica lo toca todo.** No hay ningún aspecto de la vida que la Biblia no haya impactado o abordado explícitamente, o que sus principios no hayan tenido un impacto de manera indirecta. La idea de que todas las personas son creadas iguales ante Dios —con el derecho a perseguir la verdad, así como a actualizar su potencial— son las características del mensaje de las Sagradas Escrituras. No debemos permitir que el temor del hombre o la opresión de las leyes injustas nos impidan perseguir estos derechos dados por Dios. De hecho, seremos juzgados un día por la manera en que utilizamos nuestros dones y talentos.

El último tema digno de mención es que la Biblia le reveló a la humanidad el poder y la gloria de la fe, la esperanza y el amor. Estas tres cosas son las que hacen que valga la pena vivir la vida. Sin fe, nuestro mundo se disolvería rápidamente en la desconfianza y la traición. La esperanza en nuestras almas nos impide hundirnos en las arenas movedizas de la desesperación. Y el amor es la fuerza que nos une en familias y amistades, y nos permite experimentar algo más allá de la mera existencia. El amor nos permite participar en la vida misma de Dios, que es amor.

## Manejar las objeciones

Hay muchos libros escritos por teólogos y filósofos cristianos que discuten a fondo las objeciones que plantean los escépticos contra la validez de la Biblia. Mi objetivo es ofrecer una introducción breve a algunas de las cuestiones importantes con las que te encontrarás en un diálogo con alguien que trate de desacreditar la fe cristiana. Muchos escépticos hacen eco de las palabras del renombrado ateo Richard Dawkins, quien resumió los sentimientos colectivos del mundo escéptico enmarcando a Dios como un monstruo moral.

> El Dios del Antiguo Testamento es sin duda el personaje más desagradable en toda la ficción: celoso y orgulloso de ello; un monstruo del control mezquino, injusto e implacable; un purificador étnico vengativo y sanguinario; un misógino, homofóbico, racista, infanticida, genocida, filicida, pestilente, megalomaníaco, sadomasoquista, un matón caprichosamente malévolo.[16]

Estas palabras, más allá de ser inflamatorias y blasfemas, son simplemente falsas. Provienen de la lógica confusa y retorcida que se niega a reconocer el derecho de Dios a juzgar Su creación. Como Creador y fuente de justicia, Dios no puede ser reducido al nivel de un ser humano y luego acusado de actos arbitrarios de un juicio sin fundamento. Dios es el único ser con el verdadero punto de vista objetivo y el conocimiento completo de todos los hechos. Ofreceré una visión general de dos de las áreas críticas aludidas por el discurso blasfemo de Dawkins que merecen un análisis mucho más justo del que hacen él y sus compañeros escépticos.

## El genocidio y la violencia en el Antiguo Testamento

La crítica más despiadada se centra en el mandato ordenado por Dios a los israelitas para destruir a las naciones que ocuparon la Tierra Prometida por el pacto con Abraham en Génesis 12. Más de cuatrocientos años después de esa promesa, Moisés condujo a los hijos de Israel desde la esclavitud en Egipto a esta tierra de promesa. Uno de los obstáculos principales que tenían eran las naciones que vivían allí. La orden emitida para destruirlos era, de hecho, severa.

Se ordenó a los israelitas que destruyeran totalmente a los habitantes de Jericó, incluyendo a mujeres y niños. Se deben considerar muchos hechos para entender el contexto de este mandato. En aras de la claridad y la brevedad, enumeraré algunas de las respuestas primarias que comparto con otros cuando se esgrime este cargo contra Dios.

Este período de juicio abarcaba un lapso de cuarenta años de historia bíblica que era único (en el sentido de que Dios emitiera un decreto tan arrollador de acción militar por parte de la antigua nación de Israel). El uso de la violencia desde el punto de vista militar en las Sagradas Escrituras siempre fue un último recurso para los israelitas, así como una respuesta defensiva a las amenazas agresivas y a las acciones inmorales de sus enemigos.

Las naciones mencionadas en la Biblia tenían cuatrocientos años para cambiar antes de que llegara el juicio. Dios dio suficiente advertencia para que la gente simplemente huyera y no fuera asesinada. La derrota aplastante del ejército egipcio en el Mar Rojo, seguida por la derrota de los Reyes Og y Sihón, ocurrieron cuarenta años antes de que los israelitas entraran a la Tierra Prometida (Josué 2.9–11). Las naciones que ocupaban la tierra que Dios prometió al pueblo judío sabían que Dios estaba con los israelitas y que les brindaba ayuda sobrenatural.

Las prácticas abominables de estas naciones deben ser vistas como represibles de acuerdo con parámetros de cualquier generación. El sacrificio de niños era algo corriente. Es imposible que Dios sea justo y no juzgue la maldad. Estas naciones no fueron juzgadas por su origen étnico, sino por su iniquidad. Dios no era un limpiador étnico, sino un limpiador de iniquidad. Aunque Dios ha juzgado a las naciones y al pueblo al quitarles la vida, Él es mucho más conocido por Su misericordia. Las leyes del libro de Levítico, con sus duras penas, están precedidas de instrucciones sobre cómo ser perdonado y recibir misericordia. Otro ejemplo de este patrón es del libro de Jonás. A pesar de que a los habitantes de Nínive se les dijo que la ciudad iba a ser destruida, recibieron una suspensión divina debido a su arrepentimiento. Sin embargo, Jonás se sintió enojado con Dios por no destruir a los ninivitas, y por concederles más bien Su misericordia.

> Pero esto disgustó mucho a Jonás, y lo hizo enfurecerse. Así que oró al SEÑOR de esta manera: —¡Oh SEÑOR! ¿No era esto lo que yo decía cuando todavía estaba en mi tierra? Por eso me anticipé a huir a Tarsis, pues bien sabía que tú eres un Dios bondadoso y compasivo, lento para la ira y lleno de amor, que cambias de parecer y no destruyes. (Jonás 4.1, 2)

Los israelitas nunca fueron instruidos para conquistar a ningún otro pueblo una vez que tomaron posesión de la Tierra Prometida. (Recuerden, la cantidad total de tierra que se les prometió era aproximadamente del tamaño del estado de Nueva Jersey). Simplemente debían obedecer a Dios y no aprender las prácticas idólatras de aquellos a su alrededor. Israel debía vivir en la tierra que se les había prescrito y no avanzar de manera agresiva para conquistar otras naciones. De hecho, se les ordena constantemente que traten con bondad y justicia a los extranjeros entre ellos.

Los propios israelitas terminarían por perder la tierra al cometer los mismos pecados de las naciones a las que ellos desterraron, y al negarse a cambiar. Dios es el gobernante y juez de las naciones. Su instrucción para desalojar a las naciones de la tierra de Canaán se debió a su conducta pecaminosa. Así como el pecado le costó a la pareja original su lugar en el Edén, los pecados del pueblo de Israel les costaría su derecho a vivir en la tierra.

Dios tiene la última palabra sobre el mundo que Él creó. Debido a que el mundo le pertenece, Dios decide en última instancia quién vive aquí. Muchos se resisten a las historias de Dios destruyendo el mundo a través de una inundación o teniendo un juicio final para toda la humanidad. Pensar en la existencia de un lugar llamado infierno hace que muchos acusen a Dios, como lo han hecho Dawkins y sus cohortes. Sin embargo, no juzgar la injusticia haría injusto a Dios. El infierno es un lugar de separación de Dios, una condición que muchos han elegido abrazar aquí en la tierra. El doctor Frank Turek dice con frecuencia: «Dios no te obligará a Su presencia en contra de tu voluntad».[17] El cielo sería un infierno para aquellos que viven en la oscuridad por el hecho de estar expuestos a una luz y a una pureza tan intensas.

## La esclavitud

Tratar con la institución de la esclavitud pone el foco en la peor parte de la naturaleza humana. El pensamiento mismo de dicha práctica es repugnante para la mente humana. De manera trágica, la esclavitud sigue existiendo en el siglo veintiuno, principalmente en países que rechazan la fe cristiana, la cual debería indicar de inmediato que la enseñanza de Jesucristo es, de hecho, la fuente de la verdadera libertad.

Los críticos de la Biblia señalan pasajes tanto en el Antiguo como en el Nuevo Testamento que mencionan la esclavitud como evidencia de que la Biblia endosó y perpetuó por lo tanto esta práctica repugnante. En apariencia, las instrucciones dadas en las Sagradas Escrituras acerca de cómo tratar con los esclavos o de cómo deben respetar a sus amos parecen problemáticas. Una mirada más profunda a lo que enseña la Biblia, así como el aspecto importante del contexto histórico y el telón de fondo del comentario bíblico, es indispensable para hacer un juicio justo y equitativo. También es importante observar las referencias que prohíben el comercio de esclavos y muestran la práctica como malvada:

> Ahora bien, sabemos que la ley es buena, si se aplica como es debido. Tengamos en cuenta que la ley no se ha instituido para los justos, sino para los desobedientes y rebeldes, para los impíos y pecadores, para los irreverentes y profanos. La ley es para los que maltratan a sus propios padres, para los asesinos, para los adúlteros y los homosexuales, para los traficantes de esclavos, los embusteros y los que juran en falso. En fin, la ley es para todo lo que está en contra de la sana doctrina enseñada por el glorioso evangelio que el Dios bendito me ha confiado. (1 Timoteo 1.8–11)

Al involucrarte con otros que necesitan una explicación de lo que tiene que decir la Biblia acerca de la esclavitud, la sigla DELIVER debería ayudarte a recordar y comunicar algunos de los puntos destacados sobre este tema tan sensible e importante.

Diferente: Para empezar, debemos reconocer que los pasajes del Antiguo Testamento donde se menciona la esclavitud fueron escritos hace 3400 años. Fue hace apenas cien años que las mujeres obtuvieron el derecho a votar en Estados Unidos y hace poco más de ciento cincuenta que la esclavitud fue abolida. La esclavitud era una parte del mundo antiguo y no se veía como el flagelo que se considera en la actualidad. No era una institución ordenada por Dios, sino el producto de un mundo caído. La respuesta bíblica inicialmente fue facilitar límites, aunque para erradicarla en última instancia. No era solo un mundo muy diferente en esa época, sino que la esclavitud también era diferente, como demuestran los siguientes puntos.

Economía: La esclavitud mencionada en la Biblia fue impulsada por la economía, no por la etnicidad. A diferencia del comercio transatlántico de esclavos entre 1600 y 1856, que atrapó a los africanos negros, las Sagradas Escrituras describen a las personas que se convirtieron en esclavos ya fuera de manera voluntaria (como sirvientes contratados) o debido a deudas que tenían. Otros se convirtieron en esclavos después de ser capturados en la guerra. No podían ser secuestrados, como se practicó en tiempos más recientes.

Limitada: La Biblia les dio varios derechos a los esclavos o sirvientes. También dio un límite de tiempo para que los israelitas mantuvieran a los esclavos bajo su custodia (siete años). Aunque estos derechos se extendían principalmente a los miembros israelitas, ofrecieron los primeros límites al control que tenía una persona sobre otras. La libertad proporcionada al pueblo judío prefiguraría la libertad ofrecida a todas las personas en Cristo.

Interna: El plan de Dios para la liberación de la esclavitud siguió un patrón de lo *interno a lo externo*. La esclavitud era la imagen de la esclavitud espiritual que resultó del pecado. Hace dos mil años, la esperanza era que el Mesías terminaría con la ocupación romana y la esclavización del pueblo judío como lo había hecho Moisés mil catorce años antes. Sin embargo, su mensaje era acerca de la libertad espiritual en primer lugar, esa libertad interna que vino a través del evangelio. Esta es la esencia del mensaje de este libro, que Dios trata con la injusticia en su origen.

Valor: El mensaje a través de toda la Biblia es que todos los seres humanos son creados a la imagen de Dios y tienen valor, independientemente de su etnia, condición económica, edad o género. Hay un tema consistente en las Sagradas Escrituras de que Dios es el defensor de los desvalidos y de los humildes. Él advierte en contra de aprovecharse de los pobres e indefensos (Mateo 25.45). El Nuevo Testamento señala con claridad que no hay distinción a los ojos de Dios entre judío o griego, esclavo o libre, varón o hembra (Gálatas 3.28).

Emancipación: Los Diez Mandamientos comienzan diciendo que Dios es el emancipador de la esclavitud: «Yo soy el Señor tu Dios. Yo te saqué de Egipto, del país donde eras esclavo. No tengas otros dioses además de mí» (Éxodo 20.2, 3). Allí donde ha terminado la esclavitud, ha sido por la fuerza del evangelio. Lamentablemente, la esclavitud todavía se efectúa en el siglo veintiuno prácticamente sin obstáculos en lugares donde la proclamación del evangelio está prohibida.

Redención: Es seguro decir que realmente no puedes entender el mensaje de la Biblia sin entender el plan de Dios para redimir a la humanidad de la esclavitud espiritual y del sometimiento al pecado y a Satanás. El concepto de redención es introducido en el Antiguo Testamento y encuentra su cumplimiento final en Cristo. ¡Él es nuestro Redentor! «Como bien saben, ustedes fueron rescatados de la vida absurda que heredaron de sus antepasados. El precio de su rescate no se pagó con cosas perecederas, como el oro o la plata, sino con la preciosa sangre de Cristo, como de un cordero sin mancha y sin defecto» (1 Pedro 1.18, 19).

El contraalmirante Barry Black (retirado), capellán del Senado y afroamericano, citó ese versículo en el Desayuno de oración nacional de 2017 al explicar lo que el sacrificio de Cristo en la cruz significa para él: «El valor de un objeto se basa en el precio que alguien está dispuesto a pagar. Cuando se me ocurrió que Dios envió a su Hijo unigénito a morir por mí, nadie fue capaz de hacerme sentir inferior de nuevo».[18]

Mientras que los escépticos mencionan la esclavitud como evidencia de la supuesta injusticia de la Biblia, en realidad es una imagen de todo lo contrario: el amor, la justicia y la libertad de Dios ofrecida a través de Jesucristo.

Estos puntos no responderán a todas las objeciones que plantearán los escépticos. Hay pasajes en el Antiguo Testamento que suenan impactantes para nuestros oídos modernos. Tomemos el ejemplo de la poligamia. A pesar de que Dios permitía en apariencia que la gente tuviera múltiples esposas, esto no era lo que pretendía originalmente. Debido al impacto del pecado, la cultura divagó a un punto donde la cuestión principal era hacer frente a las personas que adoraban a dioses múltiples, y no con quienes tenían varias esposas. La poligamia se detuvo finalmente debido a la comprensión de la concepción original de Dios para el matrimonio entre un hombre y una mujer. Como dijo el apóstol Pablo: «Pues bien, Dios pasó por alto aquellos tiempos de tal ignorancia, pero ahora manda a todos, en todas partes, que se arrepientan» (Hechos 17.30).

Esto también era cierto para la esclavitud. Dios nunca intentó que los seres humanos se esclavizaran unos a otros. Cuando la sociedad cayó bajo el poder de las tinieblas y el pecado, la esclavitud se convirtió en parte del tejido del mundo antiguo. El plan de Dios era establecer regulaciones: restricciones, así como la comprensión de los derechos de aquellos en esclavitud. A su debido tiempo, la comprensión del valor y la dignidad de cada ser humano que enseñaba las Sagradas Escrituras hizo que la institución infame de la esclavitud fuera desmantelada.

Aunque hay otros temas, aparte de estos dos, que plantean los escépticos, muchos de ellos aparecen cuando se aborda la afirmación de que la Biblia es el mensaje infalible de Dios al hombre. Es vital que abordemos lo que significa realmente decir que la Biblia es la Palabra inspirada e infalible de Dios.

## Entender la inspiración y la infalibilidad

Desde el principio de la humanidad, el desafío central de Satanás para el hombre podría resumirse con la primera acusación que se ha registrado: *¿Dios ha dicho realmente...?* Adán y Eva ciertamente no dudaron de la existencia de Dios; dudaron de la autoridad de Sus palabras. Esta sigue siendo la táctica consistente del enemigo para engañar a la humanidad y subvertir nuestra confianza en Dios y en Su Palabra. Si la Palabra de Dios es desacreditada, entonces los humanos pueden crear sus propios estándares y mandatos, y estar libres de la responsabilidad que proviene de las exigencias claras e inequívocas del Creador.

El aumento en la crítica bíblica fue la razón por la cual casi trescientos académicos se reunieron en el Hyatt Regency en Chicago, en 1978, para redactar una declaración de la doctrina de la infalibilidad bíblica. Convocada por el Consejo Internacional para la Infalibilidad Bíblica, incluyó figuras clave, como Norman Geisler y R. C. Sproul. El resultado fue una declaración con cinco puntos clave acompañada de diecinueve artículos consistentes en afirmaciones y negaciones. La sabiduría de esta declaración es tan importante que siento que debo hacer que ustedes vean de cerca lo que dice con mayor detalle. Debemos recuperar la confianza en la verdad y la autoridad de las Sagradas Escrituras, así como el conocimiento de cómo presentarlas a los demás. Debo seguir subrayando que la fe cristiana no se basa en la creencia de la infalibilidad de las Sagradas Escrituras. Se basa en la resurrección y se apoya en la creencia de que la Biblia es mínimamente un conjunto de documentos históricamente confiables, tal como hemos discutido. Sin embargo, su inspiración sigue siendo central para la fe y la doctrina cristianas.

Estos son los cinco puntos clave de la declaración:

1. Dios, que es Él mismo Verdad y solo habla la verdad, ha inspirado las Sagradas Escrituras para revelarse así a la humanidad perdida a través de Jesucristo como Creador y Señor, Redentor y Juez. Las Sagradas Escrituras son el testimonio de Dios de sí mismo.

2. Las Sagradas Escrituras, siendo la Palabra de Dios, escritas por hombres preparados y supervisados por Su Espíritu, son de una autoridad divina e infalible en todos los asuntos que toca: se debe creer en ellas, como instrucción de Dios, en todo lo que afirma: obedecidas, como mandamiento de Dios, en todo lo que requiere; abrazadas, como promesa de Dios, en todo lo que promete.

3. El Espíritu Santo, Autor divino de las Sagradas Escrituras, nos las legitima por Su testimonio interno y abre nuestras mentes para entender su significado.

4. Al ser completas y verbalmente concedidas por Dios, las Sagradas Escrituras no tienen error ni falta en toda su enseñanza, ni menos en lo que dicen acerca de los actos de Dios en la creación, de los acontecimientos de la historia del mundo y de sus propios orígenes literarios bajo Dios, que en su testimonio de la gracia salvadora de Él en las vidas individuales.

5. La autoridad de las Sagradas Escrituras es dañada inevitablemente si esta infalibilidad divina total es limitada o desatendida en modo alguno, o hecha relativa a una visión de la verdad contraria a la propia Biblia; y dichos lapsos traen graves pérdidas tanto al individuo como a la iglesia.[19]

El hecho de que estas declaraciones estipulen los amplios parámetros de lo que se entiende por infalibilidad nos ayuda a comprender lo que significa realmente esta creencia frente a lo que algunos suponen que debería significar.

## Lo que esto significa en la práctica

Luego de ver todas las dimensiones de esta declaración, debe ser claro que la creencia en la infalibilidad de las Sagradas Escrituras está respaldada por un argumento multifacético que las salva de un despido arbitrario en vista del primer problema o discrepancia aparente. Las diecinueve afirmaciones y negaciones ofrecen una mayor claridad sobre los aspectos prácticos de lo que significa afirmar que la Biblia es infalible. El artículo 13 ilustra este punto:

NEGAMOS que es apropiado evaluar las Sagradas Escrituras de acuerdo con los estándares de verdad y error que son ajenos a su uso o propósito. Además, negamos que la infalibilidad sea negada por fenómenos bíblicos como la falta de precisión técnica moderna, irregularidades gramaticales u ortográficas, descripciones observacionales de la naturaleza, el informe de falsedades, el uso de hipérboles y números redondos, la disposición tópica del material, las selecciones variantes de material en cuentas paralelas, o el uso de citas gratuitas.

No podemos importar las expectativas del siglo veintiuno sobre la manera en que deberían funcionar las Sagradas Escrituras en documentos que tienen más de dos mil años de antigüedad. Dios comunicó Su mensaje en la historia usando las mentes y personalidades de los escritores. No eran espectadores pasivos, como si estuvieran recibiendo un mensaje de texto del cielo. Podemos asumir que esa es la manera en que Dios debería haber comunicado el mensaje, pero en Su sabiduría y soberanía, no lo hizo. Sin embargo, la redacción de las Sagradas Escrituras no fue iniciada únicamente por la voluntad del hombre; fue iniciada por el Espíritu de Dios. El apóstol Pedro explicó este proceso de cómo Dios le habló a la humanidad y a través de ella: «Ante todo, tengan muy presente que ninguna profecía de la

Escritura surge de la interpretación particular de nadie. Porque la profecía no ha tenido su origen en la voluntad humana, sino que los profetas hablaron de parte de Dios, impulsados por el Espíritu Santo» (2 Pedro 1.20, 21).

## Resumen

Es importante mantener este capítulo en perspectiva en términos de cómo se relaciona con el tema general de este libro. La gran pregunta que estamos tratando de responder podría estructurarse simplemente así: *¿Dios nos ha hablado a nosotros?* En otras palabras, ¿hay evidencia de que Dios nos ha comunicado a nosotros como Su creación? La respuesta es sí. Él no solo ha dado pruebas de esto a través del orden y de la información inteligente en el mundo que Él creó, sino que Él nos ha hablado a través de Cristo y de las Sagradas Escrituras. Basándonos en Su resurrección, podemos confiar en Cristo como un testigo autoritativo de esto. Tomamos mucho de lo que creemos en este mundo sobre la base de la autoridad. Esto es especialmente cierto cuando se trata del conocimiento científico.

Al ver la Biblia con mayor profundidad, podemos ver claramente que es un registro histórico de las relaciones de Dios con la humanidad, y no una colección de cuentos mitológicos. La confiabilidad histórica de las Escrituras añade un pilar importante de respaldo a la afirmación de que la Biblia es verdadera y digna de confianza. El campo de la arqueología ofrece una atestiguación abundante de que los diversos libros de la Biblia están situados en un contexto histórico real. Una visita al Museo Británico de Londres o al Museo de Israel en Jerusalén establecerá esto como un hecho, y no como ficción. Además, podemos tener confianza en que el texto que tenemos ahora es lo que escribieron los escritores de entonces. La creencia de que tenemos una Biblia infalible no se refiere al texto de una traducción particular, sino a la infalibilidad del mensaje. Dios nos ha hablado en las

Sagradas Escrituras. Las objeciones que se refieren a los casos de las prácticas perturbadoras mencionadas, como la violencia o la esclavitud, deben considerarse en términos del contexto histórico y de la enseñanza completa en toda la Biblia. El mensaje general de las Sagradas Escrituras es que Dios ha enviado a Su Hijo para redimir a la humanidad de la esclavitud del pecado: una injusticia. Este es el mensaje del evangelio, el cual se detalla y se explica en las páginas de las Sagradas Escrituras.

# CAPÍTULO 7

# JESÚS FRENTE A LAS RELIGIONES DEL MUNDO

## La exclusividad de Cristo

*De hecho, en ningún otro hay salvación, porque no hay bajo el cielo otro nombre dado a los hombres mediante el cual podamos ser salvos.*

—Hechos 4.12

He viajado más de tres millones de millas en aviones durante los últimos treinta y cinco años y he tenido discusiones incontables en estos viajes con personas de una variedad de trasfondos religiosos y no religiosos. Siempre que alguien descubre que soy un ministro cristiano, las compuertas se abren, y la mayoría me hacen preguntas que les han preocupado, me cuentan sus historias de vida, o aprovechan el momento para quejarse de la religión «organizada». Normalmente respondo diciendo que la religión desorganizada es realmente mala. Estos momentos son tan frecuentes que los llamo «la iglesia a treinta y cinco mil pies». Algunos de estos encuentros han sido realmente humorísticos (como la mujer que conocí y me dijo que ella era Dios) mientras que otros han sido muy emotivos, como en el caso de alguien que se dirigía al funeral de un ser querido.

En los últimos años he abordado aviones con el objetivo expreso de *no* entrar en una conversación a menos que tenga una razón para creer que realmente necesito hablar con el extraño sentado a mi lado. El tiempo en el avión me proporciona por lo general un descanso necesario del teléfono y una oportunidad de leer o trabajar en un proyecto de escritura. Hace unos meses estaba trabajando en este libro mientras regresaba a Estados Unidos de un viaje internacional y tuve lo que podría llamarse una conversación reacia. Llevábamos volando unas horas, y yo había logrado mantenerme alejado de cualquier discusión con el hombre a mi lado (el truco está en usar auriculares). Por desgracia, yo estaba sentado al lado de la ventana en una fila de tres personas y tuve que pedir permiso para ir al baño. Cuando regresé a mi asiento, un breve intercambio con mis compañeros pasajeros condujo a una conversación que pronto advertí que era importante.

El hombre dijo que era ejecutivo de una compañía con sede en Japón y que tenía la responsabilidad de viajar por el mundo en representación de la compañía. Luego me hizo la pregunta que yo esperaba que no me hiciera: «¿Qué hace usted para ganarse la vida?». Cuando le dije que era un ministro cristiano que hablaba en los campus universitarios y que también era escritor, se apresuró a hablarme de sus creencias. Dijo que era musulmán y que estaba preocupado por la falta de fe en Dios entre los estudiantes universitarios. Le enseñé una copia de mi libro *Hombre. Mito. Mesías* y le expliqué mi motivación para mostrar la evidencia del Jesús histórico y Su resurrección, algo que los musulmanes rechazan. Entonces decidí enfrentar al hombre de un modo verdadero y respetuoso sobre por qué el cristianismo era cierto y el islam no.

«Mi problema con el islam es que simplemente está equivocado sobre las declaraciones del Corán señalando que Jesús no fue crucificado», le dije con calma. «Obviamente eres un hombre inteligente, pero parece que estás aceptando un conjunto de creencias que son más culturales que las que has investigado objetivamente». Esto condujo a un largo intercambio durante el cual lo escuché respetuosamente y le hice preguntas. No traté de ganar una discusión. Simplemente quería darle tanta evidencia como fuera posible de que el cristianismo es cierto.

Cuando el avión aterrizó, me despedí de él y procedí a pasar por la aduana en el aeropuerto de Atlanta. Después de hacer eso y de registrar mis maletas rumbo a Nashville, el hombre se acercó a mí y me preguntó cuánto tiempo duraba mi escala hasta mi vuelo a Nashville. Aunque no me gustaba pensar en ello, me sentí agradecido de repente por mi espera de más de dos horas y media para mi último vuelo a casa. El hombre me siguió hasta mi puerta y se sentó durante más de una hora, haciéndome preguntas sobre mis creencias. Fue refrescante tener un diálogo tan respetuoso acerca de la verdad con alguien de otra religión. Mi último reto para él fue que estuviera dispuesto a seguir la evidencia sin importar las implicaciones con respecto a su fe como musulmán. Creo que se marchó reconsiderando sus suposiciones de toda la vida sobre lo que es cierto acerca de Jesucristo.

Este es un ejemplo de uno de los problemas más abrumadores que puedes enfrentar como cristiano: cómo dialogar con personas de otras religiones. Tenemos que equilibrar el hecho de decir la verdad acerca de la autoridad única de Jesús y de su papel en nuestra salvación con el acto de tratar con respeto las creencias de los demás. También tenemos que comprender que todas las creencias que tienen las personas y que no se corresponden con la realidad terminarán minando las vidas de los individuos y la sociedad en su conjunto.

# La exclusividad y el miedo a la intolerancia

Antes de mirar los detalles de tres de las religiones más populares del mundo, quiero hablar de la exclusividad de Cristo como Salvador y Señor, y del temor de que aquellos que se adhieren a esta creencia serán necesariamente intolerantes con los demás. He mencionado antes este tema, pero siento que debo revisarlo ahora mientras examinamos y criticamos otros sistemas de creencias. En una sociedad pluralista, donde hay creencias múltiples (así como no creencia), la presión aumenta para que todo el mundo tenga sus creencias de una manera relajada. La lógica retorcida es algo así como esto: los verdaderamente tolerantes son aquellos que no poseen convicciones dogmáticas y aceptan las creencias de todos como igualmente verdaderas. Como mencioné en el capítulo 4, la verdad es exclusiva por su misma naturaleza. Todas las religiones que examinaremos hacen afirmaciones exclusivas y no todas pueden estar en lo correcto.

Como subrayó Lesslie Newbigin, no comprometemos a otros abandonando nuestras convicciones, sino manteniéndonos firmes y comprometidos en un diálogo respetuoso:

> El marco que yo ideo o discierno es mi compromiso supremo o de lo contrario no puede funcionar de la manera prevista. Como tal compromiso, debe defender su reclamo a la verdad en contra de otros reclamos a la verdad. No tengo ningún punto de vista excepto el punto en el que estoy. La afirmación que tengo es simplemente la afirmación de que el mío es el punto de vista desde el cual es posible discernir la verdad que relativiza toda la verdad. Esa afirmación es la expresión del compromiso supremo que es mi verdadera religión. Si este argumento es válido, se deduce que el cristiano se encontrará con su amigo y vecino de otra fe como uno que está comprometido con Jesucristo como su autoridad

final, que reconoce abiertamente este compromiso y busca entender y entrar en diálogo con un socio de otro compromiso sobre esa base.[1]

El diálogo respetuoso y significativo con las personas de otras religiones se da mejor cuando estás completamente en la posición de que tu creencia representa la verdad suprema. No ocurre cuando renuncias a esa posición de la verdad en nombre de la tolerancia. Esto parece contradictorio, pero es deshonesto abandonar tu creencia en lo que es verdad para lograr un lugar idealista de paz con los demás. Los científicos ciertamente no pensarán de esa manera cuando se trata de la verdad. ¿Por qué deberíamos tener un compromiso menor con nuestros puntos de vista sobre la realidad suprema?

En este capítulo quiero examinar tres de las principales religiones del mundo a la luz de las afirmaciones de la verdad del cristianismo: el islam, el hinduismo y el budismo. He omitido el judaísmo debido a la extensa escritura realizada sobre el tema en *Hombre. Mito. Mesías.*

No hay manera de darle a cada uno de estos temas el tiempo que merece dentro del ámbito de este libro. Tengo la esperanza de que estas breves descripciones de las creencias centrales de cada una de estas religiones y algunas respuestas a estas creencias sirvan de guía para un estudio más profundo.

## El islam

La religión del islam ha ocupado un lugar central en las noticias y en la mente de muchos en el mundo desde los atentados terroristas en Nueva York el 11 de septiembre de 2001. Desde entonces, innumerables debates en los medios se han centrado en si el islam es inherentemente una religión de paz o de violencia. Islam significa «sumisión», y el término *musulmán* significa «el que se somete». Técnicamente, la visión del islam es lograr la paz en el mundo, una vez que todas las personas se hayan sometido voluntaria o forzosamente a Alá.

Es importante no detenerse allí para entender las distinciones del islam en comparación con el cristianismo y poder involucrar a los musulmanes en un diálogo respetuoso en relación con el evangelio. El desafío a este esfuerzo es que la segunda religión más grande del mundo, con más de mil millones de adherentes,[2] tiene muchas variaciones y sectas que siguen diferentes tradiciones que se han desarrollado durante los mil cuatrocientos años desde que Mahoma recitó sus mensajes a sus seguidores. Por ejemplo, existe una división principal entre los suníes y los chiíes: los suníes creen que el sucesor de Mahoma debe ser elegido por la comunidad musulmana, mientras que los chiíes sostienen que el sucesor debe provenir del linaje de la familia de Mahoma.

El Corán, considerado el libro más sagrado del islam, puede ser difícil de entender, ya que sus capítulos (suras) van de más largos a más cortos (y por lo tanto, no están en orden cronológico), y el contexto de lo que se dice está ausente con frecuencia. Los musulmanes, que se toman su fe en serio y tratan de compartirla con otros, complementan el Corán con el Hadiz, que son los refranes recogidos de Mahoma, y el Sira, la colección de biografías de su vida. Estas fuentes son esenciales, ya que el Corán enseña varias veces que los musulmanes deben seguir el ejemplo de la vida de Mahoma, y el material adicional proporciona el trasfondo histórico necesario para entender el significado de muchos de los versos. Leer todas estas fuentes juntas ofrece una imagen clara de la vida y enseñanza de Mahoma.[3]

Mahoma nació en La Meca en el año 570 d. de C. Sus padres murieron a una edad temprana, y fue criado por su tío, que era un comerciante. A lo largo de su juventud, Mahoma interactuó con judíos, cristianos y personas de otras religiones. Se casó con una viuda rica y mejoró mucho su condición social. Luego, adquirió el hábito de visitar una cueva para orar. Durante una visita a la edad de cuarenta años, afirmó haber caído en un trance y se encontró con el ángel Gabriel, quien le dijo «¡Proclama!» (Sura 96.1–5). Después de esto, recibió su primera revelación. En los años siguientes, recibió muchas más, que recitó a sus seguidores. Sus recitaciones fueron reunidas finalmente en el Corán.

El mensaje central incluye la enseñanza del monoteísmo y un sistema moral similar al judaísmo. Los cinco pilares incluyen profesar a Alá como el único Dios verdadero, y a Mahoma como su profeta (*Shahadah*); orar cinco veces al día mirando en dirección a La Meca (*Salat*); dar limosna a los pobres (*zakat*); ayunar de sol a sol durante el mes de Ramadán (*Sawm*); y peregrinar a la Meca (*hajj*) por lo menos una vez en la vida.[4] El Corán también describe a Mahoma como el último profeta, que corregiría la corrupción en los mensajes de los profetas anteriores. Además, los musulmanes deben difundir el islam hasta que la gente se someta a su autoridad a través de la conversión o subyugación. (Sura 9.29). Finalmente, el Corán habla repetidamente de un día de juicio, con algunos yendo al paraíso y otros al infierno, dependiendo de si sus buenas acciones compensan sus malas acciones. (Sura 2.281).

## Conquista por la espada

Mahoma comenzó su carrera en La Meca, donde predicó contra el paganismo local, que consistía en numerosas deidades tribales. Su mensaje comenzó siendo tolerante y pacífico, especialmente con los cristianos y judíos, a quienes veía como receptores de la revelación de Dios. Incluso declaró: «No habrá obligación en la religión» (Sura 2.256). Sin embargo, en el mismo sura encontrarás el mandamiento: «Lucha contra ellos hasta que no haya [más] *fitnah* (opiniones opuestas sobre la fe) y [hasta que] la adoración [sea reconocida] por Alá. Pero si cesan, entonces no habrá agresión sino contra los opresores» (2.193).

En pocos años, el tono de Mahoma se transformó desde el de un «profeta» al de un líder militar con un mandato de Alá para combatir a los infieles. Sus revelaciones se transformaron en órdenes a sus seguidores para luchar contra los incrédulos (los *kafereen*) hasta que se sometieran:

> Combatid a quienes no creen en Allah ni en el Día del Juicio, no respetan lo que Allah y Su Mensajero han vedado y no siguen la verdadera religión [el Islam] de entre la Gente del Libro [judíos y cristianos], a menos que éstos acepten pagar un impuesto (*jizya*), [por el cual se les permita vivir bajo la protección del estado islámico conservando su religión] con sumisión. (Sura 9.29).

Desde su base en Medina, Mahoma organizó una fuerza militar y los envió a atacar caravanas y a saquear sus posesiones. Eventualmente libró campañas brutales contra bandas militares de La Meca y finalmente conquistó la ciudad. Después de sentirse amenazado por una tribu judía, la conquistó y mandó a decapitar a los hombres de la ciudad mientras observaba en compañía de Aisha, su novia de nueve años. Luego hizo que las mujeres y los niños fueran vendidos como esclavos. Cada una de sus acciones parecía corresponder a una nueva revelación que autenticaba su brutalidad creciente. Su innovación más estratégica y motivadora fue un paraíso prometedor para cualquier persona que muriera por la causa del islam. Esta seducción convirtió a su ejército en una fuerza de combate implacable, que podía desafiar ejércitos mucho mayores en tamaño. Al final de su vida, Mahoma fue el líder más poderoso de la península arábiga.

Mahoma transmitió su visión expansionista al futuro califa (líder del islam) que lo sucedió. Después de la muerte de Mahoma en 632, varias tribus intentaron romper con el control del nuevo estado islámico, pero el primer califa, Abu Bakr, aseguró militarmente que permanecieran bajo su control. Finalmente unificó toda la región. Sus sucesores convirtieron al

Estado islámico en un imperio y conquistaron enormes regiones de Medio Oriente y África. Los líderes futuros se expandieron aún más hacia Asia, incluyendo lo que actualmente es India, Pakistán y Europa central.

Muchas tierras cristianas (Siria, Turquía y África del Norte) fueron conquistadas, y cristianos y judíos fueron obligados a vivir como ciudadanos de segunda clase y pagar un impuesto (*jizya*). Si convertían a un musulmán, tanto el cristiano como el nuevo converso podían ser exiliados, encarcelados, torturados o ejecutados. Los adherentes a otras religiones tenían menos opciones. Se vieron obligados a convertirse al islam, a huir o a sufrir la ejecución. Durante la Edad Media, Europa tuvo que defenderse contra varios intentos de invasión islámica. De hecho, las Cruzadas se iniciaron en respuesta a las súplicas de ayuda por parte del emperador bizantino Alejo I Comneno contra los invasores islámicos que habían cometido grandes atrocidades contra las ciudades cristianas. La amenaza solo disminuyó después de que la tecnología militar europea superó a la del mundo islámico. Hoy en día, los desafíos de ISIS y del terrorismo islámico son en parte una continuación del expansionismo islámico, que cayó temporalmente en remisión.

## Involucrando a nuestros prójimos musulmanes

Nuestro llamado como seguidores de Cristo es amar a nuestro prójimo y orar por nuestros enemigos. Para muchos, estos mandatos son mucho más difíciles de lo que cualquiera de nosotros en Estados Unidos podría imaginar. Si estás leyendo este libro en el Medio Oriente, tienes un reto mucho más complicado que si vivieras en la zona central de Tennessee. Al igual que muchos que se llaman a sí mismos cristianos pero tienen poca comprensión de la Biblia o de la teología cristiana, muchos musulmanes tienen poca comprensión de su fe, y han aceptado las versiones revisionistas de la historia, que suavizan el pasado violento del islam. Muchos sienten que Mahoma fue un hombre que promovió la paz, y se han centrado principalmente en los versos coránicos anteriores, que promueven la tolerancia. Ellos delatan la última distinción entre estos dos sistemas de creencias opuestos: la visión idealizada de Mahoma que ellos desean solo puede encontrarse en la persona de Jesucristo, y la religión de paz y justicia que desean seguir proviene de la enseñanza de Jesús, no del Corán.

*Es fundamental entender que la naturaleza del Dios de la Biblia no es la misma que la naturaleza de Alá en el Corán.* Aunque el islam cree que hay un solo Dios, al igual que el judaísmo y el cristianismo, hay poca semejanza con el Dios de las Sagradas Escrituras. En el islam, Dios no es un Dios de amor. No hay comprensión de lo que se describe en Juan 3.16, en el cual Dios amó tanto al mundo que vino a la tierra para morir por nuestros pecados. Además, no existe un concepto claro de pecado y de separación de Dios en el islam. La verdad de que Dios quiere una relación con nosotros como hijos e hijas es también inexistente. En el islam, debido a que la humanidad nunca fue separada de Dios por causa del pecado, no hay comprensión de nuestra necesidad de que Cristo muera por nuestro pecado para reconciliarnos con Dios.

El primer verso coránico se encuentra inscrito en la Cúpula de la Roca, un monumento en Jerusalén que fue construido en el año 691. Dice: «Dios no tuvo Hijo». Sin embargo, el Corán menciona a Jesús en muchos lugares y reconoce que Él nació de una virgen, hizo milagros, y fue un profeta. Los musulmanes no creen que Dios hubiera permitido que un verdadero profeta sufriera y fuera crucificado, por lo que alegan que Alá engañó a todos y reemplazó a Jesús con Judas en la cruz.

El Corán tiene serios problemas en términos de su fiabilidad histórica. Existieron muchas versiones durante la época del tercer califa, Uthman (644–656 d. de C.). A fin de perpetuar la percepción de que solo había una versión, mandó a quemar todas menos una y envió cuatro copias de esta a las ciudades de Medina, Kufa, Basora, Damasco, y posiblemente a La Meca.[5] La destrucción de todos esos Coranes existentes siembra una gran duda sobre el contenido real del original. Esto está en marcado contraste con el Nuevo Testamento; hay miles de manuscritos que perduran hasta el día de hoy, algunos de ellos son de principios del siglo segundo. Los eruditos pueden reconstruir los originales hasta con un 99 por ciento de precisión (ver el capítulo 6). Además, muchas de las historias del Corán parecen haber sido copiadas de escritos anteriores, tales como escritos ficticios sobre Jesús que posfechan los Evangelios. Mahoma tuvo muchas oportunidades de escuchar estas historias, y al parecer las incorporó en sus recitaciones. Dado que estas historias son conocidas por ser ficticias, puede haber pocas dudas de que estos suras son históricamente poco fiables. Además, las historias del Corán acerca del pasado no pueden ser autenticadas por ningún descubrimiento arqueológico, y una de sus afirmaciones centrales —que Jesús no fue crucificado— contradice una enorme evidencia histórica. Como tal, la evidencia detrás de la confiabilidad de los Evangelios empequeñece la del Corán.

El Corán mismo también confirma que los Evangelios (*injeel*) son inspirados por Dios, y afirma que los cristianos podían consultarlos en tiempos de Mahoma:

> Enviamos a Jesús, el hijo de María, confirmando la ley que había venido antes que él. Le enviamos el Evangelio [...] Que el pueblo del Evangelio juzgue por lo que Alá ha revelado en él, si alguno no puede juzgar por la luz de lo que Alá ha revelado, ellos son (no mejor que) los que se rebelan. (Sura 5:46, 47)

Quizás el tema más difícil sea la deidad de Jesús. En el islam, Jesús es considerado un profeta. Las Sagradas Escrituras enseñan que Jesucristo es la encarnación de Dios, no un hijo en un sentido biológico, sino la representación perfecta del Padre en forma humana (Hebreos 1.3). Escribí con mayor detalle acerca de la deidad de Cristo en *Hombre. Mito. Mesías*. La esencia misma del evangelio es que Dios se hizo hombre en Jesucristo. Cada profeta que hablaba en las Sagradas Escrituras hacía un preámbulo a sus palabras diciendo: «Así dice el Señor». Cuando Jesús hablaba, decía: «De cierto les digo». ¡Esto era porque el Señor estaba hablando! Jesús dijo: «El cielo y la tierra dejarán de existir, pero mis palabras no dejarán de cumplirse» (Mateo 24.35, DHH). La confesión de que Jesús es Señor significa que Jesús es realmente Dios. Este es un aspecto vital del plan para nuestra salvación (Romanos 10.9, 10).

## Ellos merecen conocer la verdad

Podría decirse mucho más sobre las diferencias entre el islam y el cristianismo, desde la visión islámica de las mujeres y su subyugación deliberada, hasta la enseñanza del Corán de que la garantía en el paraíso se puede obtener al morir como mártir en la yihad (guerra santa). La motivación detrás de los atentados suicidas y los ataques terroristas no es solo en obediencia a la orden de luchar contra el infiel, sino que está motivada por la esperanza de que ganarán el paraíso al ser un mártir (*Shaheed*).

La radicalización no es el destino solo de las masas ignorantes e iletradas de una parte del mundo empobrecida o asolada por la guerra; es vista como la conclusión lógica de aquellos que leen el Corán y buscan ser fieles a las palabras de Mahoma.

*La respuesta es involucrar a los musulmanes con la verdad y con el poder del evangelio.* Eso les ofrece la libertad del pecado y su penalidad de la separación eterna de Dios. La idea de que Dios es un Padre que desea una relación con nosotros es una buena noticia y necesita ser contada a cada musulmán. El Corán mismo reconoce que Jesús nació de una virgen, realizó milagros, estuvo sin pecado, y fue un profeta. Comprender que Él fue todo esto y más, y que Él murió y resucitó para asegurar nuestra salvación es una noticia que ellos merecen conocer. Dios está obrando en el mundo musulmán, y literalmente millones de personas están llegando a la fe en

Cristo. Como documenta David Garrison en su libro *A Wind in the House of Islam* [Un viento en la casa del islam], tan solo en los últimos dos decenios se han visto miles de movimientos de musulmanes que se dirigen hacia el cristianismo.[6] Dios los ha preparado para oír: debemos estar dispuestos a llegar a ellos con amor y con la oferta de amistad, y estar preparados para compartir con ellos el mensaje de vida que necesitan a toda costa.

## El hinduismo

El hinduismo es la tercera religión más grande del mundo, con más de mil millones de adherentes. Su cosmovisión y enseñanzas se están popularizando en Occidente con la difusión de la práctica del yoga. Hace una generación, la participación de celebridades, como los Beatles en los años 60, y la introducción de la MT (meditación trascendental) y del Hare Krishna le dieron un gran impulso a esta práctica. El término *hinduismo* en realidad abarca una amplia gama de sistemas de creencias que se originó en la región de lo que hoy son la India y Pakistán. Aunque el término en sí es reciente, algunas de las ideas se originaron desde el 2000 a. de C. A pesar de la diversidad de creencias y del reconocimiento de más de trescientos millones de dioses diferentes, la mayoría de las sectas hindúes comparten algunos temas en común; por lo tanto, el término *hinduismo* se puede aplicar a todas ellas.

Por ejemplo, muchos hindúes creen que todo emana de una realidad suprema, o absoluta, comúnmente llamada Brahman.[7] Las diferentes deidades, como Vishnu, el soñador, o Shiva, el destructor, son emanaciones de esa misma fuente. Este absoluto también se manifiesta como personas, animales y como el mundo entero. Es por eso que un hindú puede adorar a una piedra o a una estrella, a una serpiente o a una vaca, a un antepasado o a un gurú vivo: todo es dios. Osho Rajneesh, uno de los gurúes más populares de los años setenta y ochenta, enseñó que «el mundo y Dios no son dos cosas. La creación es el Creador».[8]

La percepción normal de que cada individuo es una persona distinta, de que un pájaro está separado de la rama en la que se posa, es una ilusión. Esto se llama *māyā*. Esta falsa percepción, *māyā*, es el mal fundamental en el mundo. Constituye nuestra ignorancia (*avidya*) de nuestra propia unidad con todo, incluyendo a Brahman.

Puesto que la ignorancia de nuestra divinidad intrínseca es nuestro problema fundamental, la salvación consiste en obtener el verdadero conocimiento místico (*jñāna*) de que nuestra individualidad es ilusión, de que nuestro ser es el Ser divino. Es uno con todo. Eres Dios, lo absoluto, Brahman.

La idea de que todo es uno —divino— significa que todo es espíritu y que el espíritu es dios. No hay distinción final entre el bien y el mal, deidades y demonios, dios y el diablo. Rajneesh enseñó repetidamente que nosotros, los ignorantes, «hemos dividido el mundo en el bien y el mal. El mundo no está tan dividido [...] No hay bien, no hay mal».[9] Esta cosmovisión hace posible que un hindú vaya a un templo y adore a un demonio antes de adorar a la deidad en el mismo templo.[10] Esta cosmovisión hace muy difícil para los políticos bien intencionados de la India luchar contra la corrupción, tan rampante en su vida pública.[11]

Debido a que el *atman* (ser o alma) es lo eterno, infinito, absoluto, sobrevive a la muerte. Mientras un individuo siga ignorando su unidad con dios, su alma reencarna en un ciclo continuo de renacimientos. Esto se conoce como *samsara*. Cada renacimiento está sujeto a consecuencias «morales», dependiendo de las acciones de cada uno. Esta creencia, conocida como *karma*, explica el sufrimiento de las personas como pago por el «mal» en sus vidas pasadas.

Es importante recordar que términos como el *karma bueno* y el *karma malo* no implican el cumplimiento o la ruptura de un código moral absoluto. En el hinduismo, la bondad o maldad de un *karma* (acción) está relacionada con el *dharma*; el deber socialmente asignado. El *dharma* o el deber de una mujer es diferente del de un hombre. El *dharma* de un barrendero es barrer: si se convierte en médico, es culpable de *karma* malo. El objetivo supremo para un hindú religioso es liberarse del ciclo *karma*-reencarnación y alcanzar la liberación (*moksha*). En la liberación de la vida, el religioso se fusiona con Brahman y deja de reencarnar. La salvación, en otras palabras, es la muerte eterna: dejar de existir como alma individual.

Prácticamente todos los hindúes creen que hay muchos caminos a la salvación. Esto es porque asumen que la salvación es una cuestión de percepción, llamada *realización personal*. Dado que la percepción depende del sistema nervioso, realmente hay muchas maneras de alterar la conciencia o la percepción. Es por eso que un gurú típico puede mezclar la meditación con ejercicios físicos (*asanas*), cánticos, drogas y sexo. El camino para alterar la percepción (salvación) es flexible. Un devoto puede separarse del mundo y centrarse en la meditación para conectarse con su alma, o *atman*. Esto se llama *jñāna-marga*, el camino del conocimiento (místico). Otro puede centrarse en el desempeño de funciones. Estos podrían ser deberes rituales, familiares y sociales. Esto se llama *karma-marga*, el camino del deber. Otros más eligen el camino de rendirse a sí mismos a una de los millones de deidades del hinduismo. Una de las deidades más populares es Krishna. Este camino requiere dedicar tiempo a cánticos y canciones. Se llama el camino de la devoción, o *bhakti-marga*.

El hinduismo le da a uno la libertad de crear su propio dios o de elegir uno inventado por los sabios y honrado por la tradición. También te da la libertad de elegir tu camino de salvación. Puede ser el camino de la disciplina intensa (yoga) o de la indulgencia completa (*tantra*). Lo que da unidad a esta diversidad sin restricciones es la veneración de la clase sacerdotal (los brahmanes) y la participación en rituales, fiestas y peregrinaciones a lugares sagrados. Por ejemplo, cada año millones de personas van a bañarse en el río Ganges para tratar de liberarse del mal karma: «Los hindúes creen que los pecados acumulados en vidas pasadas y actuales requieren que continúen el ciclo de muerte y renacimiento hasta que sean purificados. Si ellos se bañan en el Ganges en el día más auspicioso de la fiesta, los creyentes dicen que pueden librarse de sus pecados».[12]

Sin embargo, y de manera trágica, el gobierno de la India admite que el Ganges es uno de los ríos más sucios del mundo. Se ha designado un ministro federal para limpiar los millones de litros de aguas residuales y contaminantes que llegan todos los días a sus aguas. Lejos de limpiar a la gente del pecado o la enfermedad, se considera responsable de los miles, si no de millones, de muertes cada año debido a las enfermedades transmitidas por el agua. Los hindúes educados piensan que, a pesar de toda la evidencia, los mitos sobre la pureza del Ganges persisten porque estos mitos subyacen al sustento de los sacerdotes. Aceptar la verdad puede liberar a la gente, pero los mitos sostienen las «tiendas» religiosas que salpican las orillas del río.

## Choque de valores con Occidente

Las dramáticas implicaciones sociales de las creencias hindúes son evidentes para cualquier visitante imparcial a la India. Ver el sufrimiento como castigo por los males en una vida anterior es condenar a los empobrecidos y oprimidos. Es verlos como criminales cósmicos, pagando su deuda con la sociedad. Esta cosmovisión no motiva a la gente a servir a sus prójimos desafortunados. Las víctimas necesitan soportar su sufrimiento como pago por su mal karma. Esta perspectiva sostiene el tradicional sistema de castas de la India, donde diferentes personas son designadas al nacer para desempeñar un papel particular en la sociedad. Los de la casta inferior tienen la tarea de realizar trabajos serviles e incluso peligrosos. Hoy en día, los conceptos de derechos humanos, caridad y justicia social están desafiando al hinduismo tradicional.

No hace mucho tiempo, la noción de la Biblia de que todas las personas son creadas iguales era ajena al hinduismo. Es por eso que los cambios positivos en la mentalidad tradicional no llegaron a la India gracias al hinduismo, sino al impacto de los misioneros cristianos que arribaron a ese país en el siglo diecinueve. Como aprendimos en el capítulo 6, la influencia de la Biblia y su visión de un Creador racional, que diseñó inteligentemente el universo y luego creó a los seres humanos a Su imagen, produjo la educación, la ciencia y la visión moderna de los seres humanos de que todos fueron creados iguales. Como dijo el intelectual indio Vishal Mangalwadi: «Descubrí por primera vez la Biblia como estudiante en la India. Me transformó como individuo y pronto aprendí que, a diferencia de lo que enseñaban en mi universidad, la Biblia era la fuerza que había creado la India moderna».[13]

El estudio de la ciencia requiere creer en un Dios que trasciende el mundo físico, de modo que Él pudiera crearlo de acuerdo con leyes que pueden estudiarse. Además, las personas necesitan creer que el mundo es real e importante, pues de lo contrario, no existiría la motivación para la investigación científica o para aliviar las necesidades físicas. El pensamiento occidental (basado en la cosmovisión bíblica) tuvo que influir en la India antes de que sus ciudadanos pudieran disfrutar de los frutos de la revolución científica.

Igualmente problemático es el rechazo de la razón y de la lógica en favor de la búsqueda de una felicidad no racional (mística) que ocurre cuando la mente humana rechaza la verdad y la lógica. Los hindúes ortodoxos no traducen sus escrituras más sagradas, los Vedas, del sánscrito al hindi o a otras lenguas indias. Ellos consideran los Vedas como mantras mágicos. Son para los sacerdotes, para ser cantados como la fuente secreta de su poder: un poder mágico liberado a través de rituales correctamente ejecutados. Las escrituras posteriores, como el Mundka Upanishad, explican por qué el estudio de los Vedas no puede conducir a la verdad.[14] En el hinduismo, los credos (palabras con contenido) no son importantes. Hay que meditar en silencio interior para escapar del pensamiento. Esa es la manera de experimentar («*comprender*») un silencio místico que carece de contenido o alegría.

## Involucrando a los hinduistas

El hinduismo y el cristianismo tienen muchos puntos de contacto donde puede comenzar una conversación. El concepto de *karma* puede usarse para ayudarles a entender a los hinduistas la doctrina de la ley de Dios: quebrantar la ley de Dios, no los deberes (*dharma*) asignados a la casta. La diferencia crucial —la buena noticia— es que Jesús sufrió el castigo por nuestros pecados en la cruz. Él quita el pecado, su culpa y su castigo de nuestras vidas.

El hinduismo ve a Jesús simplemente como una de muchas emanaciones (avatares) de Dios, y no como su representación perfecta. De hecho, todas las religiones son vistas como interpretaciones diferentes del absoluto, al igual que los rayos de luz con colores diferentes de un prisma. Los hindúes necesitan reconocer que Jesús afirmó ser la única encarnación de Dios. Él estaba con Dios en la creación, y todo fue creado por medio de Él (Juan 1). El Señor Jesús no enseñó técnicas de meditación para ayudarnos a eliminar nuestra individualidad. Él murió para darnos vida eterna. Recibirlo como nuestro Salvador es crucificar el núcleo pecaminoso de nuestro ser y recibir Su vida resucitada.

La desobediencia voluntaria a Dios (el pecado), y no la ignorancia, es el problema raíz de la humanidad. Nadie, excepto Jesucristo, ha tomado nuestro pecado sobre Él mismo. Él tomó el castigo de nuestro pecado: la muerte. Con Su resurrección, Él conquistó el pecado y la muerte. Por lo tanto, solo Él es el Salvador. El carácter y las enseñanzas de Cristo son distintos y a menudo contradicen las principales enseñanzas hindúes. Es por eso que los dos no pueden ser correctos. Debido a la muerte y resurrección de Jesús, no estamos condenados a pagar nuestras propias deudas kármicas en el ciclo continuo del *samsara*. Este es el mensaje de libertad y liberación que los hindúes necesitan oír a toda costa.

Aunque el mundo es un lugar lleno de corrupción y maldad, nuestro papel no es desprendernos en busca de algún estado meditativo de felicidad, sino involucrar al mundo a través del poder del Espíritu Santo y la verdad liberadora del evangelio. La pobreza que resulta de esta cosmovisión es evidente por sí misma y demuestra que las creencias tienen consecuencias.

## El budismo

Gracias al Dalai Lama, el gobernante teocrático exiliado del Tíbet, Occidente tiene una imagen muy positiva del budismo. En los años 60, las celebridades de Hollywood comenzaron a cortejarlo como su mentor espiritual. Esto creó la imagen actual del budismo como una religión benigna que da una paz interior a través de la meditación, en contraste con las religiones más agresivas que buscan evangelizar a otros o exigir que la sociedad abrace su código moral. Esta concepción occidental del budismo es muy diferente de la forma en que se practica en las tierras budistas, como Tailandia y Japón (donde escribí esta parte del libro).

El budismo, la cuarta religión más grande del mundo, con más de 300 millones de adherentes, surgió en el norte de la India alrededor del año 500 a. de C. con Siddhartha Gautama. Hacia el año 250 a. de C., el budismo se había convertido en la fuerza intelectual y política dominante de la India, expandiéndose hacia el Tíbet, China, Corea, Japón y el Lejano Oriente. Sin embargo, en el siglo catorce, el budismo ya estaba prácticamente extinto en la India, su tierra de origen. Su renacimiento comenzó solamente en 1956.[15]

Siddhartha, el futuro Buda, nació en una familia rica y gobernante. Su padre intentó protegerlo de la miseria del mundo, pero Siddhartha se aventuró en la ciudad y observó la enfermedad, la pobreza, la vejez y la muerte. Esta exposición lo perturbó en gran medida, y él contempló el significado y el remedio del sufrimiento. Muchos años después, experimentó lo que creyó ser la iluminación, donde reconoció las Cuatro Verdades Nobles, que son la piedra angular del budismo:

1. *Dukkham* (Sufrimiento): La vida implica sufrimiento en cada paso.
2. *Samudaya* (Fuente): La fuente del sufrimiento es el deseo o anhelo de lo impermanente (*annica*) y siempre cambiante.
3. *Nirodha* (Cesación): El sufrimiento cesa eliminando todo deseo por lo que es impermanente.
4. *Magga* (Sendero): Seguir el Camino Óctuple elimina el deseo de cosas impermanentes y pone fin al sufrimiento.[16]

El Camino Óctuple puede dividirse en tres categorías. La primera categoría, la *sabiduría*, incluye la comprensión correcta y el pensamiento correcto. Los seguidores deben entender que el mundo es impermanente, y que nuestro yo, a diferencia del hinduismo, no existe (la doctrina de *annata*). La segunda categoría, la *conducta ética*, incluye la palabra correcta, la acción correcta, y la subsistencia correcta. Estas tres directrices implican seguir un código moral similar a los Diez Mandamientos. También incluyen no hablar nunca de manera negativa sobre los demás y elegir una vocación que no viole los principios budistas. Cumplir con estas directrices se logra siguiendo las de la primera categoría. Por ejemplo, reconocer que uno no tiene un yo permite que una persona actúe desinteresadamente. La categoría final, la *disciplina mental*, incluye el esfuerzo correcto, la conciencia correcta y la meditación correcta. Estas implican prevenir que los malos pensamientos entren a la mente, y meditar para obtener la felicidad de la iluminación.

El budismo atrajo a las masas porque era una reacción al hinduismo. Enseñó que la clase sacerdotal (Brahmanes) había inventado dioses caprichosos y sus mitos para aterrorizar y explotar a las personas a través del espiritismo, la astrología, la adivinación y elaborados rituales mágicos, incluso de carácter sexual. Sus dioses exegían el apaciguamiento.

La dificultad era que, habiendo rechazado a Dios, el Buda dudaba de la realidad del alma humana.[17] Tampoco podía ofrecer una explicación creíble para la creación. Puesto que no había ningún dios en el principio, no podría haber ninguna palabra (*logos*), sentido, razón, o lógica en la fuente de la creación. El cosmos de Buda tuvo que comenzar con el Silencio o la Nada, o *Shoonya*, que es la Ignorancia primitiva, llamada *Avidhya*. Todo, incluyendo el intelecto, salió de esa Ignorancia. Por lo tanto, el intelecto no podía ser un medio para discernir la verdad. El pensamiento y la palabra tenían que ser eliminados a través de las psicotecnologías o de la meditación. Este antintelectualismo tuvo consecuencias trágicas.

En la antigua Asia meridional, por ejemplo, el budismo recibió tanto apoyo popular y patrocinio político que construyó *viharas* (monasterios),[18] estatuas maravillosas, esculturas, y monumentos. Algunos de estos *viharas*, como en Taxila (Pakistán) y Nalanda (India), atraían a estudiantes de toda Asia. Eran centros de aprendizaje. Produjeron escritos filosóficos y religiosos, pero eran muy diferentes de los monasterios europeos, como Oxford y Cambridge, que se convirtieron en universidades. Los *viharas* budistas eran conducidos por filósofos brillantes, pero se dedicaron a enseñar cómo vaciar la mente de pensamientos y palabras. Por lo tanto, estas instituciones no produjeron ningún conocimiento útil y perdieron el apoyo popular.

La enseñanza del Buda de que la realidad suprema no era la Sabiduría de Dios (*logos*/palabra), sino *Avidhya* (Ignorancia/Silencio) originó la palabra india para un idiota; *buddhu*: un individuo que no sabe nada.[19] Los estudiantes acudían a estos *viharas* para convertirse en la «Nada», y fueron muchísimos los que tuvieron éxito.

El declive y la desaparición del budismo en la tierra de su nacimiento pueden ocultar su atractivo perenne. El Buda era atrayente porque en aquel entonces, todos experimentaban la vida como sufrimiento. Como afirmó el filósofo inglés Thomas Hobbes, la vida era «solitaria, pobre, desagradable, tosca y breve».[20] Sin embargo, hacer del sufrimiento la Primera Verdad Noble creó problemas importantes.

Para empezar, la sentencia del Buda, *Servam dukkham*, o todo en la vida es sufrimiento, engendró el fatalismo. Los budistas empezaron a pensar que la vida sin sufrimiento era imposible. Nunca hubo un jardín del Edén, y nunca habrá un paraíso. Por lo tanto, uno no debería buscar la vida eterna. La única manera de escapar del sufrimiento es escapar de la vida misma. Ese es el ideal budista de la salvación. Se llama *Nirvana*: cesación de la existencia, es decir, muerte eterna.

Suponiendo que el sufrimiento es el problema principal, se excluye ver el pecado como la causa última del sufrimiento y el dolor. Rechazar a Dios hizo difícil comprender que Él puede amarnos lo suficiente como para venir a este mundo para salvarnos de nuestro pecado.

El objetivo inmediato del Camino Óctuple es eliminar el sufrimiento. Su objetivo final es romper con el ciclo de la reencarnación. Eso requiere eliminar la creencia de tener un alma inmortal o un yo. Una vez que el alma se extingue, el karma no tiene nada a qué aferrarse. Una persona es liberada, al menos en teoría, en el vacío, *Shoonya*, o en la Nada. Eso solo, pensó el Buda, es permanente e inmutable. Después de que el budismo entró en contacto con el cristianismo en el sur de la India y Sri Lanka, se desarrolló una nueva escuela del budismo que creía que algunos que han alcanzado la iluminación (*bodhisattva*) pueden permanecer en el mundo para ayudar a otros a alcanzar la iluminación.[21]

## Respuesta cristiana

Muchas doctrinas del budismo entran directamente en conflicto con el cristianismo. En primer lugar, ven la realidad absoluta como un vacío impersonal. Reconectarse con esa realidad implica negar tu propia existencia, lo cual es completamente absurdo. Una vez que se asume que el «deseo» es la fuente de todos los problemas en el mundo, el camino a la salvación requiere que niegues tu propia humanidad. Exige que suprimas todos los deseos y te liberes completamente del mundo. El Buda renunció a su esposa e hijo para alcanzar la iluminación. En la Biblia, las relaciones familiares y comunitarias reflejan el propio ser de Dios como Trinidad, unidas en un amor perfecto.

El cristianismo enseña que la realidad suprema es un Dios amoroso que creó el mundo como uno bueno. Él hizo nuestras mentes a Su semejanza para que podamos entender el mundo y cuidar de él como los vicerregentes del Creador. El mal y el sufrimiento en el mundo no provienen de nuestro deseo de amarnos unos a otros y de cuidar la creación. Nuestros problemas son el resultado de nuestra rebelión contra Dios y de romper con Su presencia y provisión amorosas. Como tal, el problema no es el deseo en sí mismo, sino los deseos ordenados erróneamente. Una vez que nuestros anhelos más profundos se encuentran en Dios, entonces podemos disfrutar de los placeres y de la belleza en el mundo que Él les da a Sus hijos. Finalmente, la salvación apunta a la reconexión, no a un vacío impersonal, donde estamos extinguidos, sino a Dios, donde encontramos nuestro verdadero yo.

Un segundo contraste está en la persona de Jesús. Los budistas creen que Él es uno de los muchos *bodhisattvas* que vienen a mostrar el camino hacia la iluminación. En contraste, Cristo se reveló a Sí mismo como el camino. Y Él tomó nuestro «*karma*» sobre Él mismo para eliminarlo, ya que ninguna acción que pudiéramos emprender solos podía reconectarnos con la verdad y transformarnos en última instancia. Su resurrección de entre los muertos demostró que Sus palabras son verdaderas y contienen la autoridad suprema.

Un tercer contraste son las perspectivas diferentes sobre la justicia social. Moisés aprendió que la vida no necesita ser esclavitud. Por lo tanto, él renunció al fatalismo y se convirtió en el instrumento de Dios para liberar a los esclavos. Moisés les enseñó cómo la fe y la obediencia le permiten a Dios darles la bienvenida a la Tierra Prometida, fluyendo con leche y miel.

Inicialmente, el budismo atrajo a los indios porque comenzó como una protesta contra un sistema religioso que explotó al hombre común. Los indios perdieron el interés en el budismo cuando vieron que los budistas estaban eliminando el deseo mismo de mejorar este mundo. La imagen por excelencia de un budista fiel es un monje en una montaña, cerrando los ojos al sufrimiento del mundo, mientras medita en busca de una felicidad interior. En cambio, el ideal más elevado para un cristiano incluye siempre alimentar a los pobres, visitar al huérfano y cuidar a la viuda (Santiago 1.27).

El Dalai Lama sigue siendo una celebridad de los medios de comunicación. Sin embargo, no muchos saben que él es el decimocuarto Dalai Lama. Antes de él, otros trece habían «reencarnado» para gobernar el Tíbet como gobernantes religiosos con poderes totalitarios. Sus gobiernos solo traían sufrimiento y supersticiones. No trajeron el reino de la paz y de la libertad. Casi nadie está interesado ahora en restablecer la teocracia budista en el Tíbet. Por lo tanto, el actual Dalai Lama ha anunciado que no reencarnará.[22] Los budistas tibetanos deben elegir democráticamente a su líder religioso. Uno podría añadir que también deben buscar el reino de Dios y su justicia.

## Involucrando a los budistas

Hoy en día, en un campus universitario, es probable que un cristiano se reúna con un compañero que está emocionado por asistir a un retiro de diez días para practicar el *Vipassana*.[23] Esta técnica de meditación fue desarrollada en la India antigua y abandonada en los tiempos medievales. En los años 70, muchos jóvenes la descubrieron en Birmania (actualmente Myanmar) y la llevaron a Estados Unidos.

El Vipassana es lo opuesto al yoga. En el yoga, controlas la respiración para reducir la ingesta de oxígeno. Eso afecta tu sistema nervioso y podría producirte un éxtasis alucinógeno. En el Vipassana, no controlas, sino que «observas» la respiración. Meditas tranquilamente inhalando y exhalando. Ese ritmo se convierte en un mantra, que eventualmente te ayuda a dejar de pensar y a experimentar el vacío: la Nada o *Shoonya*.

Practicar el Silencio durante diez días puede ser una experiencia alucinante para muchos estudiantes, que son adictos a la música, las películas y los dispositivos móviles, además, por supuesto, de estar ocupados con conferencias, discusiones y estudios. Normalmente, hay varios centenares de personas en un retiro, pero nadie está autorizado a hablar con nadie. Puedes escuchar una videoconferencia y reunirte con un mentor, pero no se les anima a los participantes a hacer preguntas filosóficas. El objetivo es vaciar tu mente de pensamientos y preguntas. La conversación individual con un mentor se limita a averiguar «cómo experimentar el silencio interno completo». Los mentores budistas en estos retiros atraen a los estudiantes porque no tienen complejos de su fe, pues no hay Dios, y la mente humana es un producto de la Ignorancia primitiva (*Avidhya*). No puede conocer la verdad ni comunicarla con palabras racionales.

Este contexto ofrece una oportunidad excelente para que los cristianos expliquen a los estudiantes budistas que podemos conocer la verdad porque Dios está ahí y Él no está en silencio. Los padres les enseñan el lenguaje a sus hijos para que los padres, maestros y expertos puedan enseñarles cosas a los niños para que aprendan. Del mismo modo, nuestro Padre celestial hizo nuestras mentes a Su semejanza y nos dio el don del lenguaje para que Él pueda comunicarnos la verdad. Él nos dio el intelecto para que podamos explorar y encontrar la verdad.

Los cristianos a menudo encuentran una serie de desafíos comunes al compartir la fe con un budista. En primer lugar, la visión de que Dios tiene emociones resultará difícil de transmitir, ya que el objetivo de su fe consiste con frecuencia en eliminar las emociones, pues creen que estas los anclan a un yo falso. Incluso la promesa cristiana de la vida eterna será difícil de transmitir, pues el objetivo de los budistas es la extinción del yo. También tendrán dificultad con que Jesús sea el único camino hacia Dios porque ellos sienten que muchos caminos son igualmente válidos. Sin embargo, se pueden utilizar varios puntos de contacto para guiar las conversaciones. En particular, ambas doctrinas reconocen que las personas viven en el engaño, y muchos aspectos de su sentido de sí mismas necesitan cambiar. Ambas reconocen también que el deseo de lo impermanente (por ejemplo, el avance profesional) puede conducir al sufrimiento e incluso a acciones autodestructivas. Y la paz se da a través de la conexión con lo que es permanente y al volcarnos hacia patrones tan beneficiosos como la compasión.

Después de los puntos de discusión en común, la conversación podría pasar a la naturaleza de Dios como la base permanente de la realidad, y como personal y amorosa. Puesto que Dios es una persona, la caída no es simplemente un resultado del deseo, sino de una relación rota, y la salvación se da a través de la reconciliación con Dios para restaurar esa relación. Y la reconciliación fue iniciada por Dios a través de Jesús. Estas verdades conducen naturalmente a la creencia de que los deseos no son malos; debemos buscar el reino de Dios y Su justicia. Nuestros deseos deben estar arraigados en nuestra conexión con Dios porque Él es la fuente de nuestra esperanza, gozo y propósito.

## Resumen

A medida que presentamos el evangelio en la arena pública, debemos luchar por su verdad frente a los desafíos presentados por otras religiones y cosmovisiones. Aunque debemos tratar a las demás con respeto y dignidad, debemos anunciar el mensaje de Cristo con audacia y amor. Cada religión hace afirmaciones sobre la naturaleza de la realidad que deben evaluarse en términos de si las declaraciones deben considerarse como verdaderas o falsas. Esto también es cierto cuando se trata de reclamaciones históricas.

Al mirar con mayor detenimiento las tres religiones más grandes, vemos cuán amplias son las diferencias comparadas con el cristianismo. Cualquiera que diga que «todas las religiones son iguales» es porque no las ha estudiado de cerca. Pueden tener algunas similitudes, pero difieren mucho en términos de describir la naturaleza y el carácter de Dios, la necesidad de la salvación de la humanidad y cómo se logra esa salvación y liberación. La comprensión de estas distinciones te da confianza en cualquier diálogo con alguien con un sistema de creencias diferente.

Antes de abandonar la discusión sobre las religiones del mundo, debemos discutir una de las mayores tragedias de nuestro tiempo, es decir, la persecución de los creyentes cristianos en todo el planeta. En muchas partes del mundo, especialmente en Medio Oriente, los creyentes están siendo martirizados hoy más que en cualquier otra época de la historia. Los ataques han asumido tales proporciones que los medios se han visto obligados a llamar la atención sobre esta injusticia y a presionar a los gobiernos en las naciones donde está ocurriendo esto para preservar el derecho humano básico de los individuos a tener libertad religiosa.

A lo largo de los siglos, los cristianos han estado dispuestos a dar sus vidas por la verdad de sus creencias. Esto está lejos de la locura de los terroristas suicidas, que mueren mientras matan a otros en nombre de su religión. Los cristianos somos llamados a amar a nuestros enemigos y a orar por los que nos persiguen. El testimonio de estos creyentes que sufren debe motivarnos a defender el mensaje del evangelio, independientemente de la oposición.

# CAPÍTULO 8

# ABRE SUS OJOS

## *La necesidad de las palabras*

*Te envío a estos para que les abras los ojos y se conviertan de las tinieblas a la luz, y del poder de Satanás a Dios.*
—HECHOS 26.17, 18

El doctor Ming Wang es uno de los cirujanos oculares más respetados del mundo. Es médico de Harvard y tiene un doctorado en física láser. Ha realizado más de cincuenta y cinco mil procedimientos oculares (cuatro mil de ellos a otros médicos). Su Instituto de Visión Wang ayuda a restaurar la vista a personas de todo el mundo que vuelan a Nashville para buscar su ayuda. La historia de Ming, su traslado a Estados Unidos desde China y su búsqueda de Cristo después de su ateísmo fue ofrecida en el libro *Dios no está muerto* e inspiró un personaje en la película epónima. Los testimonios de las personas a las que ha ayudado él —personas que eran ciegas, pero que después de la cirugía lograron recuperar la vista parcial o totalmente— hablan de verdaderos milagros médicos.[1]

Uno de los ejemplos más poderosos en términos emocionales es el de una niña de Moldavia llamada Maria. Un trastorno genético y la desnutrición severa desde una edad temprana la dejó completamente ciega. Una pareja cristiana de Nashville la conoció en un viaje de misión y la trajo a Estados Unidos para buscar la ayuda del doctor Wang. Su condición médica hacía muy difícil reparar sus ojos deteriorados.

El doctor Wang me explicó que hay dos maneras distintas de restaurar la vista. La primera implica la estructura del ojo. La pregunta aquí es si el mecanismo físico de las diversas partes se puede reparar. El segundo enfoque se refiere a la función. Esto implica siempre ayudar a los recién llegados a comprender lo que están viendo. También requiere la comunicación de otra persona. Él dijo: «Puedo reparar las partes físicas de un ojo dañado, pero la persona no podrá ver correctamente. Tenemos que trabajar con ella a través de la terapia cognitiva para ayudarle a entender lo que está viendo».[2] Las personas pueden aprender a ver por medio de este proceso de reparación de la estructura y la función de la construcción. En otras palabras, si nunca han visto el color rojo, realmente no saben lo que están viendo.

En el caso de Maria, ella pudo recuperar casi el treinta por ciento de su vista como resultado de la cirugía del doctor Wang en la estructura física de sus ojos. Tres años más tarde, el proceso de comunicación que le ayuda a entender lo que está viendo sigue en curso.

La dimensión transcendental de la comunicación para restaurar la vista física de una persona me impresionó como una ilustración viva de la importancia de las palabras para ayudar a los demás a obtener una visión *espiritual.* De hecho, nuestro papel al ayudar a otros a entender el evangelio es indispensable. Hemos sido llamados a ayudar a abrir los ojos de las personas para comprender la realidad de la existencia de Dios y la verdad de la fe cristiana. Hacemos esto diciéndoles palabras a otros, respaldados por un estilo de vida consistente con esta confesión. El apóstol Pablo experimentó una transformación dramática cuando encontró una visión de Jesús resucitado. Él contó lo que le dijo el Señor y el llamamiento que se le estaba dando: «Te envío a estos para que les *abras los ojos* y se conviertan de las tinieblas a la luz, y del poder de Satanás a Dios, a fin de que, por la fe en mí, reciban el perdón de los pecados y la herencia entre los "santificados"» (Hechos 26.17, 18; énfasis añadido).

Pablo dijo que estaba siendo enviado a «abrirles los ojos». No sé por qué pasé por alto el significado de esta frase durante años mientras leía este pasaje. En mi mente, asumí que solo Dios puede abrir los ojos de las personas, así que no comprendí lo que decía el texto. Se le dijo a Pablo que estaba siendo enviado a abrir los ojos de la gente para que pudieran pasar de la oscuridad a la luz. Esto es lo que sucede cuando les contamos a otros acerca del evangelio y ayudamos a responder cualquier pregunta y objeción que les impida ver la verdad del mensaje.

El doctor Wang relató otro ejemplo de una persona que estaba completamente ciega desde su nacimiento y que no tenía ninguna estructura ocular que fuera reparable en absoluto. Sería imposible, salvo un milagro de Dios, hacer algo con respecto a la estructura ausente. Sin embargo, él dijo que la mujer aún poseía lo que él llamaba «un sentido de la vista», porque había recibido una comunicación constante de otros que la ayudaban a relacionar lo que podía tocar y oler con una imagen mental de cómo eran estas cosas. En ambos casos —esta mujer y Maria—, la comunicación con las palabras fue esencial.

# Nuestras palabras pueden ayudar
# a abrir los ojos de la gente

Desafortunadamente, este principio también ocurre en un sentido negativo. Recuerdo que caminaba a casa desde la escuela en tercer grado y un compañero corrió para decirme algo perverso que había oído. Mientras él hablaba, mis ojos se abrieron y mi inocencia terminó casi abruptamente. La forma en que él relató su visión retorcida de la sexualidad me hizo sentir sucio. Él ciertamente abrió mis ojos al mal ese día.

## El conocimiento del bien y del mal

Adán y Eva fueron advertidos para evitar el árbol del conocimiento del bien y del mal. Los escépticos se burlan de la noción de que esta es una historia verdadera. En *Hombre. Mito. Mesías*, expliqué el caso para el Adán y Eva históricos. Quiero enfocarme aquí en la idea de adquirir conocimientos al comer el fruto de un árbol como el mencionado en el libro del Génesis. Aunque no es necesario tratar de forzar algún tipo de literalidad acartonada en el texto, es importante comprender la plausibilidad de las historias.

Escuché recientemente una charla TED que dio un hombre llamado Nicholas Negroponte.[3] Ha hablado más de catorce veces en TED y es considerado uno de los principales futuristas del mundo. En 1984, dio sus predicciones de lo que sucedería en treinta años. Muchas de las cosas que dijo se hicieron realidad. Treinta años después, en 2014, se le pidió que hiciera otra predicción. Lo que dijo sonó como si saliera de la película *The Matrix*, en la que la gente aprende idiomas o *jiujitsu* simplemente tomando una píldora. Negroponte dijo que dentro de los próximos treinta años será posible ingerir conocimientos en forma de píldoras. Esto no es solo una reminiscencia de una película de ciencia ficción; suena similar a lo que sucedió en el registro de los comienzos de la humanidad en Génesis:

La mujer vio que el fruto del árbol era bueno para comer, y que tenía buen aspecto y era deseable para adquirir sabiduría, así que tomó de su fruto y comió. Luego le dio a su esposo, y también él comió. En ese momento *se les abrieron los ojos*, y tomaron conciencia de su desnudez. Por eso, para cubrirse entretejieron hojas de higuera. (Génesis 3.6, 7)

El resultado de comer este fruto prohibido fue que «se les abrieron los ojos», y conocían el bien y el mal. El punto es simplemente este: podemos abrir los ojos de la gente al bien o al mal dependiendo del conocimiento del que les hablemos. Esto puede parecer elemental, pero en tiempos como estos, cuando la gente lo cuestiona todo, necesitamos explicar el hecho básico de que la gente debe escuchar primero el mensaje del evangelio antes de que pueda creer.

## Las palabras son necesarias

Una de las declaraciones más citadas cuando se trata de evangelismo es «Predicar el evangelio y, si es necesario, usar palabras». Esta cita se atribuye a San Francisco de Asís, un monje del siglo trece. La cita sugiere que debemos dejar que nuestras vidas representen el evangelio mientras mantenemos nuestras palabras al mínimo. Este tipo de pensamiento podría ser comprensible para los monjes, que probablemente tomarían votos de silencio y vivirían un estilo de vida ascético, separado del mundo. Pero el hecho es que Francisco no lo dijo. No hay registro de ello. Ningún biógrafo lo registra, ni se encuentra nada parecido en los registros de la vida y las palabras de Francisco. Más importante aún, él era un predicador itinerante que estaba muy comprometido en llevar el evangelio a las multitudes:

Por lo general, predicaba los domingos, dedicando los sábados por la noche a la oración y la meditación, reflexionando sobre lo que le diría a la gente al día siguiente. Pronto tomó el ministerio itinerante, a veces predicando hasta en cinco aldeas al día, a menudo al aire libre. En el campo, Francisco hablaba a menudo desde un fardo de paja o desde la puerta de un granero. En la ciudad, se subía a una caja o a los escalones de un edificio público. Predicó a los siervos y a sus familias, así como a terratenientes, mercaderes, mujeres, funcionarios y sacerdotes, a todos los que se reunían para escuchar al extraño pero fogoso predicador de Asís.[4]

Sus propias acciones demostraron la importancia de predicar el evangelio, usando definitivamente palabras. La idea de que la gente deje de hablar de alguna manera es profundamente problemática en una variedad de maneras. Para comenzar, el evangelio es una buena noticia. El hecho mismo de que se denomine *noticia* indica que se trata de un mensaje que es anunciado. ¿Qué absurdo sería decir: «Publicar periódicos, y si es necesario, imprimir palabras»? El evangelio es un mensaje que debe compartirse con los demás, como afirmó el misionero Ed Stetzer:

El evangelio es la declaración de algo que realmente sucedió. Y puesto que el evangelio es la obra salvadora de Jesús, no es algo que podamos hacer, pero es algo que debemos anunciar. Vivimos sus implicaciones, pero si queremos hacer que el evangelio sea conocido, lo haremos a través de las palabras.[5]

Podría ser nada menos que una estrategia del mismo Satanás para convencer a la gente de que las palabras no estuvieran en el centro de la comunicación. El apóstol Pablo dijo a los creyentes en Tesalónica que las autoridades religiosas que se oponían a él eran motivadas por el maligno.

Estos mataron al Señor Jesús y a los profetas, y a nosotros nos expulsaron. No agradan a Dios y son hostiles a todos, pues procuran impedir que prediquemos a los gentiles para que sean salvos. Así en todo lo que hacen llegan al colmo de su pecado. Pero el castigo de Dios vendrá sobre ellos con toda severidad.

Nosotros, hermanos, luego de estar separados de ustedes por algún tiempo, en lo físico, pero no en lo espiritual, con ferviente anhelo hicimos todo lo humanamente posible por ir a verlos. Sí, deseábamos visitarlos —yo mismo, Pablo, más de una vez intenté ir—, pero Satanás nos lo impidió. (1 Tesalonicenses 2.15–18)[6]

El mayor nivel de lo que se llama *guerra espiritual* tiene lugar alrededor de la predicación de la Palabra de Dios. Cuando el evangelio es predicado, la gente cree. Si la gente nunca escucha el evangelio, nunca conocerá el don de la vida eterna que se les ha proveído. Fue debido a que los primeros apóstoles y cristianos predicaron abiertamente el evangelio que fueron perseguidos. Si los apóstoles hubieran participado simplemente en hechos de benevolencia y no hablaran sobre la verdad del evangelio, sin duda habrían vivido más años. Cuando fueron amenazados por las autoridades para cesar y desistir de todas sus actividades evangelísticas, «Pero Pedro y Juan replicaron: —¿Es justo delante de Dios obedecerlos a ustedes en vez de obedecerlo a él? ¡Júzguenlo ustedes mismos! Nosotros no podemos dejar de hablar de lo que hemos visto y oído» (Hechos 4.19, 20).

Dios ha escogido el mensaje de la salvación para que sea comunicado con palabras. El mismo Jesús fue llamado la Palabra. Pablo entendió esto desde el principio, cuando fue dramáticamente llamado por Dios en el camino a Damasco (Hechos 9). Aunque tuvo una visión del Cristo resucitado, necesitaba escuchar el evangelio por parte de alguien. Ananías fue enviado a hablarle y a bautizarlo.

## La fe llega luego de oír

La importancia de usar palabras para comunicar el evangelio era tan urgente que Pablo les escribió a los romanos:

No hay diferencia entre judíos y gentiles, pues el mismo Señor es Señor de todos y bendice abundantemente a cuantos lo invocan, porque «todo el que invoque el nombre del Señor será salvo». Ahora bien, ¿cómo invocarán a aquel en quien no han creído? ¿Y cómo creerán en aquel de quien no han oído? ¿Y cómo oirán si no hay quien les predique? ¿Y quién predicará sin ser enviado? Así está escrito: «¡Qué hermoso es recibir al mensajero que trae buenas nuevas!» Sin embargo, no todos los israelitas aceptaron las buenas nuevas. Isaías dice: «Señor, ¿quién ha creído a nuestro mensaje?» Así que la fe viene como resultado de oír el mensaje, y el mensaje que se oye es la palabra de Cristo». (Romanos 10.12–17)

Vuelve y lee despacio este pasaje. Pablo hizo una serie de preguntas retóricas. La pregunta clave es: *¿cómo pueden creer en alguien de quien no han oído?* La mayoría de la gente se ha formado una opinión sobre la existencia de Dios y sobre la verdad de la fe sin conocer todos los hechos. Esta es la razón por la cual debemos enfatizar que el evangelio no es solo una verdad pública, sino que oírlo se debe considerar como un derecho humano fundamental. Una y otra vez, les digo a los escépticos que son libres de creer o no en el mensaje, pero que deberían al menos oírlo antes de decidir. Es una tontería rechazar una caricatura del evangelio en lugar de lo real.

Como vimos en el capítulo 2, el evangelio es una verdad pública, no privada. Cuando no conseguimos hablar clara y audazmente, estamos en peligro de negar la misma cosa que Cristo nos llamó a hacer, como señaló Stetzer:

El apóstol Pablo resumió el evangelio como la vida, la muerte y la resurrección de Jesucristo, por quien el pecado es expiado, los pecadores son reconciliados con Dios, y la esperanza de la resurrección espera a todos los que creen.

El evangelio no es hábito, sino historia. El evangelio es la declaración de algo que realmente sucedió.[7]

Esto no significa que nuestras acciones no sean importantes. Con esta comprensión de la necesidad de palabras firmemente entendidas, podemos discutir ahora la importancia de nuestras acciones en términos de vivir la vida de un verdadero discípulo de Cristo y servir a otros como una demostración de Su amor y misericordia.

## Nuestras acciones impactan el mensaje

De todas las objeciones al cristianismo, las dos más comunes y evocadoras son el problema del sufrimiento y la hipocresía de quienes se describen a sí mismos como cristianos.

Esto último fue sin duda un obstáculo para mí. La mayoría de las personas que conocía y que se llamaban a sí mismas cristianas no tenían ninguna diferencia visible en sus vidas en comparación con la mía, o con cualquier otra persona, si viene al caso. Las consecuencias de las fechorías cometidas por quienes profesan ser cristianos, pero no se comportan en consecuencia, perduran durante cientos de años. Para algunos, las Cruzadas del siglo once siguen siendo razones válidas para rechazar el mensaje del evangelio.

Sin embargo, aunque no hay excusa para ningún tipo de violencia cometida en nombre de Cristo, debemos ser coherentes lógicamente, e históricamente justos. Jesús fue el principal crítico de la hipocresía religiosa y la duplicidad, y lanzó las advertencias más fuertes sobre los juicios que les esperan a dichas acciones. Uno de los primeros pasajes que leo en las Sagradas Escrituras acerca de esto condena a los que hacen obras poderosas en el nombre del Señor, pero aún no lo conocen:

> No todo el que me dice: «Señor, Señor», entrará en el reino de los cielos, sino solo el que hace la voluntad de mi Padre que está en el cielo. Muchos me dirán en aquel día: «Señor, Señor, ¿no profetizamos en tu nombre, y en tu nombre expulsamos demonios e hicimos muchos milagros?» Entonces les diré claramente: «Jamás los conocí. ¡Aléjense de mí, hacedores de maldad!». (Mateo 7.21–23)

Pablo reprendió fuertemente a los religiosos por fuera, pero corruptos por dentro, acusando a cualquier testigo del evangelio cuya credibilidad está marginada por acciones no cristianas. Sus palabras deberían hacer temblar a cualquiera al pensar en la causa de la falta de fe de alguien:

> Que estás convencido de ser guía de los ciegos y luz de los que están en la oscuridad, instructor de los ignorantes, maestro de los sencillos, pues tienes en la ley la esencia misma del conocimiento y de la verdad; en fin, tú que enseñas a otros, ¿no te enseñas a ti mismo? Tú que predicas contra el robo, ¿robas? Tú que dices que no se debe cometer adulterio, ¿adulteras? Tú que aborreces a los ídolos, ¿robas de sus templos? Tú que te jactas de la ley, ¿deshonras a Dios quebrantando la ley? Así está escrito: «Por causa de ustedes se blasfema el nombre de Dios entre los gentiles». (Romanos 2.19–24)

Este pasaje no debería dejar ninguna duda de que las malas acciones pueden desacreditar las palabras que les comunicas a otros. El pensamiento alentador al considerar esta grave realidad de la hipocresía es el efecto poderoso que un verdadero seguidor de Cristo puede tener en los demás. Para mí, ese creyente verdadero fue un compañero de clase universitario cuyo estilo de vida piadoso se destacaba como una luz en la oscuridad y demostró que aún era posible que un cristiano del siglo veinte viviera de la manera en que lo hicieron los cristianos en el primer siglo. Debido a su ejemplo, determiné que necesitaba entregar mi vida por completo a Cristo si yo iba a ser un estímulo para los demás en lugar de una piedra en su zapato. No es un cliché decir que «por la gracia de Dios» es posible. En el capítulo 10, discuto el misterio de la piedad, mirando más de cerca cómo podemos vivir de una manera que sea honorable en medio de una «generación maligna y perversa». (Filipenses 2.15, RVR60).

## Señales y maravillas

El evangelio fue confirmado en el Nuevo Testamento por señales y maravillas. Hubo sanidades milagrosas y respuestas a la oración. Porque Dios existe, Él puede entrar en la historia y actuar en nombre de la humanidad en respuesta a la oración. Estos tipos de signos de confirmación están ocurriendo en todo el mundo. Ya se trate de experiencias cercanas a la muerte (como hemos discutido en el capítulo 4) o de visiones de Jesús siendo visto a través del mundo musulmán, hay evidencias abrumadoras de que Dios está obrando en la tierra tanto o más de lo que lo hizo Él durante los tiempos en que las Sagradas Escrituras fueron redactadas. De hecho, la Biblia confirma que las promesas de sanidad siguen siendo válidas hoy en día. Se dice que Jesús es «el mismo ayer y hoy y por los siglos». (Hebreos 13.8).

A lo largo de los años, las historias de respuestas sobrenaturales a la oración son demasiadas para descartarlas. En *Hombre. Mito. Mesías*, dediqué todo un capítulo a los milagros. Resalté la obra del doctor Craig Keener, que narra las pruebas de los milagros en tiempos modernos. Keener, profesor del Seminario Asbury, es considerado uno de los principales estudiosos del Nuevo Testamento en el mundo y confirma que la promesa bíblica para la sanidad y las respuestas sobrenaturales a la oración están disponibles hoy para nosotros. De hecho, nuestra confianza no está en una respuesta a nuestras oraciones o a si alguien es sanado o no. Nuestra confianza está en la muerte, sepultura y resurrección de Cristo. Ese evento ayudó a ofrecer el milagro más grande que una persona puede recibir: el don de la vida eterna.

## Evangelismo siervo

Una de las confirmaciones más efectivas de la verdad del evangelio es el servicio y el amor que demostramos como creyentes unos a otros y al mundo que nos rodea. Como mencioné en el capítulo 3, la iglesia ha sido la fuente de muchas cosas buenas que han bendecido a la humanidad; desde hospitales, orfanatos, universidades y educación en general, hasta los esfuerzos de socorro en situaciones de crisis, y mucho más. En un nivel muy individual y práctico, todos podemos hacer una gran diferencia simplemente mostrando amabilidad y consideración a través de actos de bondad.

A veces los hechos que causan un impacto son tan pequeños y aparentemente insignificantes que pueden ser descartados en nuestras mentes por tener un impacto intrascendente en otros. Nada más lejos de la verdad. Uno de los hombres que ha causado un gran impacto en el mundo al destacar esta importante verdad es Steve Sjogren (pronunciado *show grin*). Su libro *Conspiracy of Kindness* [La conspiración de la amabilidad] ayudó a poner en marcha lo que llegó a ser conocido como el evangelismo siervo. Miles de iglesias y millones de creyentes han ayudado a demostrar el amor de Dios y la verdad del evangelio simplemente sirviendo a los demás en una multitud de formas útiles. He estado con Steve cuando él entraba a los bares y le preguntaba al encargado si le permitía limpiar el inodoro.

La mirada en la cara del hombre cuando Steve explicó sus intenciones no tenía precio. Él decía: «Solo queremos mostrarte el amor de Dios de una manera práctica».

En otros casos, Steve llevaba a los cristianos a sus comunidades a realizar una variedad de proyectos de servicio comunitario. La cantidad de horas donadas libremente cada año por los cristianos en el servicio comunitario a las ciudades y barrios alrededor del mundo se estima en millones, y esto haciendo cálculos conservadores. La mayoría de ellos lo hacen simplemente para seguir el ejemplo de Cristo de servir a otros. Dios usa los esfuerzos colectivos de millones de creyentes para demostrar diariamente el poder y la prioridad que merece el evangelio. En vista de ello, es impactante ver la resistencia a ese mensaje de esperanza y los beneficios consiguientes para la humanidad. Sin embargo, esto se debe al conflicto espiritual que se centra en el fomento del evangelio.

## Un conflicto espiritual muy real

Cuando se trata de abrir los ojos de la gente, hay muchas preguntas que los incrédulos tienen acerca de Dios y de las cosas espirituales, así como muchas verdades importantes que necesitan explicarse. Prácticamente en todas las conversaciones con un incrédulo, paso tiempo haciendo preguntas y escuchando atentamente las respuestas de la persona para poder captar las áreas donde hay confusión, duda, o simplemente falta de conocimiento.

Después de tener estas conversaciones durante años, me he dado cuenta de lo comunes que son las objeciones intelectuales. Con un poco de esfuerzo, podemos ayudar a los incrédulos a lidiar con las especulaciones y engaños que son tan frecuentes en sus argumentos.

Más allá de abordar los argumentos intelectuales y emocionales de los no creyentes, hay otra consideración que debemos tomar en serio. Las Sagradas Escrituras explican la importancia de lidiar con el conflicto espiritual que se evidencia en muchos argumentos: «Pero, si nuestro evangelio está encubierto, lo está para los que se pierden. El dios de este mundo ha cegado la mente de estos incrédulos, para que no vean la luz del glorioso evangelio de Cristo, el cual es la imagen de Dios» (2 Corintios 4.3, 4).

Cuando alguien ha sido cegado por el engaño espiritual, necesitamos orar por la sabiduría, así como por Dios para que retire las obstrucciones de la mente de un incrédulo. Si estamos dispuestos, Dios nos usará para ayudar a abrir los ojos de otros a Su existencia y a la credibilidad del evangelio. La verdad de Dios es como un bisturí afilado que nos ayuda a ayudar a otros. *Debemos ser conscientes siempre de que no estamos en una guerra con la gente.* Estamos en una guerra espiritual contra el evangelio, en nombre de aquellos que necesitan oírlo. Tener esta mentalidad nos impide enojarnos con aquellos que no creen o que son resistentes o antagónicos a cualquier esfuerzo evangelístico. Esto nos debería acercar cada vez más a Dios en la oración mientras nos embarcamos en cualquier esfuerzo para ayudar a otros a venir a Cristo.

> Pues aunque vivimos en el mundo, no libramos batallas como lo hace el mundo. Las armas con que luchamos no son del mundo, sino que tienen el poder divino para derribar fortalezas. Destruimos argumentos y toda altivez que se levanta contra el conocimiento de Dios, y llevamos cautivo todo pensamiento para que se someta a Cristo. (2 Corintios 10.3–5)

Las especulaciones y las dudas pueden entrar sutilmente a nuestras mentes y muchas veces no son detectadas. En otros casos, puede haber un trauma o dolor dramático que puede hacer que la visión espiritual de alguien se pierda o se deteriore. Independientemente de cómo suceda, el resultado final es una ceguera a la verdad del evangelio.

Como discutiremos con más detalle en el próximo capítulo, existe una asociación vital entre nosotros y el Espíritu Santo en comunicar la verdad a los incrédulos. En última instancia, Dios es el que abre los ojos de la gente. Él podría hacer ciertamente esto sin nosotros, pero ha elegido involucrarnos en esta gran misión. En cierto modo, necesitamos que nuestros ojos se abran al poder de Dios y a Su Palabra para poder entrar a cualquier situación con la confianza de que la verdad es más grande que cualquier mentira.

## Debemos abrir nuestros ojos

Todas las cosas incluidas en este libro son obviamente verdades importantes que la gente necesita entender. He tratado de cubrir las áreas clave que la mayoría de la gente no ha considerado cuando se les muestra el evangelio. Estas son las verdades que paso mucho tiempo explicando en detalle cuando compartimos el mensaje de Cristo con los demás. Aunque estoy profundamente preocupado por involucrar a los incrédulos, me he dado cuenta de que muchos creyentes también necesitan abrir sus ojos. La guerra espiritual que mencioné no es solo alrededor de los incrédulos y escépticos, sino también de los «creyentes incrédulos». Esto puede ser chocante y desalentador para cualquiera que intente formar y movilizar a otros para participar en lo que ha sido llamada la Gran Comisión entregada por Jesús:

Los once discípulos fueron a Galilea, a la montaña que Jesús les había indicado. Cuando lo vieron, lo adoraron; pero algunos dudaban. Jesús se acercó entonces a ellos y les dijo: —Se me ha dado toda autoridad en el cielo y en la tierra. Por tanto, vayan y hagan discípulos de todas las naciones, bautizándolos en el nombre del Padre y del Hijo y del Espíritu Santo, enseñándoles a obedecer todo lo que les he mandado a ustedes. Y les aseguro que estaré con ustedes siempre, hasta el fin del mundo. (Mateo 28.16–20)

Cuando consideras que el Dios que creó el universo se convirtió en un hombre en Jesucristo y sufrió y murió por los pecados del mundo, no podría haber mayor misión o causa que contar a otros acerca de estos acontecimientos trascendentales. Si el evangelio es cierto, debería impulsar y cautivar entonces a todos en términos de encontrar maneras de contárselo a los demás. Si no es cierto, es entonces una distracción cruel de las necesidades reales y las luchas de nuestras vidas o el resto de la preocupación de la humanidad.

Por eso estoy hablando del evangelio como el derecho humano por excelencia. Cuando lo enmarco en este lenguaje, casi puedo ver los ojos de la gente abrirse a la urgencia y prioridad que merece el mensaje. Luego, cuando empiezan a aprender sobre la verdad, la realidad del alma, el evangelio como verdad pública y los otros temas vitales, se dan cuenta de que las afirmaciones del evangelio son verdaderas y defendibles en la arena pública. También está la comprensión de que deben prepararse.

En los últimos años ha habido un resurgimiento de lo que se llama apologética cristiana. El término *apologética* proviene de la palabra griega *apologia* y significa «hacer una defensa». Este encargo nos es dado por el apóstol Pedro, que tiene la dudosa distinción de negar a Cristo tres veces en la noche antes de Su crucifixión. Pedro recapacitó y se convirtió en uno de los grandes defensores de la fe, tanto que hoy buscamos sus palabras para guiarnos en esta cuestión importante de compartir con confianza el evangelio:

Y a ustedes, ¿quién les va a hacer daño si se esfuerzan por hacer el bien? ¡Dichosos si sufren por causa de la justicia! «No teman lo que ellos temen, ni se dejen asustar». Más bien, honren en su corazón a Cristo como Señor. Estén siempre preparados para responder a todo el que les pida razón de la esperanza que hay en ustedes. Pero háganlo con gentileza y respeto, manteniendo la conciencia limpia, para que los que hablan mal de la buena conducta de ustedes en Cristo se avergüencen de sus calumnias. (1 Pedro 3.13–16)

Hay muchas cosas que debemos tener en cuenta en este pasaje. En primer lugar, no debemos asustarnos ante ninguna amenaza externa. Como vimos en el capítulo 7, existe un peligro real al compartir a Cristo, especialmente en ciertas partes del mundo. Incluso en Occidente, donde tal vez no haya un peligro físico, podemos perder nuestros empleos o reputación cada vez que nos atrevemos a defender la verdad. Yo estaba en una reunión con educadores cristianos cuando un profesor importante en una denominación principal nos dijo que casi pierde su trabajo por explicar, en respuesta a una pregunta, que el matrimonio es entre un hombre y una mujer.

De hecho, la verdad ha tropezado en las calles. Es por eso que la Biblia nos dice, en segundo lugar, estar preparados para dar una respuesta (*apologia*) a todo aquel que quiera conocer las razones de nuestra esperanza. Esto subraya el hecho de que debemos tener una fe respaldada por la razón y la evidencia.

En tercer lugar, Pedro nos dice que debemos decir la verdad con gentileza y respeto. Si piensas en la metáfora de abrirles los ojos a la gente, es bueno recordar lo corteses que debemos ser al tratar con esas áreas sensibles. Si alguna vez has visitado al oftalmólogo para un examen, sabes la manera tan lenta y cuidadosa en que trata tus ojos. Evita hacer cualquier movimiento imprudente o descuidado cerca de tus ojos. Trato de recordar esto cuando hablo con otros e intento abrir sus ojos. No hay sustituto para este tipo de comportamiento cuando tratas con otros.

Finalmente, Pedro relaciona nuestro comportamiento con la defensa verbal de nuestra fe. Nos dice que debemos mantener una conciencia limpia y modelar un buen comportamiento que silencie las acusaciones de los que se oponen al mensaje.

## Cerrar nuestros ojos intencionalmente

Una de las primeras lecciones que aprendí en los Evangelios es la parábola del sembrador y la semilla. Es referenciada por tres de los cuatro evangelistas (Mateo, Marcos y Lucas). En la parábola, Jesús contó acerca de un granjero que sale a sembrar su semilla y las aves vienen inmediatamente del aire a comer la semilla. Jesús explicó esto como una imagen de Satanás que viene a robar la Palabra de Dios sembrada en el corazón de las personas. También dijo que algunas personas simplemente no estaban dispuestas a abrir los ojos, independientemente de la evidencia:

> Sus discípulos le preguntaron cuál era el significado de esta parábola. «A ustedes se les ha concedido que conozcan los secretos del reino de Dios —les contestó—; pero a los demás se les habla por medio de parábolas para que
>
> » "aunque miren, no vean;
>
> aunque oigan, no entiendan".
>
> »Este es el significado de la parábola: La semilla es la palabra de Dios. Los que están junto al camino son los que oyen, pero luego viene el diablo y les quita la palabra del corazón, no sea que crean y se salven». (Lucas 8.9–12)

Jesús habló de esta batalla espiritual y confirmó el foco de los esfuerzos del enemigo. El epicentro mismo de la batalla es la Palabra de Dios y la capacidad de una persona para entenderla y creer en ella. Es por eso que he trabajado para ayudarte a entender por qué la Biblia es verdadera y digna de confianza. Si la palabra es despojada del corazón y de la mente de una persona, se pierde entonces la base para la fe.

Dentro de esta parábola, Jesús hizo referencia al profeta Isaías más de seiscientos años atrás. Isaías fue comisionado en un tiempo de agitación política y espiritual; entonces se le encargó la difícil tarea de hablar con personas que no tenían ojos para ver ni oídos para escuchar su mensaje:

«Entonces oí la voz del Señor que decía: —¿A quién enviaré? ¿Quién irá por nosotros?

Y respondí: —Aquí estoy. ¡Envíame a mí!

Él dijo: —Ve y dile a este pueblo:
»"Oigan bien, pero no entiendan;
miren bien, pero no perciban".
Haz insensible el corazón de este pueblo;
embota sus oídos
y cierra sus ojos,
no sea que vea con sus ojos,
oiga con sus oídos,
y entienda con su corazón,
y se convierta y sea sanado». (Isaías 6.8–10)

La advertencia que recibió Isaías se aplica hoy a nosotros. Muchas personas simplemente no quieren ver. Jesús insistió en esto en Su explicación de la parábola, tal como lo hizo el apóstol Pablo al final del libro de los Hechos:

Señalaron un día para reunirse con Pablo, y acudieron en mayor número a la casa donde estaba alojado. Desde la mañana hasta la tarde estuvo explicándoles y testificándoles acerca del reino de Dios y tratando de convencerlos respecto a Jesús, partiendo de la ley de Moisés y de los profetas. Unos se convencieron por lo que él decía, pero otros se negaron a creer. No pudieron ponerse de acuerdo entre sí, y comenzaron a irse cuando Pablo añadió esta última declaración: «Con razón el Espíritu Santo les habló a sus antepasados por medio del profeta Isaías diciendo:

»"Ve a este pueblo y dile:
'Por mucho que oigan, no entenderán;
    por mucho que vean, no percibirán'"». (Hechos 28.23–26)

Después de hablar todo el día con estas personas, Pablo comprendió que simplemente se negaban a ver algo que desafiara sus creencias. A continuación, citó las mismas palabras de Isaías que mencionó Jesús. Después, Pablo alquiló una casa y comenzó a ministrar a cualquiera que estuviera dispuesto a escuchar. Hasta el día de hoy, él modela el hecho de que incluso si algunos no están dispuestos a escuchar, muchos otros lo harán. Es por eso que debemos estar dispuestos a perseverar a través de todas las complejidades que puedan surgir al tratar de ayudar a otros a captar el evangelio y ser transformados por su mensaje.

Debemos estar dispuestos incluso a sufrir el rechazo en nuestros esfuerzos por ayudar a los demás. El rechazo es una maldición horrible que nos hace huir de las cosas que debemos hacer. Por cada historia alentadora que yo podría contar, hay otras dos que no resultaron tan bien. Si hay algo que he aprendido es a perseverar. Cada encuentro con un individuo es una oportunidad para empezar de nuevo y tomar lo que he aprendido de los encuentros pasados y, con suerte, no cometer los mismos errores.

## No confíes siempre en lo que veas

No estoy tratando de hablar como un místico (como un caballero Jedi en *La guerra de las galaxias*), pero nuestros ojos pueden engañarnos al juzgar mal el impacto de nuestras palabras en los demás. He hablado con personas que parecían estar visiblemente conmovidas por el evangelio, pero luego descubrí que realmente era algo temporal. Todos los signos indicaban que sus ojos se abrían, pero al final resultó ser una respuesta emocional pasajera.

Por otro lado, hay quienes no dan ninguna indicación de que lo que estás diciendo los impacte, pero la verdad en realidad está calando profundamente en sus corazones y mentes. En realidad no podría contar el número de personas que me han dicho que lo que les dije los estaba obligando a retirarse y reflexionar sobre las implicaciones para sus vidas. Muchas veces esos son los tipos de decisiones que resultan genuinas y duraderas para Cristo. Una vez más, el profeta Isaías habló de esto:

> Del tronco de Isaí brotará un retoño;
>> un vástago nacerá de sus raíces.
> El Espíritu del Señor reposará sobre él:
>> espíritu de sabiduría y de entendimiento,
>> espíritu de consejo y de poder,
>> espíritu de conocimiento y de temor del Señor.
> Él se deleitará en el temor del Señor;
> no juzgará según las apariencias,
>> ni decidirá por lo que oiga decir. (Isaías 11.1–3)

Esto significa que debemos centrarnos simplemente en ministrar el evangelio y dejarle los resultados finales a Dios. Nuestra vocación de contarles las buenas nuevas a los demás no depende de si ellos responden o no.

## Integrando la alegría y el evangelismo

El encargo de abrir los ojos de la gente suena desalentador, pero puede convertirse rápidamente en la alegría y el deleite de tu vida. Hay más alegría en el cielo para un pecador que se arrepiente que para más de noventa y nueve que no necesitan arrepentimiento (Lucas 15.7). Cuando Jesús envió a los setenta y dos discípulos, «regresaron con alegría» a lo que había sucedido (Lucas 10.17). Cuando Jesús escuchó sus historias, las Sagradas Escrituras dicen que Él estaba lleno de alegría. Su respuesta merece leerse en su totalidad:

En aquel momento Jesús, lleno de alegría por el Espíritu Santo, dijo: «Te alabo, Padre, Señor del cielo y de la tierra, porque habiendo escondido estas cosas de los sabios e instruidos, se las has revelado a los que son como niños. Sí, Padre, porque esa fue tu buena voluntad.

»Mi Padre me ha entregado todas las cosas. Nadie sabe quién es el Hijo, sino el Padre, y nadie sabe quién es el Padre, sino el Hijo y aquel a quien el Hijo quiera revelárselo».

Volviéndose a sus discípulos, les dijo aparte: «Dichosos los ojos que ven lo que ustedes ven. Les digo que muchos profetas y reyes quisieron ver lo que ustedes ven, pero no lo vieron; y oír lo que ustedes oyen, pero no lo oyeron». (Lucas 10.21–24)

El llamado a contarles a otros sobre el derecho humano por excelencia proporcionado en el mensaje de la muerte, sepultura y resurrección de Jesucristo, junto con todas las implicaciones increíbles —como recibir el perdón de los pecados y la vida eterna—, será una fuente inagotable de alegría para todos los involucrados. Somos capaces de ver que hoy suceden las cosas que los profetas de la antigüedad, como Isaías, anhelaban ver. Es mi trabajo como evangelista y apologista (junto con otros que tengan estos dones) ayudar a preparar a los creyentes para esta tarea impresionante.

Se han desarrollado varias herramientas que pueden ayudarte de manera significativa para entablar conversaciones con personas y ayudarlas a abrir los ojos al glorioso evangelio de Cristo. Una de estas herramientas es la Prueba de Dios (para una descarga gratuita, visite la página http://www.thegodtest.org/get-the-app/). La encuesta se ha utilizado en más de 170 países, y las respuestas de las personas se registran y evalúan anónimamente. El impacto de esta herramienta evangélica ha sido realmente extraordinario. Miles de cristianos que nunca han compartido su fe con otros han usado la Prueba de Dios y experimentado la alegría de ayudar a otros con asuntos relacionados con la fe, el escepticismo y el significado de la vida.

De conformidad con el tema de este libro, también hemos desarrollado la Encuesta del Derecho Humano. Esta herramienta está incluida en la aplicación Prueba de Dios, o puedes solicitar una copia impresa en EngageResources.org. Ambas encuestas comprenden preguntas que facilitan una discusión. Ambas requieren un poco de preparación para asegurarte de poder responder con credibilidad a cualquier pregunta que puedas recibir. Uno de los aspectos integrados de ambas encuestas es que no hay obligación de responder con respuestas. Como mínimo, el simple hecho de hacer las preguntas y luego escuchar puede sembrar semillas en los corazones y en las mentes de los incrédulos.

Por cierto, uno de mis respaldos favoritos de la Prueba de Dios es el de un pastor de un campus en Polonia, llamado Przmek Sielatycki (su nombre se pronuncia «shimek»). Él dijo: «La prueba de Dios integró de nuevo la alegría y el evangelismo».

## Resumen

Se nos ha dado la oportunidad de ayudar a abrir los ojos de la gente a la realidad de la existencia de Dios y a la veracidad del evangelio, y no nos atrevemos a ignorarla. Creer que el hecho de conocer a Jesucristo es un derecho humano fundamental nos motiva a contarles a tantas personas acerca de Él como podamos.

Esto comienza con nuestro anuncio y proclamación del mensaje del evangelio. El simple hecho de realizar actos de bondad no es lo mismo que compartir el evangelio. Debemos confiar e involucrar respetuosamente a otros con la verdad. Esto parece muy obvio, pero ha habido una tendencia inquietante de distorsión que sugiere que la comunicación del mensaje no es tan importante como servir a los demás y vivir una vida delante de ellos que modele el carácter y los valores cristianos. Por supuesto, esto último debe hacerse, pero no al costo de no compartir las buenas noticias *como noticias*.

Nosotros los creyentes también necesitamos tener nuestros propios ojos abiertos a los campos para cosechar la oportunidad. Jesús dijo, «La cosecha es abundante, pero son pocos los obreros» (Mateo 9.37). Luego les dijo a Sus discípulos que levantaran sus ojos y vieran que los campos estaban maduros para la cosecha (Juan 4.35). Esta metáfora no significa mucho para aquellos de nosotros que no vivimos en una sociedad agraria. No entenderíamos la oportunidad o urgencia de dicha situación. Cuando comprendemos lo que está en juego si nos negamos a contarles a los demás, en cierto sentido estamos cerrando intencionalmente nuestros ojos y oídos al llamado de Cristo. Cuando el proyecto del Derecho Humano fue lanzado por primera vez en Cincinnati ante quince mil jóvenes, Heath Adamson, que era el líder juvenil nacional de las Asambleas de Dios en esa época, dijo: «El silencio es el enemigo de la verdad». Esto es simplemente porque la verdad es un derecho humano y contiene el poder de liberar a la humanidad.

# CAPÍTULO 9

# EL MINISTERIO DE LA RECONCILIACIÓN

## *Sanando un mundo fracturado*

*Todo esto proviene de Dios, quien por medio de Cristo nos reconcilió consigo mismo y nos dio el ministerio de la reconciliación.*

—2 CORINTIOS 5.18

En junio de 1967, Israel libró una guerra contra tres países vecinos: Egipto, Siria y Jordania. Nasser, el presidente de Egipto, había prometido borrar a Israel de la faz de la tierra y procedió a poner en marcha una cadena de acontecimientos que conducirían a la guerra. Debido a que las fuerzas combinadas de estas naciones árabes eclipsaban a las fuerzas de Israel en número y en fuerza, parecía que los israelíes tenían pocas posibilidades de sobrevivir. Sin embargo, en una de las batallas más notables de la historia, Israel prevaleció en solo seis días. Israel logró expulsar a los sirios de los Altos del Golán en el norte y a los jordanos de la Ribera Occidental y de la Ciudad Antigua de Jerusalén. Por primera vez desde los tiempos de Cristo, Jerusalén —y, lo que es más importante, el Muro Occidental— volvió a estar bajo el control de la nación de Israel. La revista *New Yorker* resumió el significado de este evento:

Para los israelíes, la guerra de 1967 fue un triunfo de una velocidad tan milagrosa y de unas consecuencias territoriales tan fantásticas que su principal comandante militar, Moshe Dayan, contribuyó rápidamente a calificarla como la «Guerra de los Seis Días», un eco deliberado de los seis días de creación en Génesis. (En el mundo árabe, la derrota fue una humillación tal que cuando se hablaba de ella, se la denominaba comúnmente como *naksah*, el «retroceso», un eco de *al-nakba*, la «catástrofe» de 1948).[1]

Cincuenta años después, el resultado de la guerra sigue siendo un punto focal para los enemigos de Israel, que afirman que el territorio perdido en la guerra está realmente ocupado. Israel afirma que la tierra fue asegurada no solo como resultado de ganar una guerra, sino por derecho divino. Como afirmó Golda Meir, la primera ministra de Israel: «Este país existe como el cumplimiento de una promesa hecha por Dios mismo. Sería ridículo pedirle que diera cuenta de su legitimidad».[2] El debate sigue y sigue, década tras década, sin señales de resolución ni esperanza de una paz duradera.

A título personal, creo que Israel ha tratado de honrar los diversos tratados de paz que ha firmado con sus vecinos, pero la larga historia de desconfianza entre ellos y los estados árabes ha hundido toda esperanza de una reconciliación duradera. Además de eso, está el rechazo inflexible de los dirigentes palestinos de reconocer el derecho de Israel a existir, así como su deseo expreso de destruir al Estado judío.

Podrías llamar a este uno de los casos más notables de diferencias irreconciliables que existen en nuestro mundo. Decenas de presidentes, primeros ministros y otros líderes mundiales han tratado de ayudar a resolver este conflicto, pero todo ha sido en vano. La respuesta parece estar más allá de nuestro alcance como seres humanos. Como resultado, la posibilidad de la paz mundial continúa evaporándose como un espejismo.

## ¿En quién podemos confiar?

La pregunta que parece estar continuamente sin respuesta es: *¿en quién podemos confiar para solucionar nuestros problemas?* Para desatar este nudo gordiano, primero necesitaríamos un mediador en el que ambos lados pudieran confiar, alguien en el que cada lado creyera que tiene sus mejores intereses en su corazón, y que entendiera su punto de vista. Más allá de eso, todas las partes tendrían que experimentar un cambio fundamental en sus corazones. El odio tendría que convertirse en amor y confianza. El perdón y la gracia tendrían que reemplazar el ciclo interminable de ataques y represalias. En resumen, se necesitaría un milagro. Esta es la clase de reconciliación y de paz milagrosa que Cristo ofrece a todos los que vienen a Él. Él es *el* mediador en el que todas las naciones y pueblos deben confiar a la luz de Su muerte en la cruz para todos nosotros:

> Esto es bueno y agradable a Dios nuestro Salvador, pues él quiere que todos sean salvos y lleguen a conocer la verdad. Porque hay un solo Dios y un solo mediador entre Dios y los hombres, Jesucristo hombre, quien dio su vida como rescate por todos. Este testimonio Dios lo ha dado a su debido tiempo. (1 Timoteo 2.3–6)

Cristo se ofrece a ser el mediador no solo entre Dios y el hombre, sino también entre las naciones y los individuos. Él es la única persona que resuelve y sana las diferencias irreconciliables cuando ambas partes se someten completamente a Él. Él hace esto ofreciendo a cada uno un corazón nuevo que da lugar a un cambio fundamental en la manera en que cada lado mira al otro. Aquellos que alguna vez fueron enemigos ahora pueden ser amigos. *La definición de la reconciliación es restaurar una relación amistosa.* Los grupos étnicos con largas historias de odio por otras etnias hacen la paz y pueden sentarse juntos en la mesa de la hermandad. El sueño del doctor Martin Luther King Jr. puede convertirse en una realidad debido a la promesa de Jesucristo.

Fue Jesús quien reunió al grupo más improbable de seguidores, muchos de los cuales hubieran sido enemigos naturales: pescadores y recaudadores de impuestos, fanáticos y simpatizantes romanos. Su ministerio los unió y Su mensaje de «amarnos unos a otros» fue la fuerza cohesiva que los unió y los mantuvo alejados de las fuerzas destructivas que dividen a la mayoría de las personas.

Después de Su muerte y resurrección, Jesús los envió a decirle al mundo que Él había resucitado y que les ofrecía paz y reconciliación a todos. La clave sería que todos vinieran a Él y entregaran su falta de perdón a cambio de Su perdón por sus pecados. Él nos enseñaría a orar: «Y perdónanos nuestros pecados, así como hemos perdonado a los que pecan contra nosotros» (Mateo 6.12, NTV).

Este simple intercambio podría producir el milagro de la reconciliación que todavía elude a las masas. Ya se trate de matrimonios o de conflictos familiares, de disputas comerciales o de enfrentamientos internacionales, como el del Medio Oriente, todas las cosas son posibles con Cristo en términos de desentrañar los nudos enredados del conflicto humano. En resumen, esta es la esperanza maravillosa que ofrece el evangelio. Como hemos visto la evidencia de su verdad, también podemos experimentar su poder impresionante. La humanidad puede ser llevada a una relación restaurada con Dios y entre nosotros. En resumen, el evangelio se podría resumir en una palabra: *reconciliación*.

El apóstol Pablo declaró esta verdad directamente en su segunda carta a los Corintios:

Por lo tanto, si alguno está en Cristo, es una nueva creación. ¡Lo viejo ha pasado, ha llegado ya lo nuevo! Todo esto proviene de Dios, quien por medio de Cristo nos reconcilió consigo mismo y nos dio el ministerio de la reconciliación: esto es, que en Cristo, Dios estaba reconciliando al mundo consigo mismo, no tomándole en cuenta sus pecados y encargándonos a nosotros el mensaje de la reconciliación. Así que somos embajadores de Cristo, como si Dios los exhortara a ustedes por medio de nosotros: «En nombre de Cristo les rogamos que se reconcilien con Dios». Al que no cometió pecado alguno, por nosotros Dios lo trató como pecador, para que en él recibiéramos la justicia de Dios. (2 Corintios 5.17–21)

Pablo mencionó dos veces en estos pocos versículos que Dios nos ha confiado y nos ha comprometido con el ministerio y el mensaje de reconciliación. ¿Quiénes son los que tienen esta comisión y esta intendencia? Aquellos que se han reconciliado. Así como Dios no contó nuestros pecados contra nosotros para reconciliarnos, debemos estar dispuestos igualmente a no contar los pecados de los demás en contra de ellos.

Esta parece ser una proposición imposible. ¿Cómo puede alguien hacer algo tan monumental? La respuesta es: convirtiéndose en una nueva creación en Cristo. Dios no solo nos ofrece un nuevo conjunto de reglas para vivir; Él nos ofrece un nuevo corazón que anulará las tendencias naturales y propensiones de la naturaleza humana. Nunca podríamos esperar alcanzar semejantes ideales sublimes como amar a nuestros enemigos o perdonar a alguien siete veces multiplicado por setenta en un día cuando él o ella peca contra nosotros. Esto requiere que recibamos una nueva naturaleza dentro de nuestras propias almas.

En esta transformación milagrosa está la respuesta a las mayores necesidades de la humanidad. Hemos sido reconciliados con Dios para poder ayudar a otros a reconciliarse con Él y luego con otros. Las murallas y los conflictos que se interponen entre nosotros y nuestros enemigos serán derribados.

Al llevar este mensaje de reconciliación a un mundo fracturado y dividido, será necesario todo nuestro corazón, alma y esfuerzo mientras buscamos abrir los ojos de la gente a las promesas de Dios. Debemos dedicarnos de lleno a defender la verdad de la fe y a responder a las objeciones que plantean los escépticos. Tendremos que desafiar con amor los sistemas de creencias opuestas y presentar la verdad del evangelio contra cualquier otra voz divergente. Pero todo esto debe hacerse con un objetivo claro en mente: ayudar a los demás a reconciliarse con Dios y a unos con otros.

Luego de mirar retrospectivamente los últimos treinta y cinco años de mi ministerio cristiano, puedo ver los resultados gloriosos de aquellos que escucharon este llamado y eligieron perdonar y seguir el camino estrecho de la reconciliación. También he sido testigo de innumerables tragedias en las que la gente rechazó este camino y optó por ceder al odio y a la falta de perdón: son demasiadas conclusiones tristes para mencionarlas incluso. En cada caso, la verdad del evangelio fue reivindicada. Cuando los mandamientos de Cristo son obedecidos, ves la vida y la paz; cuando son desobedecidos, ves la muerte y el caos de los que Él nos advirtió. Debido a esto, debemos resolver estar disponibles en todo momento y ser pacificadores y sanadores, en lugar de ser pendencieros y fuentes de división. Hay una bendición para aquellos que eligen abrazar este noble llamado del ministerio de la reconciliación.

Miremos ahora con mayor profundidad esta responsabilidad asombrosa de ser la voz de Dios para otros en necesidad de reconciliación. Ojalá que podamos ayudar a abrir sus ojos a su necesidad, a la promesa de perdón y al nuevo corazón que promete Cristo.

## Por qué necesitamos la reconciliación

Una de las primeras verdades teológicas que aprendí fue que la humanidad estaba separada de Dios por causa del pecado. Esto era un poco confuso para mí debido a la otra verdad que yo sabía: que Dios nos amaba a todos. ¿Cómo podría Dios amarnos y permitirnos, sin embargo, separarnos de Él? Este dilema aparente es en realidad el marco para entender por qué necesitamos un Salvador y el uso que Dios hace de Cristo para llegar a quienes estamos alejados de Él. El profeta Isaías habló de esta separación entre Dios y el hombre:

> La mano del SEÑOR no es corta para salvar,
>> ni es sordo su oído para oír.
> Son las iniquidades de ustedes las que
>> los separan de su Dios.
> Son estos pecados los que lo llevan
>> a ocultar su rostro para no escuchar. (Isaías 59.1, 2)

El distanciamiento comenzó en un lugar real en el tiempo y en la historia, como vimos en el capítulo 6. Esto nos da una idea clave sobre el propósito de la vida, así como la razón primaria por la que necesitamos la reconciliación; la ruptura en la relación con Él.

Fuimos creados para la relación con Dios y entre nosotros. Eso es lo que buscamos, y eso es realmente en lo que consiste el evangelio: en restaurar las relaciones. El virus del mal se ha extendido porque imitamos constantemente el pecado original de Adán y Eva, pero no porque lo hayamos heredado. Debido a nuestras propias elecciones, nos hemos alejado de la verdad y hemos tratado de ser nuestros propios dioses:

> Así que les digo esto y les insisto en el Señor: no vivan más con pensamientos frívolos como los paganos. A causa de la ignorancia que los domina y por la dureza de su corazón, estos tienen oscurecido el entendimiento y están alejados de la vida que proviene de Dios. (Efesios 4.17, 18)

Como señala el pasaje, estamos separados no solo de la presencia física de Dios, sino de la vida incomparable de Dios.

## ¿Por qué Dios no puede perdonarnos simplemente?

Continuamente se plantea la pregunta: *¿por qué Dios no puede perdonarnos simplemente?* Si Él es todopoderoso, ¿no puede perdonarnos sin tener que pasar por este doloroso proceso de venir a la Tierra como un hombre y morir en una cruz romana?

Podemos ver un atisbo de la razón para esto en nuestros propios sistemas de justicia. Si no hay castigo por los crímenes cometidos, y solo hay un perdón general —o, aún más problemático, el perdón selectivo—, la idea de la justicia se pierde por completo. La naturaleza misma de Dios revelada en las Sagradas Escrituras es que Él es tan *justo* como amoroso. El hecho de que el pecado es costoso fue demostrado en el Antiguo Testamento en la fractura de la relación y en la pérdida de vidas inocentes en la medida en que Dios requirió la muerte de los animales para expiar la iniquidad y los pecados.

El día que escribí estas palabras, un tirador abrió fuego en el aeropuerto de Fort Lauderdale, matando a cinco personas inocentes. La policía logró capturarlo y ponerlo bajo custodia para ser juzgado por este crimen impensable. ¿Cuál sería la reacción pública si fuera liberado de la cárcel porque había confesado su crimen y había pedido perdón? No quiere decir que eso no sería bueno; es decir, confesar y admitir la culpa. De hecho, otro tirador que abrió fuego en una iglesia en Charleston, Carolina del Sur, en 2015, dijo que no lo lamentaba y no mostró el menor arrepentimiento. Independientemente de la contrición o de la falta de esta por parte de quienes cometen los crímenes, lo que se requiere en ambos casos es simplemente el castigo.

## ¿Por qué tuvo que morir Cristo?

La muerte de Cristo es la pieza central del plan de Dios para reconciliar a la humanidad con Él mismo y a unos con otros. La profundidad del significado espiritual y teológico de este acto heroico es tan grande que tratar de explicarlo en unas pocas páginas de un libro pareciera trivializarlo.

El requisito de satisfacer la justicia de Dios es que el castigo debería ser requerido por los crímenes o pecados cometidos. Dios no podría perdonar los pecados sin requerir el castigo, como tampoco un juez terrenal podría librar a su propio hijo si hubiera sido el autor de una de las atrocidades que acabamos de mencionar.

El evangelio nos dice que Dios se hizo hombre en Cristo y vivió la vida que la humanidad debería haber vivido, completamente justa y moral. Entonces, Él tuvo la muerte que deberíamos haber tenido... en nuestro lugar. Por favor, saca tiempo para leer despacio este pasaje importante de las Sagradas Escrituras que conecta la muerte de Cristo con el don misericordioso de la reconciliación:

A la verdad, como éramos incapaces de salvarnos, en el tiempo señalado Cristo murió por los malvados. Difícilmente habrá quien muera por un justo, aunque tal vez haya quien se atreva a morir por una persona buena. Pero Dios demuestra su amor por nosotros en esto: en que cuando todavía éramos pecadores, Cristo murió por nosotros.

Y ahora que hemos sido justificados por su sangre, ¡con cuánta más razón, por medio de él, seremos salvados del castigo de Dios! Porque si, cuando éramos enemigos de Dios, fuimos reconciliados con él mediante la muerte de su Hijo, ¡con cuánta más razón, habiendo sido reconciliados, seremos salvados por su vida! Y no solo esto, sino que también nos regocijamos en Dios por nuestro Señor Jesucristo, pues gracias a él ya hemos recibido la reconciliación. (Romanos 5.6–11)

El derramamiento de la sangre inocente de Cristo fue mayor que toda la sangre derramada en los sacrificios de animales requeridos en el Antiguo Testamento. La muerte de Cristo allanó el camino para perdonar nuestros pecados y restaurarnos a la amistad genuina con Dios.

## ¿Cómo podría alguien morir por mis pecados?

La objeción es planteada por los escépticos, así como por miembros de otras religiones, como el islam, en cuanto a la capacidad de alguien que muere por los pecados de otro. Ambos grupos parecen convencidos de que cada persona debe ser responsable de sus propias acciones y pagar la pena por sus propios crímenes.

Esto es cierto a nivel humano. Si le robas a alguien, debes ser castigado y obligado a devolver la propiedad robada. Si un asesinato se comete, el culpable debe recibir el castigo. Pero ¿qué pasa con los pecados contra

Dios? ¿Quién puede pagar la pena por los crímenes contra el Creador? Estamos tan centrados en el aspecto humano de las cosas que pasamos por alto el hecho de que nuestras acciones tienen una repercusión eterna. Debido a que Dios es infinitamente justo, el pago por los crímenes contra Él tiene consecuencias infinitas. Cristo, siendo Dios en la carne, representó un sacrificio infinito por los pecados de la humanidad.

Algunos han visto esto como una forma de abuso infantil o de sacrificio humano cuando se oponen a la necesidad de que Dios requiera dicho acto para perdonarnos. Esto sería cierto si Jesucristo fuera solo un ser humano:

> Esta justicia de Dios llega, mediante la fe en Jesucristo, a todos los que creen. De hecho, no hay distinción, pues todos han pecado y están privados de la gloria de Dios, pero por su gracia son justificados gratuitamente mediante la redención que Cristo Jesús efectuó. Dios lo ofreció como un sacrificio de expiación que se recibe por la fe en su sangre, para así demostrar su justicia. Anteriormente, en su paciencia, Dios había pasado por alto los pecados; pero en el tiempo presente ha ofrecido a Jesucristo para manifestar su justicia. De este modo Dios es justo y, a la vez, el que justifica a los que tienen fe en Jesús. (Romanos 3.22–26)

Lejos de ser un acto primitivo y cruel, necesario para calmar a una deidad sanguinaria, Dios mismo se hizo hombre y asumió nuestro castigo. Esto no fue un acto de maldad bárbara, sino una demostración del amor de Dios y de la justicia de Dios. El hecho de que este sea un acto monumental de amor y de gracia es aún más evidente cuando entiendes lo que sucedió realmente en la cruz en términos de las bendiciones que Dios le ha ofrecido a la humanidad.

## ¿Qué pasó en la cruz?

En *Hombre. Mito. Mesías*, escribí extensamente acerca de cómo la cruz de Cristo desarma principados y poderes (Colosenses 2.15), liberándonos del temor a la muerte (Hebreos 2.14), y derribando una pared divisoria entre judíos y gentiles, la última división que separó a las personas en los días de Cristo. Muchas otras verdades vitales también fueron mencionadas. Al final, todo lo que hizo Cristo tuvo un impacto para reconciliarnos con Dios y entre nosotros.

Los versículos en los que nos estamos enfocando aquí, 2 Corintios 5.17–20, dicen que *Dios estaba en Cristo reconciliando al mundo consigo mismo*. Al mirar la vida entera de Cristo, así como su muerte, podemos ver que Él se centró en la reconciliación. Al ver a Jesús a través de los ojos de los escritores de los Evangelios, ellos hablan de Él acercándose a hombres y mujeres de una variedad de etnias, creencias y comportamiento moral. Con respecto a aquellos que parecían inalcanzables o irremediablemente malvados, Jesús salió de Su camino para comprometerse y perdonar.

Vemos a Dios en Cristo ofreciendo reconciliación al centurión romano, un enemigo devoto del estado judío quien le pidió a Jesús que sanara a su siervo; la mujer samaritana, con la que los judíos no querían tener tratos, que había estado casada cinco veces y vivía con otro hombre por fuera del matrimonio; y el hombre poseído por demonios que vivía desnudo entre las tumbas en una zona llamada Gadara, que estaba prohibida para los judíos observantes, y que es uno de los encuentros más conmovedores de las Sagradas Escrituras.

También en la cruz, Dios, en Cristo, ofreció la reconciliación, sufriendo más allá de toda descripción para pagar el precio por los pecados que separaron a un Dios santo de una humanidad profana. En apariencia, parecía como si los romanos estuvieran impartiendo simplemente su justicia brutal a otro rebelde. Pero en realidad, era la ejecución no de un hombre, sino de un plan. El plan divino era hacer un camino para que la humanidad regresara de nuevo a Dios.

## No contar nuestros pecados en contra de nosotros

Es muy importante entender esta parte del texto para comprender la promesa de la reconciliación. Dios no contó nuestros pecados contra nosotros para reconciliarnos con Él. ¿Qué más podía hacer Él para cumplir Su propósito? Sin excepción, cada situación irreconciliable se reduce a una lista de delitos, desaires, ofensas y crímenes que hayan tenido lugar entre personas (o pueblos). Para reconciliarnos con Él, Dios envió voluntariamente a Cristo a asumir toda la carga eterna de nuestros pecados contra Él. Este es un acto asombroso de amor. Aun cuando Jesús iba a la cruz a morir por los pecados del mundo, las mismas personas a las que iba a ayudar le dieron todas las razones para abandonar el plan de redención y perdón, y desatar el juicio y castigo merecidos contra ellos. Pero, no, Él se negó a contar nuestros pecados en contra de nosotros.

No puedo dejar de pensar en Pedro, que acudió a Jesús y le preguntó: «Señor, ¿cuántas veces tengo que perdonar a mi hermano que peca contra mí? ¿Hasta siete veces?» (Mateo 18.21). Si lees entre líneas, Pedro era un «contador» y no quería permitir que alguien se aprovechara de él como seguidor de esta idea radical del amor y del perdón que estaba ordenando Cristo. La respuesta de Jesús le dejó saber a Pedro la futilidad de intentar llevar la cuenta de esa manera. Jesús respondió: «No te digo que hasta siete veces, sino hasta setenta y siete veces» (Mateo 18.22).

Como observó el rey David hace más de tres mil años: «Si tú, SEÑOR, tomaras en cuenta los pecados, ¿quién, SEÑOR, sería declarado inocente?» (Salmos 130.3). Pedro aprendería después de su trágica negación de Cristo que él, entre todas las personas, no necesitaba llevar un registro de las ofensas contra otros. Pedro se convirtió en un líder renuente al ser un reconciliador y sería el primero de los apóstoles en llegar a los gentiles y entrar a la zona prohibida de la casa de un centurión romano para predicar el evangelio. Pedro recibió una gran misericordia para poder ser un depositario de gran misericordia para los demás.

## El gran intercambio

Cristo se convirtió en pecado por nosotros en la cruz, para que pudiéramos recibir el don de Su justicia. En el libro clásico *Historia de dos ciudades,* de Dickens, Charles Darnay es condenado a morir en la guillotina durante la época de la Revolución francesa. En el último minuto, intercambia inconscientemente la ropa con una persona muy parecida a él, llamada Sydney Carton, sin darse cuenta de que este desea salvar la vida de Darnay y de Lucie, la mujer que aman ambos. Es una historia emocionante que ilustra la naturaleza del amor verdadero descrito por Jesús cuando dijo: «Y este es mi mandamiento: que se amen los unos a los otros como yo los he amado. Nadie tiene amor más grande que el dar la vida por sus amigos» (Juan 15.12, 13).

Este es el gran intercambio que tuvo lugar en la cruz de Cristo. Éramos aquellos que fuimos condenados a morir por nuestros crímenes. Pero Cristo cambió su ropa con nosotros de manera inesperada. Tomó los trapos sucios de nuestras fallas morales y nos dio Su rectitud. Escapamos de la merecida sentencia de muerte gracias a este intercambio maravilloso. Entender este sacrificio increíble nos da un sentido abrumador del amor de Dios por nosotros. Es este amor el que nos debe motivar a contarles a los demás esta oferta asombrosa del perdón y la reconciliación de Dios.

Mientras Sydney Carton se acercaba a su muerte, reflexionó sobre su decisión de morir para que otros pudieran vivir. Él dijo: «Es una cosa muchísimo mejor que hago, y que haya hecho jamás». El sacrificio de Cristo en la cruz es, con mucho, el mejor regalo que se le haya dado a la raza humana.

## Acusaciones silenciadas contra nosotros

El tormento experimentado cuando se nos acusa de alguna falta es casi demasiado para soportar. La culpa y la acusación desencadenadas contra nosotros nos impiden la paz mental y el sentido de confianza que Dios nos ofrece a nosotros Sus hijos. En las Sagradas Escrituras, Satanás es llamado «el Acusador» (Job 1.6; 2.1, NTV). Es como un fiscal que está decidido a que tengamos que pagar totalmente por nuestros pecados. Cristo eliminó la base de esta acusación con Su sacrificio en la cruz.

> Porque a Dios le agradó habitar en él con toda su plenitud y, por medio de él, reconciliar consigo todas las cosas, tanto las que están en la tierra como las que están en el cielo, haciendo la paz mediante la sangre que derramó en la cruz.
> En otro tiempo ustedes, por su actitud y sus malas acciones, estaban alejados de Dios y eran sus enemigos. Pero ahora Dios, a fin de presentarlos santos, intachables e irreprochables delante de él, los ha reconciliado en el cuerpo mortal de Cristo mediante su muerte, con tal de que se mantengan firmes en la fe, bien cimentados y estables, sin abandonar la esperanza que ofrece el evangelio.
> (Colosenses 1.19–23)

La cruz nos ha reconciliado tanto con Dios que podemos estar frente a Él sin ningún temor o acusación de maldad. Este tipo de audacia en presencia de Dios parece imposible para aquellos que no han conocido el verdadero poder del evangelio. Recibir un perdón tan increíble de la corte suprema del universo debe crear una urgencia en nosotros para recibir plenamente este regalo por nuestros propios medios y luego dedicarnos a contarles a los demás. Pasaremos ahora a comprender de lleno esta tarea.

## Somos embajadores de Cristo

La tarea de contar a otros acerca de la realidad de esta oportunidad de ser plenamente perdonados y reconciliados con Dios se nos ha dado a nosotros, a quienes nos hemos reconciliado. «Así que somos embajadores de Cristo, como si Dios los exhortara a ustedes por medio de nosotros: "En nombre de Cristo les rogamos que se reconcilien con Dios"» (2 Corintios 5.20).

El papel de un embajador describe un panorama tan importante porque lleva consigo la imagen de un representante bondadoso y compasivo de un gobierno, no un profeta del desastre y la condena. El ministerio de reconciliación se les ha dado a las personas que han recibido la misericordia para que puedan a su vez decir la verdad con amor. Pero ten cuidado: el mensajero puede ser tan importante como el mensaje; puede ser un facilitador, o un obstáculo para las personas que deciden si reciben o no la oferta celestial que se está haciendo. Qué honor y responsabilidad tan increíbles las que hemos recibido.

### Dios está haciendo su llamamiento a través de nosotros

Este es uno de los aspectos más extraordinarios del ministerio de la reconciliación: Dios nos usa para hablarles a otros. Este hecho me produce una alegría y un temor simultáneos cuando reflexiono en las implicaciones de dicha responsabilidad. Si no estamos dispuestos a hablar con otros, es probable que nunca puedan oír. Sé que a nadie le gusta que lo presionen para compartir el evangelio con otros, pero es importante que alguien hable. Esto, por supuesto, adquiere un peso aún mayor cuando comprendemos que el evangelio es el derecho humano por excelencia. Es hora de abrazar el llamado a este ministerio de la reconciliación en vez de huir de él o negar que tiene algo que ver con nosotros.

Podemos estar en paz mientras vivimos nuestras vidas y buscamos simplemente puertas abiertas para tener conversaciones con otros. Por medio de nosotros, Dios hace un llamamiento a los demás para que se reconcilien con Él a través de Cristo. No se trata solo de un diálogo de ideas acerca de Dios, en el que los asuntos espirituales son expresados como en un debate político. Eventualmente, se debe plantear la pregunta acerca de comprometerse a creer en el evangelio. Muchas veces le he preguntado simplemente a las personas si estarían dispuestas a creer en el evangelio, y, cuando han aceptado, los he hecho orar en el acto. Muchos de ellos no habían dicho que sí a las demandas de Cristo porque nadie los había instado a hacerlo.

## Primero debemos reconciliarnos

Para ser un reconciliador, primero debes reconciliarte con Cristo. No basta con ser simplemente un asistente de iglesia o creer en Dios. Primero debes nacer de nuevo y luego ser transformado. «Por lo tanto, si alguno está en Cristo, es una nueva creación. ¡Lo viejo ha pasado, ha llegado ya lo nuevo!» (2 Corintios 5.17). Este tipo de transformación no es fácil de olvidar.

Nací de nuevo en mi tercer año en la Universidad del Estado de Misisipi, y me apasioné por contarles a otros acerca del evangelio. Mi hermano mayor, Ben, un escéptico endurecido en su tercer año en la escuela de derecho, intentó disuadirme de mi nueva fe, y estudió incluso la Biblia para encontrar tantas contradicciones como fuera posible. El fin de semana que vino a casa para convencerme de que me olvidara del cristianismo, lo insté a considerar las reclamaciones de Cristo y a depositar su confianza en Él. Para mi sorpresa, ¡respondió a mi desafío y fue bautizado ese mismo fin de semana!

Te pido por favor que hagas una pausa ahora y recibas esta oferta milagrosa de reconciliarte con Dios. Puedes elevar una oración simple y reconocer tu necesidad de un Salvador y confesar que crees que el evangelio es cierto. Cristo murió en tu nombre y resucitó de entre los muertos para demostrar que es el Hijo de Dios. Comprométete este mismo día a ser un auténtico seguidor de Cristo. Todo lo que has leído hasta ahora debería responder a las preguntas clave que apuntan a la verdad del evangelio. ¡Es hora de que actúes!

## Ama tanto como has sido perdonado

Las vidas de innumerables personas que se han reconciliado con Dios son testigo de una gratitud irreprimible por Su don misericordioso. El mejor ejemplo es cuando Cristo entró para cenar en la casa de un líder religioso, en la cual irrumpió una mujer sin nombre, a quien Lucas llama simplemente «una pecadora» (7.39). Ella procedió a derramar perfume caro en Sus pies, y lloró tan profusamente que sus lágrimas cayeron sobre Sus pies, y ella los limpió con su cabello. Su exhibición pública e impactante de emoción desconcertó a todos los presentes. Los líderes religiosos nunca se pronunciaron verbalmente en contra de este espectáculo molesto, pero estaban visiblemente perturbados por la indignidad de todo esto. Jesús, sabiendo que estaban alterados por las acciones de la mujer, le explicó al hombre que lo había invitado a cenar: «Por esto te digo: si ella ha amado mucho, es que sus muchos pecados le han sido perdonados. Pero a quien poco se le perdona, poco ama» (Lucas 7.47).

Para aquellos que han vivido vidas de completo desprecio por Dios y por Sus mandamientos, o que simplemente se han burlado de la idea de cualquier necesidad de moderación o perdón, la revelación de la misericordia de Dios puede ser abrumadora, como lo fue para esta mujer. No he superado todavía el hecho de que Cristo me perdonó por todos los pecados y necedades que cometí. Recordar cosas de mi pasado antes de haber conocido al Señor y de haberme reconciliado con Él es doloroso. Cada vez que comparto mi historia con otros, siento como si me transportara de regreso a los días en que hice ese compromiso inicial y fui bautizado por Walter Walker en Oktibbeha Lake, cerca de la Universidad del Estado de Misisipi. La energía y la gracia de ese momento me impulsan hasta el día de hoy a contarles a otros acerca de esta oferta sorprendente de reconciliación con Dios.

## Confiado con el mensaje de reconciliación

El apóstol Pablo dijo que Dios nos ha confiado este ministerio y mensaje de reconciliación. Es nuestro deber sagrado ser fieles con una tarea y un llamado tan grandes: «Sino que según fuimos aprobados por Dios para que se nos confiase el evangelio, así hablamos; no como para agradar a los hombres, sino a Dios, que prueba nuestros corazones» (1 Tesalonicenses 2.4, RVR60).

Uno de los grandes misioneros evangelistas de esta generación es David Shibley. Ha trabajado en más de cincuenta naciones del mundo por más de cuarenta años para llevar fielmente el evangelio a los que nunca lo han oído. Sus esfuerzos notables deben inspirarnos a «intentar cosas maravillosas para Dios» y a «esperar cosas maravillosas de Dios».[3] En su libro *Entrusted* [Confiado], Shibley plantea el argumento de que el evangelio es un derecho humano básico que nos ha sido confiado para comunicarnos con el mundo entero:

En una época de beligerancia virulenta en contra suya, nos han confiado la custodia de las mejores noticias que el mundo oirá nunca. Su mensaje irradia luz, vida y esperanza. Este es nuestro tiempo. Este es nuestro llamado. Se nos ha confiado el evangelio. Hagámoslo el ancla de nuestras vidas.[4]

Esta es una de las cualidades más importantes que podemos tener: un sentido de la gestión para el evangelio. No es una opción que podamos tomar o dejar. Si nos hemos reconciliado con Dios, entonces debemos transmitir el mensaje. Esta es realmente la noticia más importante de toda la historia. También tiene el poder de sanar las heridas de la división y el odio en cualquier situación.

## Manos sanadoras: un caso práctico de reconciliación

Uno de los grandes privilegios que he tenido es dirigir una iglesia multisitio en el área de Nashville, llamada Bethel World Outreach Church. Situada en una zona predominantemente blanca, en la actualidad es un testimonio de la reconciliación racial. El terreno donde se encuentra el edificio original de la iglesia tenía restricciones en la escritura que impedía la venta de la propiedad a una persona de color negro. A pocas millas de la iglesia hay una estatua de Nathan Bedford Forrest, fundador del Ku Klux Klan, el grupo de odio más infame en la historia de Estados Unidos. Fue este residuo vergonzoso de racismo lo que nos llevó a adoptar una postura audaz cuando me convertí en pastor de Bethel en el año 2000.

El doctor Martin Luther King Jr. dijo una vez que la hora más segregada en Estados Unidos era la hora de la adoración de las once en la mañana del domingo.[5] Decidimos cambiar esa narrativa tomando medidas intencionales para llegar a la comunidad afroamericana y a las más de cien nacionalidades representadas en el área metropolitana de Nashville. Una de las estrategias más eficaces que utilizamos fue publicitar nuestra iglesia, usando la imagen de una mano negra y una mano blanca, palma con palma, en una actitud de oración. Este conjunto multicolor de manos fue acompañado por nuestra declaración de misión: «Llegar a una ciudad para tocar el mundo».

Reservamos espacio en varias carteleras alrededor de la ciudad y colocamos la imagen de las manos interraciales orando con nuestra declaración de misión. El mensaje estaba claro para que todos lo vieran. Estábamos permitiendo intencionalmente que personas de todas las etnias supieran que las recibíamos y que estábamos reclutando activamente su participación. La iglesia pasó de varios cientos a varios miles en solo unos pocos años. El verdadero milagro fue la transformación de una iglesia blanca en más del noventa y cinco por ciento a una iglesia que en cuatro años era casi igual en términos de blancos y negros, y cuyos asistentes pertenecían a más de cincuenta nacionalidades.

Hoy en día, la diversidad sigue siendo una maravilla para la mayoría de los visitantes. El ministerio de la reconciliación proporciona las respuestas para asuntos que parecen desconcertar y confundir a nuestra sociedad. El tema de la reconciliación racial está ligado inextricablemente a reconciliarnos primero con Dios. Cuando Cristo llega para vivir de lleno en tu corazón, el racismo es expulsado. Estos son algunos de los factores clave que produjeron esta congregación multiétnica que he descrito.

## La convicción de que el evangelio es para todos

Quizás el versículo más citado de la Biblia sea Juan 3.16: «Porque tanto amó Dios al mundo que dio a su Hijo unigénito, para que todo el que cree en él no se pierda, sino que tenga vida eterna». Con frecuencia le pregunto a la gente: *¿cuál es el mundo por el que murió Jesús?*

Si redujeras el mundo de siete mil millones de personas a solo diez, habría una variedad de etnias representativas de todo el mundo. Uno de los diez sería blanco, y uno de cada diez sería negro. Es importante para mí destacar el hecho de que la gran mayoría de la población mundial no es blanca. Esta realidad debería reflejarse en nuestras iglesias. Para algunos, significa entender el llamado que viene con el evangelio para llegar a todas las naciones. Las buenas noticias no son solo para nosotros como individuos, sino para el mundo entero. Esta convicción sobre la audiencia que merece oír el evangelio puede evitar que pensemos que la iglesia es solo para aquellos que se parecen a nosotros. Por supuesto, esto se aplica a las personas de cualquier color si son seguidores de Cristo.

En Bethel era necesario abordar lo que yo llamaría «la teología del racismo». Esta es la enseñanza errónea de que cada grupo étnico recibió de alguna manera la orden de mantenerse alejado de otras etnias en el nombre de seguir el mandato a Israel de no mezclarse con otras naciones. Este fue un llamado a la pureza de la fe, no a la etnicidad. Como creyentes de hoy, no debemos casarnos con los incrédulos, pero no hay ninguna mención acerca de la separación étnica. De hecho, el apóstol Pablo enseñó: «De un solo hombre hizo todas las naciones para que habitaran toda la tierra; y determinó los períodos de su historia y las fronteras de sus territorios» (Hechos 17.26). Dios hizo las diversas naciones a partir de «un solo hombre» (o de «una sangre», como se traduce en muchas versiones bíblicas). La palabra griega para «naciones» usada en esta escritura es *ethnos*, o etnicidad. Cada grupo étnico es parte de la humanidad. El simple hecho de tomar una prueba de ADN te mostrará la increíble diversidad genética de tu propia composición étnica e historia ancestral.

## Una casa de oración para todas las naciones

Hubo una ocasión en las Sagradas Escrituras en la que Jesús pareció olvidarse de Su carácter y enojarse de verdad. Esto fue cuando entró al templo y vio que la casa de culto se había apartado de su verdadero propósito de ser un lugar donde la gente de todas las naciones podría ir a buscar a Dios. Tomó un látigo y comenzó a limpiar la casa literalmente.

> Llegaron, pues, a Jerusalén. Jesús entró en el templo y comenzó a echar de allí a los que compraban y vendían. Volcó las mesas de los que cambiaban dinero y los puestos de los que vendían palomas, y no permitía que nadie atravesara el templo llevando mercancías. También les enseñaba con estas palabras: «¿No está escrito: "Mi casa será llamada casa de oración para todas las naciones"? Pero ustedes la han convertido en "cueva de ladrones"». (Marcos 11.15–17).

A medida que comenzamos a orar por las naciones en Bethel, las naciones comenzaron a acudir a nosotros. Esto dio como resultado que muchos líderes de otras naciones nos ayudaran a organizar las plantas de la iglesia en sus países de origen. Esto se ha convertido en un ciclo de bendición para nosotros. Cuanto más oramos por las naciones, más nos encontramos conectando con personas en nuestra propia ciudad que provienen de una variedad de naciones. Mientras más nos enfoquemos en convertirnos en personas con un corazón para las naciones, nuestro compromiso se convierte en una opción más natural para nosotros. Una y otra vez, personas de otras naciones que asisten a nuestra iglesia y se enteran de más de setenta y cinco naciones donde actualmente enseñamos a través del ministerio de Every Nation (a la cual pertenece Bethel) se llenan de alegría al ver nuestra preocupación y amor por ellas.

## El mundo en nuestro umbral

Esto apunta a uno de los hechos más importantes que energiza nuestro compromiso y alimenta nuestra oración constante por las naciones: el mundo ha acudido literalmente a nosotros en Estados Unidos. No solo ha habido una afluencia de inmigrantes y refugiados, sino que hay más de un millón de estudiantes internacionales estudiando en nuestra nación.[6] Independientemente del lugar donde vivas, te sorprenderás por la cantidad de estudiantes internacionales que van a estudiar a tu país. Más que cualquier otra cosa (además de sus títulos), estos estudiantes quieren un amigo en su país de acogida.

Aquí en Estados Unidos es desgarrador escuchar las historias de aquellos que vinieron a nuestro país y fueron ignorados, burlados o incluso atacados, simplemente por miedo en algunos casos. La palabra *hospitalidad* significa «amigo del extranjero». Esto es lo que debemos ser para aquellos que son extranjeros entre nosotros. De hecho, es el amor y la amabilidad de estos visitantes internacionales los que pueden tener un efecto increíble en el avance del reino de Dios. Al contactar intencionalmente a estos estudiantes, los hemos visto venir a Cristo y regresar a sus países de origen para poner en marcha un programa de extensión o una iglesia. Si volvían a trabajar en negocios o a enseñar, podían abrir puertas para el ministerio que no se habrían abierto a los misioneros tradicionales. Este compromiso con la población internacional ha cambiado fundamentalmente la forma en que hacemos las misiones. Si alguien tiene un encargo para una nación en particular, no tiene que viajar por el mundo para visitarla, sino que simplemente puede conducir por la ciudad.

## Modelando relaciones reconciliadas

Tal vez el factor más importante en nuestra congregación étnicamente diversa es la forma en que nos relacionamos entre nosotros como líderes. El equipo de liderazgo no solo es diverso; también somos amigos que nos agradamos genuinamente y vivimos esa amistad y asociación delante de la gente. A medida que nuestra iglesia creció en varios lugares, se hizo evidente que cada congregación necesitaba un líder principal. Nuestra congregación original y más grande está dirigida actualmente por James Lowe, un afroamericano. Mi papel pasó a ser el de supervisor de las distintas ubicaciones. Mi relación con el pastor James es una fuente de gran alegría y aliento para mí, y creo que es una bendición para las personas que asisten a nuestra iglesia. Muchas veces, las personas nos dicen que no fue la *enseñanza* sobre la diversidad lo que cambió sus corazones y mentes, sino las *relaciones* auténticas que presenciaron desde el liderazgo.

Para mantener esas relaciones, debemos continuar siendo transparentes entre nosotros y tener diálogos muy francos sobre los desafíos de reunir a una variedad de personas de una amplia gama de culturas y naciones. Cuando Cristo es el Señor de cada corazón, esta tarea no es una carga de ninguna manera, sino una alegría. Pasamos más tiempo riéndonos de nuestras diferencias en estilos de ropa, preferencias de comida y gustos musicales que discutiendo o debatiendo sobre esto. También abordamos problemas graves, incluidos los tiroteos en los que se ven involucrados jóvenes afroamericanos y la policía, así como las preocupaciones sobre el terrorismo y sus efectos en las actitudes hacia los extranjeros y los inmigrantes. Es en esos momentos en que nuestro amor por Cristo y entre nosotros nos da la gracia de tratar cualquier tema de manera racional y con una increíble sensación de paz y esperanza de que, al final, todas las cosas funcionarán juntas para bien porque amamos a Dios y somos llamados de acuerdo a Su propósito (Romanos 8.28).

## Resumen

El mundo necesita a toda costa la reconciliación en prácticamente todos los niveles de la interacción humana. El quebrantamiento es algo que se ve y se siente en los individuos, en las familias y en las naciones. En esta crisis, Dios nos ha enviado con el ministerio de la reconciliación. Debido a que hemos sido reconciliados con Dios a través de Cristo, ahora podemos ser agentes y voces de la reconciliación para los demás. Este es un llamado y una responsabilidad increíble para un seguidor de Cristo. Debemos estar dispuestos a abrazar esta intendencia y llevar el mensaje y la demostración de la realidad de la reconciliación por medio de nuestras propias relaciones y estilos de vida.

Al vivir este llamado a la reconciliación, comenzaremos a llegar intencionalmente a personas de diferentes orígenes y etnias. La iglesia debe convertirse en lo que se pretende que sea una casa de oración para todas las naciones (Marcos 11.17). Al orar por las naciones, surgirá la realidad de una hermosa imagen de verdadera diversidad, no coaccionada o artificial, sino una atmósfera que comienza a parecerse a lo que veremos un día en la eternidad.

# CAPÍTULO 10

# EL MISTERIO DE LA PIEDAD

## *Experimentando la verdadera libertad*

*Grande, en verdad, lo confesamos, es el misterio de la piedad:*
*Cristo se manifestó en su condición de hombre,*
*triunfó en su condición de espíritu*
*y fue visto por los ángeles.*
*Fue anunciado a las naciones,*
*creído en el mundo*
*y recibido en la gloria.*
—1 Timoteo 3.16, DHH

¿Qué *espera Dios de nosotros?* Nuestras respuestas a esta pregunta revelan nuestras percepciones sobre la piedad. Este parece un término difícil de definir. Nos es más fácil definir qué es la impiedad que la piedad. Sin embargo, la piedad es el producto final de nuestras creencias acerca de Dios y el resultado de nuestra lealtad y obediencia a Él. Examinamos las principales religiones del mundo en el capítulo 7 y las comparamos con el cristianismo. Cada una de ellas ofrece una visión de la humanidad que muestra cómo debe ser el comportamiento ideal. La verdad de un sistema de creencias es más que solo sus credos, afirmaciones históricas y consistencia interna. Es el fruto de esas creencias y de su impacto en el mundo.

Sin lugar a dudas, es difícil hablar con otros acerca de Jesucristo sin tener que formular preguntas sobre el comportamiento de aquellos que afirman seguirlo. La hipocresía puede cegar a otros a los reclamos de verdad de nuestra fe. El islam se enfrenta a una reacción masiva a medida que el terrorismo global se vincula cada vez más con la enseñanza explícita del Corán y el ejemplo de la vida y las acciones de Mahoma.

Sin embargo, la vida de Cristo no tiene paralelo en la historia. No hay nadie que haya hecho las cosas que hizo Él, o que haya dicho las cosas que dijo. Esto es obvio para cualquiera que se haya tomado el tiempo de leer los Evangelios escritos sobre su vida. Más allá de sus afirmaciones personales de ser el Hijo divino de Dios, es el llamado que nos hizo Él para «ser perfectos, así como su Padre celestial es perfecto» (Mateo 5.48). Él les dijo a los líderes religiosos y santurrones de su época: «Ustedes son de su padre, el diablo, cuyos deseos quieren cumplir» (Juan 8.44). Luego proclamó que aquellos que lo seguían conocerían la verdad, y que la verdad los haría libres (Juan 8.32). Él estaba hablando de la libertad que es el fruto de la verdadera piedad.

Recuerdo cuando yo era un adolescente y pensaba que ser cristiano significaba renunciar a todos los placeres de esta vida y resignarme a una vida de miseria y privaciones. Por alguna razón, creía en la idea falsa de que la piedad era la meta de solo unos pocos santos, mártires o misioneros. No sabía lo equivocada que es esta imagen. Ser santo es apartarse para Dios. ¿Cómo no se puede confiar en el Creador de nuestra existencia para guiarnos hacia la verdadera alegría y plenitud? Como lo exaltó el rey David: «En tu presencia hay plenitud de gozo» (Salmos 16.11, RVR60). El deseo de Dios para nuestro bienestar es la última motivación para advertirnos sobre el pecado y la impiedad, que es el principal enemigo de nuestra alegría y felicidad.

## El misterio de la piedad

Piensa en los mandamientos de Dios como una señal en el camino que nos advierte de un peligro inminente. Lejos de ser un conjunto caprichoso de restricciones arbitrarias, las Sagradas Escrituras intentan guiarnos en el camino de la vida, no de la muerte. Sin embargo, ser piadoso no consiste únicamente en seguir un conjunto de reglas. Cada religión tiene muchas reglas y expectativas de sus seguidores. El problema real es cómo podemos ser el tipo de personas que son «como Dios», que es la forma más simple de entender lo que significa «piedad». Desbloquear este secreto es la razón por la cual se le conoce como «el misterio de la piedad». Esto significa que la respuesta no es obvia. Requiere que miremos más profundamente y que busquemos comprender no solo lo que Dios espera de nosotros, sino cómo podemos ser como Él.

La buena noticia es que las Sagradas Escrituras no solo nos dicen que es un misterio, sino que 1 Timoteo 3.16 (citado al comienzo de este capítulo) también nos da seis pistas que revelan cómo podemos llegar a ser este tipo de personas. Esto forma lo que los estudiosos creen que es un *credo antiguo*. En un mundo cada vez más perverso y espiritualmente oscuro, la esencia de este credo podría proporcionarnos un antídoto contra esta plaga insidiosa y penetrante.

Estas son las pistas que nos ayudarán a descubrir el antiguo misterio de vivir el tipo de vida que agrada al Señor, independientemente de los desafíos que enfrentamos en nuestra generación.

## 1. «Manifestado en la carne»

La primera clave para este misterio es que Dios se hizo hombre en Cristo. Él no solo *parecía ser* humano; se convirtió en uno de nosotros. Esto habría sido una proposición impensable para el pueblo judío porque Dios era el Creador invisible, y convertirse en un ser humano hubiera significado rebajarse a sí mismo o elevar a Cristo Jesús hombre al lugar de Dios. Para los griegos, era escandaloso pensar que Dios, siendo concebido como espíritu puro, podría haberse mezclado con la carne. La filosofía de Platón les había dado la percepción de que la carne era algo que se debía trascender. La carne era intrínseca e irremediablemente malvada.

El hecho permanece: Jesús era Dios en forma humana. Esto significa que Dios deseaba que la humanidad estuviera libre del poder del pecado y de la muerte, que Él no solo murió en una cruz para pagar la pena por nuestros pecados, sino que vivió primero una vida perfecta en la carne, demostrando que es posible. Esta es una verdad tan vital que el apóstol Juan advirtió que cualquiera que negara que Jesucristo había aparecido en la carne era el anticristo:

> En esto pueden discernir quién tiene el Espíritu de Dios: todo profeta que reconoce que Jesucristo ha venido en cuerpo humano es de Dios; todo profeta que no reconoce a Jesús no es de Dios, sino del anticristo. Ustedes han oído que este viene; en efecto, ya está en el mundo. (1 Juan 4.2, 3)

### La piedad es posible

La deidad de Cristo es el centro de la fe cristiana. Es la esencia de la profesión central que nos hace Sus seguidores; Jesucristo es el Señor. Su deidad significa que Sus palabras son verdaderas y que su autoridad es definitiva. De hecho, Él es Rey de reyes y Señor de señores. También significa algo muy práctico para nosotros a la hora de comprender y descubrir el misterio de la piedad. Esa verdad es que *la piedad es posible*. Cristo venció al pecado y al diablo como un ser humano. Si Él nunca se hizo realmente uno de nosotros, entonces todas las pruebas y tentaciones fueron ilusiones o simplemente lecciones para inspirarnos.

Las Sagradas Escrituras dicen que fue «tentado en todo de la misma manera que nosotros, aunque sin pecado» (Hebreos 4.15). El espíritu del anticristo está decidido a mantenernos en cautiverio, engañándonos para que pensemos que debemos resignarnos al destino de ser prisioneros permanentes, cautivos de los deseos de la carne. Si Cristo nunca fue humano, entonces la historia de la raza humana es, de hecho, un fracaso total en caminar alguna vez recta y santa ante Dios. Sin embargo, Cristo modeló que esto era posible y demostró cómo hacerlo.

Esta era una montaña enorme en mi mente para superar. Cuando yo era joven, sabía que las personas que se llamaban a sí mismas cristianas vivían prácticamente como todos los demás. Había poca o ninguna diferencia en sus vidas por el hecho de ser cristianos. Esto produjo una mentalidad de derrota en mí. ¿Por qué los mandamientos de Jesús eran tan inalcanzables? ¿Por qué nos pediría que hagamos cosas que Él sabía que no podíamos hacer?

Esta es una de las conspiraciones más insidiosas que el enemigo haya impuesto jamás a la raza humana.

### Cristo: nuestro ejemplo

Los artistas de la Edad Media pintaron imágenes de Jesús con un halo de luz alrededor de Su cabeza y dieron la sensación de que Él era de otro mundo. Esta representación artística nos lleva a descartarlo como alguien que no puede relacionarse con nuestras luchas, sufrimientos y tentaciones. Nada más lejos de la verdad. Estamos llamados a imitar a Cristo. Él caminó en sumisión al Padre, estuvo constantemente en oración y usó las

Sagradas Escrituras para combatir al enemigo. Estas son las cosas que nosotros estamos llamados a hacer también. De hecho, descubrimos que Jesús se humilló a sí mismo, tomó la forma de un siervo, y no usó Su naturaleza divina para vencer, sino que usó únicamente las armas espirituales que están disponibles para nosotros. Él demostró cómo vencer el pecado.

Si estudias cómo se involucró Jesús en la guerra espiritual, verás que usó el poder de la Palabra de Dios y respondió a cada tentación con la frase: «Escrito está». Estamos llamados a ponernos la armadura completa de Dios (Efesios 6.13). Significa que esta es la misma armadura que Cristo usó en Su vida terrenal. La única arma que blandió es la misma que podemos usar: «la espada del Espíritu» (v. 17).

Al posar nuestros ojos en Cristo, encontramos no solo un Salvador compasivo y perdonador, sino también un campeón que nos enseñará a caminar como lo hizo Él. Si decimos que somos seguidores de Cristo, esto es exactamente lo que estamos llamados a hacer (1 Juan 2.5).

## 2. «Reivindicado por el Espíritu»

Así como el fundamento de la piedad comienza con Dios alcanzándonos a través de Cristo, debemos buscar continuamente la ayuda de Dios a través de Su Espíritu Santo para acceder a este poder sobre «el pecado que nos asedia» (Hebreos 12.1). Las Sagradas Escrituras dicen que Jesús fue declarado Hijo de Dios por la resurrección de entre los muertos por el Espíritu de la santidad (Romanos 1.4). Como Cristo estaba sin pecado, «era imposible que la muerte lo mantuviera bajo su dominio», como predicó Pedro en el día de Pentecostés (Hechos 2.24).

Cristo fue crucificado como un criminal a los ojos del hombre. Fue asesinado entre dos ladrones como evidencia de esta percepción pública. Algo más grande estaba sucediendo en realidad. Él estaba soportando el peso de los pecados del mundo. Como predijo el profeta Isaías cientos de años antes de este evento: «Todos andábamos perdidos, como ovejas; cada uno seguía su propio camino, pero el SEÑOR hizo recaer sobre él la iniquidad de todos nosotros» (Isaías 53.6).

Cuando resucitó de los muertos, Dios lo vindicó y demostró su inocencia. Como prometió el salmista: «la justicia libra de la muerte» (Proverbios 11.4). El apóstol Pablo escribió que recibimos el don de la justicia por medio de la fe en Cristo. No estamos ante Dios en nuestra propia justicia, sino en la justicia de Cristo. También escribió: «Y, si el Espíritu de aquel que levantó a Jesús de entre los muertos vive en ustedes, el mismo que levantó a Cristo de entre los muertos también dará vida a sus cuerpos mortales por medio de su Espíritu, que vive en ustedes» (Romanos 8.11).

El Espíritu de Cristo no solo nos resucita de la muerte a la vida, sino que puede evitar que tropecemos. El poder del Espíritu es mucho más grande que la simple fuerza de voluntad, porque vive dentro de nosotros y nos ayudará a escapar de la órbita gravitacional del ciclo de repetir una y otra vez los mismos patrones pecaminosos. Esta es la inutilidad que se describe en Romanos cuando Pablo grita: «¡Soy un pobre miserable! ¿Quién me librará de este cuerpo mortal?» (7.24).

En el siglo cuarto, Agustín llegó a Cartago para dedicarse a estudiar y divulgar la depravación interna con la que estaba lidiando a pesar de haber sido criado por una madre piadosa y tener un conocimiento de Dios y del cristianismo. Su historia está siendo repetida por miles de jóvenes que abandonan las casas de su juventud para ir a la universidad y están mal preparados para los desafíos intelectuales que enfrentarán, así como los asaltos morales que les esperan: «Tu misericordia se cernió fielmente sobre mí desde lejos. ¡En qué iniquidades me estaba desperdiciando! Seguí una búsqueda sacrílega de conocimiento, que me condujo a ti, un desertor de ti, a las profundidades sin fe y al servicio fraudulento de los demonios».[1] Todos experimentamos esta condición desesperada cuando nos alejamos de la ayuda del Espíritu.

El capítulo ocho de Romanos ofrece los detalles de esta noticia, la cual es demasiado buena para ser cierta. No solo somos liberados de la ley del pecado y de la muerte, sino que también debemos ser guiados por el Espíritu para «dar muerte a los malos hábitos del cuerpo» (v. 13).

### Pongan sus mentes

Prácticamente, se nos dice que pongamos nuestras mentes en las cosas del Espíritu (Romanos 8.5). Cuanto más meditemos en la verdad de Dios y no en las fallas de nuestro pasado o en los deseos pasajeros de las tentaciones, más veremos nuevos hábitos de victoria sobre los patrones pecaminosos. El Espíritu nos conducirá a la verdad de la Palabra de Dios que promete la victoria. Ya no estamos obligados a que la carne obedezca sus deseos (v. 12).

### La gracia nos ha liberado

William Wilberforce, el abolicionista inglés, escribió que nuestra conducta no es excusada por la gracia de Dios, sino alterada por esta: «Nuestra condición natural es débil y está extraviada, y nuestras tentaciones son numerosas; Dios es infinitamente santo, pero ofrece perdón, gracia y poder habilitante a aquellos que son honestos con Él y están dispuestos a arrepentirse».[2]

La gracia de Dios es la razón por la cual somos salvos y conducidos a la familia de Dios. Debemos aprovechar diariamente el poder de la gracia, incluso después de someternos a Él. Si hacemos esto, experimentaremos entonces la verdadera libertad: «Así el pecado no tendrá dominio sobre ustedes, porque ya no están bajo la ley, sino bajo la gracia» (Romanos 6.14).

Fue este poder el que transformó al amigo y mentor de Wilberforce, John Newton, para dejar de ser un comerciante de esclavos malvado e injusto y convertirse en un abanderado de la libertad. Después de su conversión, Newton escribiría las palabras inmortales en una canción conocida en todo el mundo: «Sublime gracia».

### *El Espíritu nos ayuda con nuestras debilidades*

El hecho de que todos luchamos con la tentación y una gran cantidad de deseos que están en desacuerdo con la verdad de Dios apunta a un remedio que debe estar más allá de nosotros mismos. Cuando nos dirigimos a Dios en oración, el Espíritu Santo nos fortalece, nos llena, para llegar a ser «más que vencedores» (Romanos 8.37, RVR60). Cuando estamos llenos del Espíritu, hay poco espacio para otros deseos opuestos (Gálatas 5.16).

Piensa cómo te sientes después de una gran comida. La oferta para comer más rara vez es tentadora. Es por eso que el apóstol Pablo escribió: «Le pido que, por medio del Espíritu y con el poder que procede de sus gloriosas riquezas, los fortalezca a ustedes en lo íntimo de su ser, para que por fe en Cristo habite en sus corazones» (Efesios 3.16, 17).

## 3. «Visto por ángeles»

Este credo afirma que el Dios que se hizo hombre en Cristo también fue visto por los ángeles. Fueron los ángeles quienes dieron la noticia a Zacarías, Isabel y María de que pronto aparecería un Salvador. Ellos son los que anunciaron su nacimiento a los pastores y luego iluminaron el cielo nocturno con un concierto celestial que desafió la imaginación. Los ángeles son seres celestiales que han aparecido en momentos y coyunturas críticas de la historia. Ver un ángel suele ser un signo de la cercanía del Señor con nosotros o de una situación muy preocupante. El libro de Hebreos declara que son espíritus ministradores enviados para ayudar a aquellos que heredarán la salvación (1.14).

Aunque estas afirmaciones son ciertas, no representan a qué se refiere este pasaje. No se trata de personas que ven a los ángeles, sino de lo que vieron los ángeles. Y luego está la pregunta sobre qué tiene que ver esto con nosotros y con nuestra capacidad de vivir vidas piadosas. Presento mi explicación con mucha humildad y con el reconocimiento de que mis pensamientos sobre esto podrían ser meras especulaciones. De entrada, reconoceré que hay interpretaciones posiblemente más creíbles sobre aquello de lo que habla este pasaje.

Para empezar, debemos remontarnos a cuando los ángeles se rebelaron contra Dios, con más de un tercio de ellos cayendo del cielo. Es alucinante considerar a un ser que ha vivido en presencia de Dios y experimentado la gloria de Dios, y que luego se aleja y se vuelve en contra de los propósitos de Dios en la Tierra. ¿Qué pudo haber causado semejante caída?

### Una mirada más cercana a los ángeles

El libro de Isaías nos da detalles importantes sobre cómo son los ángeles:

> El año en que murió el rey Ozías, vi al Señor sentado en un trono muy alto; el borde de su manto llenaba el templo. Unos seres como de fuego estaban por encima de él. Cada uno tenía seis alas. Con dos alas se cubrían la cara, con otras dos se cubrían la parte inferior del cuerpo y con las otras dos volaban. Y se decían el uno al otro:
>
> > «Santo, santo, santo es el Señor todopoderoso;
> > toda la tierra está llena de su gloria». (Isaías 6.1–3, DHH)

La imagen habitual de un ángel muestra solo un par de alas. En este pasaje, ellos tienen *seis* alas. Un conjunto de alas tenía el propósito de cubrir sus rostros en presencia de Dios. Aparentemente, la intensidad del brillo de la presencia de Dios es demasiado fuerte para ellos. Debido a que no pueden mirar completa y enteramente a Dios, deben confiar en que Dios es bueno y en que su carácter es confiable. Es posible que la rebelión angélica haya sido instigada por alguien que hace una acusación proferida en el jardín del Edén: no se puede confiar en Dios.

Por lo tanto, los ángeles que permanecieron habrían rechazado la acusación y se habían mantenido firmes en su confianza en Dios. Sabemos que cuando Dios se hizo hombre en Jesucristo, los ángeles vieron que Dios era bueno. Como dijo Jesús: «El que me ha visto a mí ha visto al Padre» (Juan 14.9).

Esta devoción a la veracidad de Dios está relacionada con la gran alegría en el cielo cuando un pecador se arrepiente. El arrepentimiento —alejarse del pecado y regresar a Dios— es el resultado de una profunda convicción de un comportamiento erróneo, así como una revelación de la bondad y tolerancia de Dios (Romanos 2.4).

## Dios es bueno

Para vivir vidas piadosas, también debemos confiar en que Dios es bueno y tiene nuestro mejor interés en todo lo que Él nos ordena. Una y otra vez, he visto a personas alejarse de caminar con Dios debido a la amargura y la desilusión. Culpan a Dios (y a quienes los rodean) por los fracasos y tragedias en sus vidas. En mis innumerables entrevistas con escépticos, han citado la existencia del mal en el mundo como la razón principal por la que se niegan a creer en Dios.

Así como los ángeles vieron la bondad de Dios en la encarnación —a Dios convirtiéndose en hombre—, también es una razón para que confiemos en el amor incomparable de Dios. Debemos confiar igualmente en Él al escuchar Sus instrucciones acerca de cómo vencer el pecado y el mal. Muchas veces oigo a personas decir cosas como: «Todo lo que necesitas es la presencia de Dios». Eso suena muy espiritual, pero no es toda la verdad. Sí, es alentador y cambia la vida adorar a Dios y sentir su presencia, pero también debemos tener su Palabra en nuestros corazones y en nuestras bocas. Debemos ponernos la armadura completa de Dios para poder estar firmes contra las artimañas del diablo (Efesios 6.10–18). Se nos promete que, como resultado, Dios puede evitar que tropecemos. Los ángeles están para ayudarnos en esta batalla también (Hebreos 1.14).

## 4. «Proclamado entre las naciones»

La predicación del evangelio es la forma principal en que se propaga la piedad. Al predicar a Cristo, las vidas se transforman, los corazones cambian y la injusticia se hace bien. La Biblia describe este fenómeno una y otra vez.

Existe un gran debate en los círculos psicológicos sobre si la naturaleza y el carácter de las personas realmente pueden cambiar. Este tipo de cambio es el milagro más común de todos. Esto es imposible para la humanidad, pero con Dios todo es posible. Esta parte del credo resalta cómo la misión de Cristo nos impacta a nosotros y a nuestras vidas. He descubierto que dentro de cada mandato de las Sagradas Escrituras hay una bendición para nosotros cuando lo obedecemos y lo cumplimos. Muchas veces, esto ocurre porque se nos advierte mantenernos alejados de las cosas que nos lastimarán o nos destruirán a nosotros y a los que amamos. Así como una señal de tráfico nos advierte del peligro futuro o una etiqueta en una botella de veneno, Dios demuestra su bondad y amor por nosotros en lo que prohíbe.

Luego está la bendición que proviene de obedecer los mandamientos que nos llaman a hacer algo. Una de las órdenes más desafiantes es perdonar a los demás cuando nos han perjudicado. A pesar de que parece muy difícil, en realidad nos beneficia liberar a otros de sus pecados en contra de nosotros, incluso cuando Dios nos ha liberado de nuestros pecados en contra de Él. La recompensa para nosotros es estar libres del cáncer de la amargura y el resentimiento. A lo largo de los años, he observado cómo las personas se encadenan a los acontecimientos negativos de su pasado debido a que no siguen estas instrucciones del Señor.

Cuando proclamamos el evangelio a las naciones, algo nos sucede tanto a nosotros como a aquellos con quienes hablamos. Nuevamente, el deseo de Dios es bendecirnos tanto a nosotros como a aquellos que no han sido alcanzados. Primero que nada, el racismo es erradicado de nuestros corazones mientras demostramos cuidado y preocupación por otras etnias diferentes a las nuestras. A medida que oramos por las naciones y luego les damos el evangelio, rompemos con la división y el odio, y mostramos al mundo el poder del amor de Cristo para todas las personas. Ninguna etnia puede reclamar el derecho exclusivo al amor de Dios.

Uno de los momentos más controvertidos en el ministerio de Jesús fue cuando Él le habló a una mujer samaritana, cuya etnia era menospreciada por los judíos. Cristo no solo le ministró, sino que ella regresó a su pueblo con el mensaje de que Él era el Mesías. El impacto fue deslumbrante. Cuando los doce discípulos le llevaron comida, Él se negó y dijo: «Yo tengo una comida, que ustedes no conocen» (Juan 4.32, DHH). Él les estaba dando una idea de algo que, en mi opinión, se relaciona con el misterio de la piedad. Cuando participamos en la misión de Dios a la humanidad, recibimos fortaleza del cielo. He experimentado esta fortaleza una y otra vez a lo largo de los años. Aunque hay un sentido del oído, la Palabra de Dios alimenta mi espíritu del mismo modo que la comida física fortalece mi cuerpo. Sin embargo, hay un «alimento» que proviene de obedecer la Palabra de Dios (no solo de oírla). Esto es lo que Jesús está explicando a Sus discípulos en este encuentro registrado en el Evangelio de Juan. Luego dice: «Mi comida es hacer la voluntad del que me envió y terminar su trabajo» (v. 34, DHH).

Debemos comprender que Dios tiene un propósito general para este planeta. Su misión es la causa más importante en la que podríamos participar. Independientemente de nuestra vocación o sentido del llamado, todos podemos participar y hacer una diferencia. Otra gran promesa de Dios que debería mencionarse aquí es Romanos 8.28: «Sabemos que Dios dispone todas las cosas para el bien de quienes lo aman, a los cuales él ha llamado de acuerdo con su propósito» (DHH).

Al dedicarnos a los propósitos de Dios en nuestra generación, podemos tener la esperanza real de que nuestros pasos serán ordenados por el Señor. Las cosas buenas vendrán a nosotros. Ciertamente, también hay desafíos profundos, a medida que promovemos la causa de Cristo en las naciones del mundo donde no ha sido bienvenido históricamente o donde actualmente es ilegal. Necesitaremos sabiduría del cielo para conocer el mejor momento y la mejor estrategia para nuestros esfuerzos. Incluso el apóstol Pablo tenía prohibido ir a varios lugares por el Espíritu Santo y luego pudo tener un ministerio efectivo en esas mismas regiones. Que no retrocedamos ante esta gran oportunidad de ser derramados por el reino de Dios en esta hora crítica.

## 5. «Creído en el mundo»

Uno de los principios más fundamentales de vivir la vida cristiana de inicio a fin implica nuestra necesidad de escuchar la Palabra de Dios: «Así pues, la fe nace al oír el mensaje, y el mensaje viene de la palabra de Cristo» (Romanos 10.17, DHH). Esta es una parte indispensable para desarrollar una confianza profunda en la Palabra de Dios, en las cosas específicas que promete, no solo en la veracidad y confiabilidad general de las Sagradas Escrituras. Este tipo de fe, en las promesas específicas de Dios, es clave para poder descubrir y experimentar el misterio de la piedad. Tener fe en las promesas de Dios nos lleva a convertirnos en hijos de Dios. Es la misma fe por la que debemos vivir. Esta verdad es muy importante para mí debido a la forma en que cambió radicalmente mi vida en mi tercer año de universidad.

Cuando asistí a los servicios de la iglesia en mi juventud, yo tenía una clara comprensión en mi mente de que la vida en la tierra tenía una causa mayor que ella misma. La existencia de Dios nunca estuvo en duda en mi mente. El desafío para mí era la forma en que debería vivir mi vida. Por lo que podía ver, mi vida no era diferente a la de cualquier otra persona que asistía a la iglesia.

Mi conclusión fue que realmente no importa cómo vivas, siempre y cuando no rompas ninguna ley importante. Esta mentalidad no me dio el poder para soportar la creciente sensación de enfermedad en mi propia alma de que algo andaba mal con la forma en que yo estaba viviendo, a pesar de sentirme bastante normal en comparación con mis compañeros. Este no es el lugar para un confesionario acerca de mis prácticas, aunque mirándolo en términos retrospectivos, no fui una buena persona. Creo que esta es la razón por la que estaba tan fascinado con las *Confesiones* de San Agustín. Escrita en el siglo cuarto, es la primera obra autobiográfica real de su tipo en la historia. Agustín soportó su alma acerca del mal que estaba en su interior. Escribió:

> ¿Y qué era lo que me deleitaba, sino amar y ser amado? Pero yo no guardaba la moderación que debe haber en el amor mutuo, de persona a persona, ya que el límite de la amistad es algo luminoso. En mí se levantaban nieblas de la cenagosa concupiscencia de mi carne y del manantial de mi pubertad, que oscurecían y buscaban mi corazón de tal manera que la serenidad del amor casto no distinguía de la oscuridad del amor impuro.[3]

Augustín justificó sus acciones inmorales como un comportamiento normal y gravitó hacia las filosofías y sistemas de creencias que respaldaban sus deseos carnales. Cientos de años después, este engaño sigue siendo desenfrenado. Por lo general, no es la verdad lo que determina el código moral de alguien, sino su código moral lo que determina sus creencias religiosas.

Mónica, la madre de Agustín, continuó orando por él. Y la fiel predicación de Ambrosio, el obispo de Milán, continuó diciéndole que su conducta era incorrecta, a pesar de que la cultura aceptaba su estilo de vida. En medio de su confusión y depresión, Agustín relató un momento inusual que cambió su vida. Escuchó el sonido de un niño recitando las líneas de una canción. Interpretó las letras simples como las instrucciones de Dios para que él las siguiera:

> Y aunque no con estas palabras, pero sí con el mismo sentido, te dije muchas cosas como éstas: ¡Y tú, Señor, hasta cuándo! ¡Hasta cuándo, Señor, has de estar irritado! No quieras más acordarte de nuestras iniquidades antiguas. Sentíame aún cautivo de ellas y lanzaba voces lastimeras: «¿Hasta cuándo, hasta cuándo, ¡mañana! ¡mañana!? ¿Por qué no hoy? ¿Por qué no poner fin a mis torpezas en esta misma hora?». Decía estas cosas y lloraba con amarguísima contrición de mi corazón. Mas he aquí que oigo de la casa vecina una voz, como de niño o niña, que decía cantando y repetía muchas veces: «Toma y lee, toma y lee».[4]

Luego pasó a describir cómo un simple versículo de la Biblia rompió la cadena que lo mantuvo atado a sus prácticas inmorales. Este es el tipo de fe en el poder de Dios que resulta fundamental para que podamos vivir las vidas piadosas que estamos llamados a vivir:

> Así que, apresurado, volví al lugar donde estaba sentado Alipio y yo había dejado el códice del Apóstol al levantarme de allí. Toméle, pues; abríle y leí en silencio el primer capítulo que se me vino a los ojos, y decía: No en comilonas y embriagueces, no en lechos y en liviandades, no en contiendas y emulaciones, sino revestíos de nuestro Señor Jesucristo y no cuidéis de la carne con demasiados deseos (Romanos 13.13,14).

No quise leer más, ni era necesario tampoco, pues al punto que di fin a la sentencia, como si se hubiera infiltrado en mi corazón una luz de seguridad, se disiparon todas las tinieblas de mis dudas.[5]

Del mismo modo, podemos vencer los deseos de la carne al escuchar la promesa de la victoria de Dios y aprender a pelear la batalla de la fe. Me he beneficiado enormemente del libro de 1 Juan y de su llamado para que, como creyentes, caminemos tal como lo hizo Cristo. El secreto de esta vida es creer que podemos vencer: «Y nuestra fe nos ha dado la victoria sobre el mundo» (v. 5.4, DHH).

## 6. «Tomado en gloria»

La etapa final en el *misterio de la piedad* es, después de Su resurrección, que Cristo ascendió al Padre. Los discípulos presenciaron este milagroso evento sobrenatural y se quedaron mirando al cielo, estupefactos. Fue una escena tan cautivadora que un ángel tuvo que hablar al asombrado grupo de seguidores de Cristo y amonestarlos y recordarles que había trabajo por hacer:

Pero cuando el Espíritu Santo venga sobre ustedes, recibirán poder y saldrán a dar testimonio de mí, en Jerusalén, en toda la región de Judea y de Samaria, y hasta en las partes más lejanas de la tierra.

Dicho esto, mientras ellos lo estaban mirando, Jesús fue levantado, y una nube lo envolvió y no lo volvieron a ver. Y mientras miraban fijamente al cielo, viendo cómo Jesús se alejaba, dos hombres vestidos de blanco se aparecieron junto a ellos y les dijeron: —Galileos, ¿por qué se han quedado mirando al cielo? Este mismo Jesús que estuvo entre ustedes y que ha sido llevado al cielo, vendrá otra vez de la misma manera que lo han visto irse allá. (Hechos 1.8–11, DHH)

La ascensión de Cristo tiene muchas implicaciones. Todas estas cosas tienen un impacto directo en nuestra capacidad de vivir vidas santas y escapar de la corrupción que hay en el mundo (2 Pedro 1.5). Estas son algunas de las repercusiones más notables en nuestras vidas.

*Toda autoridad está en Su nombre.* Después de Su ascensión, el lugar de Jesús está ahora a la diestra del Padre. Su nombre lleva toda autoridad en el cielo y la tierra. Como seguidores de Cristo, se nos ha dado la autorización para llevar Su mensaje hasta los confines de la tierra. No necesitamos el permiso de nadie más. A la luz de esto, podemos estar seguros adonde quiera que vayamos. Nos han dado todo lo que necesitamos para cumplir la tarea a la que nos ha llamado.

*Él está vivo.* La salida de Cristo de este planeta a través de Su ascensión deja en claro que Él está vivo. Esto significa que Él todavía está involucrado en los asuntos de la tierra. Como lo prometió Él, «porque yo vivo, también ustedes vivirán» (Juan 14.19). No vamos solos a medida que avanzamos. Es por eso que nos dijo: «Porque donde dos o tres se reúnen en mi nombre, allí estoy yo en medio de ellos» (Mateo 18.20, DHH).

La participación personal de Cristo con nosotros es real, no metafórica. Debemos reconocer que Él está verdaderamente con nosotros, así como también dentro de nosotros a través de Su Espíritu. Esto cambia nuestra perspectiva sobre lo que decimos y la manera como actuamos. Podemos vivir vidas piadosas porque Él está con nosotros para ayudarnos y alentarnos.

*El temor al Señor.* Porque Él está con nosotros, también *ve* nuestras obras, tanto las buenas como las malas. Se nos dice que al final nos presentaremos ante el tribunal de Cristo. Sabiendo esto debe ocasionar uno de los rasgos más importantes que producirán vidas santas: «Porque es necesario que todos nosotros comparezcamos ante el tribunal de Cristo, para que cada uno reciba según lo que haya hecho mientras estaba en el cuerpo, sea bueno o sea malo. Conociendo, pues, el temor del Señor, persuadimos a los hombres; pero a Dios le es manifiesto lo que somos; y espero que también lo sea a vuestras conciencias» (2 Corintios 5.10, 11, RVR60).

Al igual que el colesterol, hay dos tipos de temor: el bueno y el malo. Se nos dice que «Pues Dios no nos ha dado un espíritu de timidez, sino de poder, de amor y de dominio propio» (2 Timoteo 1.7). Ser tímido es el tipo malo de temor. Pero hay un tipo de temor bueno. Esta es la razón por la cual el temor del Señor es realmente bueno. Nos hace huir del mal. Cuando comprendemos que rendiremos cuentas por las cosas que hacemos en nuestras vidas, esto genera una restricción contra el mal. Así como la amenaza de una auditoría financiera del gobierno ayuda a contener cualquier fechoría potencial, enfrentar la responsabilidad nos alentará contra la tentación y el compromiso.

El temor del Señor ayuda a fortalecer nuestro sistema inmunológico espiritual. Estamos viviendo en una cultura de creciente oscuridad e impureza. No importa lo mucho que intentemos aislarnos para no estar expuestos a imágenes pecaminosas e influencias malignas, todos enfrentamos diariamente estas indignidades. Al igual que el justo Lot, nuestras almas se atormentan al tener que enfrentar la depravación en todos los lugares a los que acudimos. El temor al Señor proporciona la resolución de huir del mal y continuar buscando la gracia de Dios y la forma de escapar de toda dificultad.

## Resumen

Estamos viviendo en tiempos difíciles. Cuando pienso en lo que enfrenté cuando era adolescente, me doy cuenta de lo mucho más insidiosa y flagrante que es la tentación en la actualidad. Vivir piadosamente nunca ha sido más difícil. Estoy muy agradecido de que la obra de Cristo sea más grande que cualquier cosa que podamos enfrentar. El misterio de la piedad no tiene que seguir siendo un misterio para nosotros como seguidores de Cristo. Pablo le da a Timoteo las llaves para desatar la liberación que necesitamos del poder del pecado y la muerte. Las seis declaraciones en 1 Timoteo 3.16 forman un credo que podemos memorizar y utilizar como una guía para recordarnos que la victoria es posible.

La piedad es posible porque Dios se hizo hombre en Cristo. La religión nos dice lo que debemos hacer para ser aceptados por Dios. El cristianismo comienza con Dios alcanzándonos, y no con nosotros alcanzándolo a Él a través de nuestros esfuerzos. A través de la ayuda del Espíritu, podemos ser llenos y empoderados para vivir de la manera en que estamos llamados a vivir. Al igual que los ángeles que contemplaron la bondad del Cristo encarnado, podemos confiar en el amor y el cuidado de Dios por nosotros, independientemente de los desafíos que tengamos. A medida que llevamos el evangelio a las naciones, participamos de la fortaleza que recibimos luego de trabajar con Él en Sus propósitos en la tierra. Mediante la fe en Sus promesas, podemos caminar en la victoria que Él murió y resucitó para darnos. Y finalmente, porque Él aún está vivo, podemos saber que Él está con nosotros donde sea que vayamos.

«El temor del SEÑOR», se nos dice, «es el principio de la sabiduría» (Salmos 111.10). Armados con el conocimiento de que estaremos ante el tribunal de Cristo, nos motiva a sacudirnos y alejarnos de todo lo que pueda desagradarle a Él. Lejos de ser un tipo de temor opresivo, que es destructivo, en el salmo 19.9, este tipo de temor se llama «puro» y también «limpio» (DHH). Producirá una pureza y limpieza que nos hará sentir la alegría de saber que somos hijos de Dios.

# CONCLUSIÓN

## *La urgencia impetuosa del ahora*

El *Washington Post* publicó una historia en 2016 en referencia a una encuesta realizada entre los jóvenes en Islandia sobre sus creencias religiosas. Los resultados de la encuesta fueron asombrosos: el cero por ciento de los jóvenes menores de veinticinco años encuestados cree que Dios creó el mundo.[1]

Cuando leí esto, levanté el teléfono de inmediato y llamé a mi editor, Thomas Nelson, y le pregunté sobre la posibilidad de lanzar mi libro *Dios no está muerto* en islandés. Thomas Nelson solo había publicado un libro en ese idioma, pero dijo que le enviaría mi propuesta al hombre que había traducido el libro. Al día siguiente me envió un correo electrónico. Él y su esposa estaban en Estados Unidos de vacaciones, y en menos de una semana fue a mi casa en Nashville. Ágúst Ólafsson y su esposa, Kolbrún, estaban profundamente preocupados por la falta de fe en su país, tal como se había revelado en la encuesta.

*Dios no está muerto* se tradujo al islandés y se publicó, y en nuestro primer evento, celebrado en un cine al lado del campus universitario en Reikiavik, más de trescientas personas asistieron a nuestras dos noches de enseñanza de las verdades del evangelio. Identificándose a sí mismo como «ateo», alguien señaló en su tarjeta de comentarios: «Creo que lo más amable que puede hacer un creyente por un incrédulo es tratar de salvar su alma». Esto estaba muy lejos de la beligerancia y la hostilidad generalmente asociadas con el choque entre el ateísmo y la fe cristiana.

Estaremos llevando a cabo una serie de eventos similares en los próximos meses para seguir acercándonos a esta nación. Vale la pena mencionar que debido a nuestro evento inicial, el titular de la noticia ya no es cierto. Varios islandeses menores de veinticinco años no solo creen en el Creador, sino que también creen en Jesucristo, quien murió y resucitó en su nombre. Creer que los jóvenes de Islandia tenían un derecho fundamental a conocer la verdad detrás de la fe cristiana nos obligó a actuar.

Comencé este libro con la historia de un ser en medio de una revolución en la nación de Filipinas hace más de treinta años. A comienzos de la década de 1990, el movimiento por la libertad sacudió a la Unión Soviética y derribó las barreras que dividieron países y continentes por más de una generación. Por la misma época, las protestas se extendieron a más de cuatrocientas ciudades de China. La imagen icónica de un estudiante solitario que bloquea a un tanque que avanza por la Plaza de Tiananmen en Pekín representa el coraje y la convicción que el hambre de justicia y verdad pueden producir. En el siglo veintiuno, la Primavera Árabe envió ondas de choque a través del Medio Oriente y demostró la realidad de que los gobiernos opresivos y los sistemas de creencias eventualmente perderán su dominio sobre las mentes y corazones de las personas.

Creo que sentí vientos similares soplar en Estados Unidos cuando caminaba por las calles de Washington D. C, en enero de 2017. Me encontraba en la intersección de varios movimientos de personas con una amplia gama de creencias políticas, sociales y religiosas. La tensión en el aire era palpable. Si alguna vez has estado en un lugar donde convergen cuerpos de agua, la agitación puede ser peligrosa para aquellos que intentan avanzar de manera segura. Mirando a las grandes multitudes que se congregaron en esos pocos días en que inauguraría el presidente estadounidense, seguida de una marcha hacia Washington por miles de mujeres, volví a las imágenes del verano de 1963, cuando enormes multitudes llegaron a este mismo lugar en medio del movimiento por los derechos civiles y oyeron el discurso: «Yo tengo un sueño» del doctor Martin Luther King Jr.

King no solo articuló la difícil situación de la comunidad afroamericana y las injusticias que debían detenerse; lo hizo sobre la base de una firme creencia de que estos derechos eran reales porque fueron otorgados por el Creador. También enmarcó el momento y le suplicó al país que no pasara por alto la urgencia impetuosa del ahora: «También hemos venido a este sagrado lugar para recordar a América la *urgencia impetuosa del ahora...* Ahora es el momento de hacer de la justicia una realidad para todos los hijos de Dios».[2]

La historia registra que Estados Unidos tomó en cuenta la advertencia del doctor King, y que se hicieron muchos cambios, aunque las nubes de racismo e injusticia se ciernen todavía sobre nuestra nación. Hemos llegado a un momento de verdad aún mayor en términos de nuestra necesidad de reconocer la crisis en la que nos encontramos y no descartar la urgencia intensa del ahora. Esta urgencia no es para alinearnos con un partido político particular o una causa social; no se trata de exigir los derechos de un género o de un grupo étnico en particular; se trata de reconocer nuestros deberes y responsabilidades a quien ortoga todos los derechos: el Creador. Incluso una mirada casual a las Sagradas Escrituras revela que las naciones perduran o sucumben según su fidelidad a Dios y a sus mandamientos. Si rechazamos a Dios y sus caminos, perderemos sus bendiciones y protección. Si alguien tiene derechos, el Creador tiene el derecho a determinar las reglas para Su creación y decidir el destino de quienes las rechazan.

El evangelio de Jesucristo es el mensaje de paz y reconciliación entre el Creador y Su creación. Cuenta la historia de cómo Dios mismo vino al planeta que creó y sufrió en nombre de todas las personas y soportó el castigo por nuestros actos de pecado e injusticia. Aborda la injusticia en su origen. Jesús señaló explícitamente a la fuente del mal no como a cosas que son externas a su influencia, sino, de hecho, a lo que proviene de nuestro interior: «Lo que sale de la persona es lo que la contamina. Porque de adentro, del corazón humano, salen los malos pensamientos, la inmoralidad sexual, los robos, los homicidios, los adulterios, la avaricia, la maldad, el engaño, el libertinaje, la envidia, la calumnia, la arrogancia y la necedad. Todos estos males vienen de adentro y contaminan a la persona» (Marcos 7.20–23).

Él nos ofrece no solo el perdón, sino también la promesa de un nuevo corazón. Este es el milagro que produce el mensaje de Cristo. Brinda a todos los que creen el poder para vencer el pecado y la injusticia que tan fácilmente nos acosan a todos, y nos da una esperanza real que podemos ofrecer a otros.

Como seguidores de Cristo, somos nosotros los que no debemos pasar por alto este momento urgente. Ya no podemos dar un paso atrás y asumir que el trabajo de difundir el evangelio es responsabilidad de ministros o misioneros profesionales. Debemos despertar del peligroso letargo de la indiferencia y prepararnos para dar las razones de la esperanza que tenemos en el evangelio, como nos encomienda 1 Pedro 3.15. Es una tarea titánica que tenemos por delante, pero no imposible. La historia nos dice que momentos como este, llamados *avivamientos*, han tenido lugar, y que ciudades, regiones y naciones enteras han acudido de nuevo a Dios.

Esto comienza con nosotros, que pretendemos seguir a Cristo, abrazando el mandato de hacer discípulos de todas las naciones como nuestra más alta prioridad. Ninguna otra causa política o agenda social contiene el poder de hacer una diferencia duradera en el mundo tal como lo hace el evangelio. Es la veracidad del mensaje lo que eleva el hecho de oírlo al estado de un derecho humano. Y debido a que tiene el poder de detener la injusticia, debe ser valorado como el derecho humano más importante de todos. Al observar el evangelio bajo esta nueva luz, todos deberíamos reevaluar nuestras vidas, nuestras prioridades y todas las formas en que empleamos nuestra energía y nuestros recursos. «Mas a cuantos lo recibieron, a los que creen en su nombre, les dio el derecho de ser hijos de Dios» (Juan 1.12).

El mensaje *del derecho humano* es conocer a Jesucristo y darlo a conocer. Cristo murió para darte el derecho de convertirte en Su hijo. Esto no significa que Dios le deba la salvación a nadie, sino que ha hecho posible esta salvación para todos. Independientemente de tu edad, etnia o posición social, tienes derecho a saber lo que Dios te ha proporcionado a través de la vida, la muerte y la resurrección de Su Hijo. Se te ofrece la libertad de la opresión y de la tiranía que te impiden cumplir el propósito otorgado por Dios para tu vida. Esta libertad no es solo para individuos, sino también para naciones. Se nos ha concedido la increíble responsabilidad de dar el mensaje de esta esperanza y liberación al mundo entero. Ellos tienen derecho a saber.

Esto me recuerda la labor de William Wilberforce, el gran defensor de la abolición de la esclavitud en Inglaterra. Sus esfuerzos incansables por librar a su nación del flagelo de la esclavitud demostraron el poder del evangelio para provocar cambios en los corazones de las personas y, en consecuencia, lograr una verdadera justicia para todos:

> Así pues, no olviden nunca que la principal diferencia entre la fe auténtica y el cristianismo cultural que practica la mayoría de los feligreses en nuestro país es principalmente el resultado de un pensamiento erróneo sobre las verdades centrales del evangelio. Si son entendidas, los cristianos culturales consideran que estas verdades no son importantes para la práctica real de su fe. Estas verdades se han convertido en meras curiosidades relegadas con

frecuencia a un tiempo pasado que no tiene nada que ver con el presente. Pero para los hombres y mujeres que poseen fe auténtica en Jesucristo, estas verdades son el centro de gravedad hacia el cual se mueve toda la vida. ¡Ellas son el sol de su sistema solar! ¡Ellas son el origen de todo lo que es excelente y encantador, y fuente de luz y de vida![3]

Theodore Parker, abolicionista del siglo diecinueve y ministro, prefiguró las palabras del doctor Martin Luther King Jr.: «El arco del universo moral es extenso, pero se inclina hacia la justicia».[4] El evangelio de Jesucristo es tanto el centro de gravedad hacia el cual nuestras vidas están siendo atraídas, como el arco moral del universo. Cuando nos alineamos con la agenda del cielo, podemos esperar la ayuda del cielo para lograr la tarea.

# AGRADECIMIENTOS

Este es el tercer libro de una serie para ayudar a proveer a los creyentes con el fin de compartir la verdad de la fe cristiana con los incrédulos. El primer libro, *Dios no está muerto*, inspiró una serie de películas con el mismo nombre. Estoy agradecido con todas las personas involucradas que ayudaron a hacer esto posible, especialmente con Troy Duhon y Michael Scott. El objetivo de ayudar a más personas a aprender a defender su fe se está logrando.

Gracias a la generosidad de Bob y Candy Major, así como de Danny y Diane McDaniel, podemos filmar los múltiples eventos que tienen lugar en todo el mundo en los campus universitarios donde se presentan las pruebas de Dios y la verdad de la fe cristiana. Hay cosas extraordinarias que están sucediendo en los lugares menos probables (como Islandia), donde el ateísmo y el escepticismo se han atrincherado. Estamos entusiasmados por compartir estos documentales en el futuro.

*El derecho humano*, el tercer libro de esta serie, es por mucho el libro más desafiante que he escrito. Mi suposición es que el enfoque en la importancia de proclamar el evangelio se sumó a la oposición espiritual que encontré. Además de ser golpeado virtualmente de frente en una colisión automovilística, varios eventos me han conducido a una mayor conciencia de la necesidad de orar más, no solo de mi parte, sino también al solicitar las oraciones de los demás. De hecho, la noche anterior a mi accidente, Stormie Omartian, una piadosa mujer de oración y escritora prolífica sobre el tema, se despertó en la noche para orar por mí. Al día siguiente, ella resultó ser una de las primeras en hacerse presente en la escena del accidente y en orar por mí antes de que llegara la ambulancia. Afortunadamente, mis huesos rotos sanaron, y este libro fue completado. Otros incidentes que no detallaré me han recordado que estamos inmersos en un gran conflicto espiritual para los corazones y las mentes de más de siete mil millones de personas en este planeta.

Estoy agradecido más allá de las palabras con Jody, con quien llevo casado treinta y cinco años. Su búsqueda constante para aprender ha tenido un efecto enorme en mí, así como en nuestros cinco hijos a los que ella educó en nuestro hogar. Ella ha traído muchos problemas a mi atención, que han modificado y profundizado mis opiniones al comprender la historia. La anécdota sobre Filipinas que relaté al principio de este libro no hubiera sido posible sin su ayuda. Cuando acudí a ella en enero de 1984 y le conté sobre mi deseo de comenzar un ministerio en Manila, tenía seis meses de embarazo de nuestro primer hijo. Ella aceptó llevar a un niño de tres meses a la incertidumbre de una nación en crisis y en contra de los consejos de familiares y amigos. Todavía me maravillo de su coraje y determinación para cumplir los propósitos de Dios. Su fe increíble estaba enraizada en su amor por las Sagradas Escrituras y su devoción por leer sobre las vidas de los misioneros en siglos anteriores.

La inspiración para que el evangelio se defina como un tema de derechos humanos proviene de un grupo de personas que trabajan en las Asambleas de Dios en Springfield, Misuri. Fui invitado a hablar con su equipo ministerial nacional y quedé impactado por una iniciativa que acababan de lanzar llamada «El Derecho Humano». Heath Adamson, el líder juvenil nacional en esa época, y varios de sus colegas, idearon una estrategia para relanzar el evangelismo como la más urgente de todas las tareas. Inmediatamente me comprometí a asociarme con ellos para ayudar a desarrollar herramientas y material de apoyo que daría una mayor claridad a la realidad de que el evangelio era el tema fundamental de los derechos humanos. Les agradezco que me hayan entregado todo este proyecto para administrarlo y difundirlo en el cuerpo más amplio de Cristo. Mi esperanza es que los creyentes en Jesucristo en cada iglesia y denominación recuperen la pasión por compartir el evangelio.

Estoy agradecido con muchas personas que han contribuido de alguna manera a este libro. En cierto modo, esto es el resultado de un proceso acumulativo en los últimos treinta y cinco años de mi ministerio cristiano. Estoy en deuda con mis amigos de toda la vida en Every Nation Ministries y Bethel World Outreach Church en Nashville por alentarme a escribir y apoyarme en esta y en muchas otras iniciativas. Estoy agradecido por la contribución del doctor Brian Miller, quien me ayudó en las etapas iniciales de pensar en los temas que necesitaban ser cubiertos. El doctor Craig Keener revisó el manuscrito y continuó alentándome al decirme que este libro sería útil para muchos. Vishal Mangalwadi hizo una contribución valiosa en el capítulo que trata sobre el hinduismo y el budismo. Fikri Youseff y Shaddy Soliman hicieron lo mismo en la parte relacionada con el islam. Gracias también a los doctores Frank Turek y Richard Howe, quienes fueron muy útiles al señalar las áreas que necesitaban atención y una mayor claridad. El doctor Dan Wallace, quien ha contribuido con otros libros que he escrito, nuevamente fue amable al examinar el capítulo sobre la autoridad de las Sagradas Escrituras.

A mi hijo Wyatt se le ocurrió la idea de la portada del libro. Estoy agradecido por su corazón para el evangelio. De hecho, mi equipo para este proyecto incluye a tres de mis hijos: Louisa, que trabaja como mi asistente ejecutiva; William, quien ayuda a dirigir Engage Resources; y Charlie, quien trabaja en los medios. Es una bendición tenerlos a mi lado a medida que avanzamos en esta campaña para difundir el mensaje de que el evangelio es *el derecho humano*.

## AGRADECIMIENTOS

Mis buenos amigos Ron y Lynette Lewis; James y Debbie Lowe; Dale, Joan Evrist y Sol; y Wini Arledge son continuas fuentes de aliento personal para mí.

# NOTAS

## Introducción. La revolución que necesitamos

1. Esta historia está relatada en Rice Broocks, *Every Nation in Our Generation: Recovering the Apostolic Mandate* (Lake Mary, FL: Creation House, 2002).

2. Michael Lipka, «Why America's "Nones" Left Religion Behind», *FactTank* (blog), Pew Research Center, 24 agosto 2016, http://www.pewresearch.org/fact-tank/2016/08/24/why-americas-nones-left-religion-behind/.

3. *El evangelio como una verdad pública* es un término acuñado por el teólogo Lesslie Newbigin. Ver su libro *Truth to Tell: The Gospel as Public Truth* (Grand Rapids: Wm. B. Eerdmans, 1991).

4. El *evangelio social* reduce el mensaje cristiano simplemente a obras buenas. Omite la necesidad de transformación a través de la regeneración del Espíritu Santo creyendo que Jesucristo es el Hijo de Dios y que resucitó de entre los muertos.

## Capítulo 1. El derecho humano

1. David Biello, «How Science Stopped BP's Gulf of Mexico Oil Spill», *Scientific American*, 19 abril 2011, https://www.scientificamerican.com/article/how-science-stopped-bp-gulf-of-mexico-oil-spill/.

2. Javier E. David, «BP, Court Trade Barbs After Sharply Worded Oil Spill Ruling», CNBC, 4 septiembre 2014, http://www.cnbc.com/2014/09/04/bp-grossly-negligent-for-deepwater-horizon-oil-spill-conduct-was-reckless-court.html.

3. «Universal Declaration of Human Rights», documento descargable, Naciones Unidas, www.un.org/en/universal-declaration-human-rights/.

4. «World War II», History.com, http://www.history.com/topics/world-war-ii.

5. *Oxford Living Dictionaries*, s. v. «derecho», https://en.oxforddictionaries.com/definition/right.

6. Eric Posner, «The Case Against Human Rights», *Guardian*, 4 diciembre 2014, https://www.theguardian.com/news/2014/dec/04/-sp-case-against-human-rights.

7. Richard Rorty y Gianni Vattimo, *The Future of Religion* (Nueva York: Columbia University Press, 2007), p. 72 [*El Futuro de la religión* (Barcelona: Ediciones Paidós, 2005)].

8. Michael J. Sandel, *Justice: What's the Right Thing to Do?* (Nueva York: Farrar, Straus and Giroux, 2009), p. 102.

9. John Locke, *The Reasonableness of Christianity* (s. l.: Kypros Press, 2016), Ubicaciones en Kindle pp. 246–49. [*La racionalidad del cristianismo*. Madrid: Ediciones Paulinas, 1977)].

10. Vishal Mangalwadi, *The Book That Made Your World: How the Bible Created the Soul of Western Civilization* (Nashville: Thomas Nelson, 2012), p. 391.

11. Timothy Keller, *Making Sense of God: An Invitation to the Skeptical* (Nueva York: Viking, 2016), p. 221.

12. Vishal Mangalwadi, «Truth Matters», video en YouTube, 8:08, Reformation video #1, publicado por Solid Rock TV, 13 mayo 2017, youtu.be/Rd6pk0a9hcE.

13. Lesslie Newbigin, *Foolishness to the Greeks: The Gospel and Western Culture* (Grand Rapids: Wm. B. Eerdmans, 1988), p. 26.

14. Friedrich Nietzsche, «The Madman», *The Gay Science*, trad. Walter Kaufmann (Nueva York: Vintage, 1974), p. 181 (publicado originalmente en 1882), [«El loco», *La gaya ciencia* (Madrid: Alianza Editorial, 1974)].

15. Penn Jillette, «Why Tolerance Is Condescending», video en YouTube, 5:33, publicado por Big Think, 10 junio 2011, youtu.be/IpNRw7snmGM.

16. Robert M. Pirsig, citado en Richard Dawkins, *El espejismo de Dios* (Madrid: Espasa, 2013), p. 5.

17. Keller, *Making Sense of God*, p. 12.

18. Zarathustra en Friedrich Nietzsche, *Thus Spoke Zarathustra: A Book for All and None*, trans. Walter Kauffman (Nueva York: Modern Library, 1995), p. 13. (publicado originalmente en 1883–91), [*Así habló Zaratustra: Un libro para todos y para nadie* (Madrid: Alianza Editorial, 2011)].

19. Lesslie Newbigin, *The Gospel in a Pluralist Society* (Grand Rapids: Wm. B. Eerdmans, 1989), ubicaciones en Kindle 4106–8.

20. Timothy Keller, *Generous Justice: How God's Grace Makes Us Just* (Nueva York: Penguin, 2010), pp. 164–65.

21. Martin Luther King Jr., discurso «Yo tengo un sueño», 28 agosto 1963, transcripción, The Martin Luther King Jr. Instituto de Investigación y Educación, Universidad de Stanford, https://kinginstitute.stanford.edu/king-papers/documents/i-have-dream-address-delivered-marzo-washington-jobs-and-freedom.

22. Elisabeth Rosenthal y Andrew Martin, «UN Says Solving Food Crisis Could Cost $30 Billion», *New York Times*, 4 junio 2008, http://www.nytimes.com/2008/06/04/news/04iht-04food.13446176.html.

23. Zoe Shenton, «Stephen Fry's Furious Rant About God: "He Is Utterly Monstrous, Selfish and Deserves No Respect"», *Mirror*, 30 enero 2015, http://www.mirror.co.uk/3am/celebrity-news/ stephen-frys-furious-rant-god-5072065.

24. Guy Hutton, «Global Costs and Benefits of Drinking-Water Supply and Sanitation Interventions to Reach the MDG Target and Universal Coverage», Organización Mundial de la Salud, 2012, http://www.who.int/water_sanitation_health/publications/2012/globalcosts.pdf.

25. Ibíd.

26. Ibíd.

27. Mangalwadi, *The Book that Made Your World*, p. 258.

## Capítulo 2. El evangelio como verdad pública

1. Para un bosquejo biográfico, ver Paul Weston, *Lesslie Newbigin: Missionary Theologian: A Reader* (Grand Rapids: Wm. B. Eerdmans, 2006).

2. Lesslie Newbigin, *Truth to Tell: The Gospel as Public Truth* (Grand Rapids: Wm. B. Eerdmans, 1991), p. 2.

3. Lesslie Newbigin, citado en Weston, *Lesslie Newbigin*, p. 149.
4. Christine D. Johnson, «Tell It Well», *Ministry Today* (marzo 2016), p. 18.
5. Weston, *Lesslie Newbigin*, p. 257.
6. John Williams, «The Gospel as Public Truth: A Critical Appreciation of the Theological Programme of Lesslie Newbigin», *Anvil* 10, no. 1 (1993): p. 11, https://biblicalstudies.org.uk/pdf/anvil/10-1_011.pdf.
7. Lesslie Newbigin, *The Gospel in a Pluralist Society* (Grand Rapids: Wm. B. Eerdmans, 1989), Ubicaciones en Kindle 4106–8.
8. Krish Kandiah, «The Gospel Is Bigger Than You Think», sitio web United Christian Broadcasters, http://www.ucb.co.uk/w4uasoarticle-Krish.
9. Newbigin, *Truth to Tell*, p. 5.
10. Gary R. Habermas y Michael R. Licona, *The Case for the Resurrection of Jesus* (Grand Rapids: Kregel, 2004), Ubicación en Kindle 325.
11. Krish Kandiah, «Not Personal Spirituality, but Public Truth», *Thinking Matters* (blog), http://thinkingmatters.org.nz/2009/12/not-personal-spirituality-but-public-truth/.
12. Mark T. B. Laing, *Theology in Missionary Perspective: Lesslie Newbigin's Legacy* (Eugene, OR: Pickwick, 2013), p. 43.
13. Newbigin, *The Gospel in a Pluralist Society*, Ubicaciones en Kindle 4106–8.
14. Newbigin, *Truth to Tell*, p. 11.
15. Newbigin, *The Gospel in a Pluralist Society*, Ubicaciones en Kindle 231–36.
16. Ibíd., Ubicaciones en Kindle 384–86.
17. Ibíd., Ubicaciones en Kindle 110–11.
18. Ibíd., Ubicaciones en Kindle 4490–92.
19. Ubicaciones en Kindle 2402–6.
20. Newbigin, *Truth to Tell*, p. 34.
21. San Agustín, *Nicene and Post-Nicene Fathers*, vol. 7 (Tractates on the Gospel of John), ed. Philip Schaff (Peabody, MA: Hendrickson, 1995), p. 184 [*Obras completas XIII: Tratados sobre el evangelio de San Juan* (Madrid: Biblioteca de autores cristianos, 2005)].

## Capítulo 3. El clamor por la justicia

1. Martin Luther King Jr., «Carta desde una cárcel de Birmingham», 16 abril 1963, Centro de Estudios Africanos, Universidad de Pensilvania, www.africa.upenn.edu/Articles_Gen/Letter_Birmingham.html.
2. Mike Wooldridge, «Mandela Death: How He Survived 27 Years in Prison», BBC News, http://www.bbc.com/news/world-africa-23618727.
3. He sido fuertemente influenciado en esta área por Frank Turek y otros.
4. Lesslie Newbigin, *Truth to Tell: The Gospel as Public Truth* (Grand Rapids: Wm. B. Eerdmans, 1991), p. 78.
5. Ibíd.
6. King, «Carta desde una cárcel de Birmingham», 16 abril 1963.
7. «Hitchens vs. Blair, Roy Thomson Hall» (transcripción), Hitchens Debates (blog), http://hitchensdebates.blogspot.com.au/2010/11/hitchens-vs-blair-roy-thomson-hall.html.

8. El Centro de Estudios de Políticas Públicas, «Texas Human Trafficking Fact Sheet», http://www.htcourts.org/wp-content/uploads/TX-HT-Fact-Sheet-2.13.13. pdf?Factsheet=HT-TX.

9. «The United Nations Fourth World Conference on Women: Platform of Action» (septiembre 1995), UN Women, http://www.un.org/womenwatch/daw/beijing/ platform/armed.htm.

10. «Global Study on Homicide», UNODC, https://www.unodc.org/gsh/.

11. International Institutions and Global Governance Program, «The Global Regime for Armed Conflict», Council on Foreign Relations, 15 febrero 2013, https://www. cfr.org/report/global-regime-armed-conflict.

12. Camilla Schippa, «Conflict Costs Us $13.6 Trillion a Year. And We Spend Next to Nothing on Peace», World Economic Forum, 5 enero 2017, https://www.weforum. org/agenda/2017/01/how-much-does-violence-really-cost-our-global-economy/.

13. «The Numbers: Abortion in Numbers», LifeZone, http://www.prolifeinfo.ie/ abortion-facts/issues/the-numbers/.

14. Center for Strategic and International Studies, «Net Losses: Estimating the Global Cost of Cybercrime: Economic Impact of Cybercrime II», junio 2014, McAfee. com, https://www.mcafee.com/de/resources/reports/rp-economic-impact-cybercrime2.pdf.

15. «Violent Crime», Crime in the United States 2013, FBI.gov, https://ucr. fbi.gov/crime-in-the-u.s/2013/crime-in-the-u.s.-2013/violent-crime/ violent-crime-topic-page/violentcrimemain_final.

16. Susan Jones, «11,774 Terror Attacks Worldwide in 2015; 28,328 Deaths Due to Terror Attacks», cnsnews.com, junio 3, 2016, http://www.cnsnews.com/news/ article/susan-jones/11774-number-terror-attacks-worldwide-dropped-13-2015. Ver también Sangwon Yoon y Andre Tartar, «Paris Attacks: Global Economic Cost of Terrorism Highest Since September 11, 2001», Sydney Morning Herald, 11 noviembre 2015, http://www.smh.com.au/business/the-economy/paris-attacks-global-economic-cost-of-terrorism-highest-since-September-11-2001-20151117-gl0vfk.html.

17. «The Global Economic Cost of Terrorism Is Now at Its Highest Since 9/11», Bloomberg, 17 noviembre 2015, http://www.bloomberg.com/news/articles /2015-11-17/the-global-economic-cost-of-terrorism-is-now-at-its-highest-since-9-11.

18. Las estadísticas han sido tomadas de Anup Shaw, «Poverty Facts and Stats», Global Issues, actualizado 7 enero 2013, http://www.globalissues.org/article/26/ poverty-facts-and-stats.

19. «Quotes for Faora-UI (Character)», IMDB, http://www.imdb.com/character/ ch0246265/quotes.

20. Walter Kauffman (Notas del traductor, Thus Spoke Zarathustra: Primera parte), Friedrich Nietzsche, *Thus Spoke Zarathustra: A Book for All and None*, trad. Walter Kauffman (Nueva York: Modern Library, 1995), p. 3.

21. Andrea Warren, *Charles Dickens and the Street Children of London* (Boston: Houghton Mifflin Harcourt Books for Children, 2011), p. 3.

22. G. K. Chesterton, «Introducción», *Reprinted Pieces*, citado en Gary L. Colledge, *God and Charles Dickens: Recovering the Christian Voice of a Classic Author* (Grand Rapids: Brazos Press, 2012), p. 1.

23. Charles Dickens, citado en Colledge, *God and Charles Dickens* (Grand Rapids, Brazos Press, 2012), p. 3.

24. Charles Dickens, *The Life of Our Lord* (Nueva York: Simon & Schuster, 1999), p. 122.

25. Harriet Beecher Stowe, «1851 Letter to Gamaliel Bailey», ed. electrónica. (Charlottesville: Instituto Stephen Railton de Tecnología Avanzada en el Centro de Texto Electrónico de Humanidades, 2006). Este texto se transcribe del *Oxford Harriet Beecher Stowe Reader*, ed. Joan D. Hedrick (Nueva York: Oxford University Press, 1999, todos los derechos reservados), p. 66.

26. Carl Sandburg, *Abraham Lincoln: The Prairie Years and the War Years* (Nueva York: Harcourt, 1954, 1982), p. 385.

27. Ver Stephen McDowell, «A Nation at Risk», Fundación Providence, http://providencefoundation.com/?page_id=2530.

## Capítulo 4. La búsqueda de la verdad

1. *Oxford Living Dictionaries*, s. v. «post-truth», https://en.oxforddictionaries.com/definition/post-truth.

2. Ver http://everynation.org.

3. Frank Turek, en discusión con el autor, 23 abril 2017.

4. Lesslie Newbigin, *The Gospel in a Pluralist Society* (Grand Rapids: Wm. B. Eerdmans, 1989), p. 170.

5. Marian David, «The Correspondence Theory of Truth», *Stanford Encyclopedia of Philosophy* (otoño 2016), ed. Edward N. Zalta, https://plato.stanford.edu/entries/truth-correspondence/.

6. «Difference Between Knowledge and Truth», Difference Between, http://www.differencebetween.info/difference-between-knowledge-and-truth.

7. Ravi Zacharias, *Can Man Live Without God?* (Nashville: Thomas Nelson, 2004), pp. 123–24.

8. Ver el sitio web Logical Fallacies, http://www.logicalfallacies.org.

9. David Hume, *An Enquiry Concerning Human Understanding*, 2ª ed. (Cambridge, MA: Hackett Classics, 2011), Ubicaciones en Kindle 2413–14. (Publicado originalmente en 1748). [*Investigación sobre el conocimiento humano* (Madrid: Alianza Editorial, 2015)].

10. Thomas Nagel, *Mind and Cosmos: Why the Materialist Neo-Darwinian Conception of Nature Is Almost Certainly False* (Oxford: Oxford University Press, 2012), p. 18.

11. Bertrand Russell, *Religion and Science* (Oxford: Oxford University Press, 1997), p. 243. (Publicado originalmente en 1935). [*Religión y Ciencia* (Madrid: Fondo de Cultura Económica de España, 1956)].

12. Michael Guillen, correspondencia personal con el autor, 5 junio 2017.

13. Eric Hedin, *The Boundaries of Science*, de un manuscrito no publicado proporcionado al autor.

14. Frank Turek, citado en Nagel, *Mind and Cosmos*, p. 4. El autor escribe a pie de página esta cita con lo siguiente: «Para una declaración clara, ver Steven Weinberg, *Dreams of a Final Theory* (Nueva York: Pantheon Books, 1992), capítulo 3».

15. Frank Turek, *Stealing from God: Why Atheists Need God to Make Their Case* (Colorado Springs: NavPress, 2014), p. 146.

16. Ver Mike Robbins, «Speak Your Truth», Oprah.com, http://www.oprah.com/spirit/speak-your-truth_2.

17. Richard Rorty and Gianni Vattimo, *The Future of Religion* (Nueva York: Columbia University Press, 2007), pp. 71–72 [*El futuro de la religión* (Ediciones Paidos Ibérica, 2006)].

18. *Oxford Living Dictionaries*, s. v. «epistemology», https://en.oxforddictionaries.com/definition/epistemology.

19. *Oxford Living Dictionaries*, s. v. «belief», https://en.oxforddictionaries.com/definition/belief.

20. *Merriam-Webster*, s. v. «belief», https://www.merriam-webster.com/dictionary/belief.

21. Peter Boghossian, *A Manual for Creating Atheists* (Charlottesville, VA: Pitchstone, 2013), p. 7.

22. Nagel, *Mind and Cosmos*, p. 10.

23. Boghossian, *Manual for Creating Atheists*, p. 181.

24. Tom Gilson, «Is Faith an Unreliable Epistemology?», *Thinking Christian* (blog), 2 enero 2014, https://www.thinkingchristian.net/posts/2014/01/is-faith-an-unreliable-epistemology/.

25. Alvin Plantinga, *Where the Conflict Really Lies: Science, Religion, and Naturalism* (Oxford: Oxford University Press, 2011), p. 341.

26. Vishal Mangalwadi, *The Book That Made Your World: How the Bible Created the Soul of Western Civilization* (Nashville: Thomas Nelson, 2012), p. 392.

27. Este pensamiento fue inspirado a partir de una discusión en Vishal Mangalwadi, *Truth and Transformation: A Manifesto for Ailing Nations* (Seattle: YWAM, 2012), Ubicaciones en Kindle 1468–69.

28. Lesslie Newbigin, *Truth to Tell: The Gospel as Public Truth* (Grand Rapids: Wm. B. Eerdmans, 1991), p. 5.

## Capítulo 5. La realidad del alma

1. J. P. Moreland, *The God Question: An Invitation to a Life of Meaning* (Eugene, OR: Harvest House, 2009), p. 11.

2. CBS/AP, «Outrage After Gorilla Killed at Cincinnati Zoo to Save Child», CBS News, 29 mayo 2016, http://www.cbsnews.com/news/outrage-after-gorilla-harambe-killed-at-cincinnati-zoo-to-save-child/.

3. Cristina Odone, «Let Us Pray for the Soul of Richard Dawkins», *Guardian*, 13 mayo 2007, https://www.theguardian.com/commentisfree/2007/mayo/13/comment.religion1.

4. Sam Harris, *Letter to a Christian Nation* (Nueva York: Alfred A. Knopf, 2006), pp. 29–30.

5. William Lane Craig, *The Existence of God and the Beginning of the Universe* (Orlando: Here's Life Publishers, 1979), p. 3.

6. J. P. Moreland, *The Soul: How We Know It's Real and Why It Matters* (Grand Rapids: Moody Publishers, 2014), p. 15.

7. Charles Darwin, *The Descent of Man* (s. l.: CreateSpace, 2011), Ubicación en Kindle 10994. [*El origen del hombre* (Madrid: Biblioteca Edaf, 1989)].

8. Platón, *Diálogos* (Madrid: Espasa, 2010).

9. Raymond Martin y John Barresi, *The Rise and Fall of Soul and Self: An Intellectual History of Personal Identity* (Nueva York: Columbia University Press, 2006), p. 13; y Hendrik Lorenz, «Ancient Theories of Soul», *Stanford Encyclopedia of*

*Philosophy* (verano 2009), ed. Edward N. Zalta, https://plato.stanford.edu/entries/ancient-soul/.

10. Stewart Goetz y Charles Taliaferro, *A Brief History of the Soul* (Hoboken, NJ: Wiley-Blackwell, 2011), p. 12.

11. Edward Feser, *The Last Superstition: A Refutation of the New Atheism* (South Bend, IN: St. Augustine's Press, 2010), p. 51.

12. Ibíd., p. 137.

13. Esta es una paráfrasis de la discusión de Feser en *The Last Superstition*.

14. Goetz y Taliaferro, *A Brief History of the Soul*, p. 34.

15. San Augustín, *Confesiones* (Madrid: Alianza Editorial, 2011). Libro 8, p. 26.

16. Feser, *The Last Superstition*, p. 20.

17. Catherine O'Brien, Transcripción: *The Afterlife Debate* (autopublicado, 2015), p. 38; ver también «Is There an Afterlife?—Christopher Hitchens, Sam Harris, David Wolpe, Bradley Shavit Artson», video en YouTube, 1:37:54, panel de discusión, publicado por «theinfiniteyes», 29 diciembre 2011, youtu.be/UjKJ92b9Y04.

18. Daniel Dennett, *Brainchildren: Essays on Designing Minds* (Cambridge, MA: MIT Press, 1998), tal como fue citado en Mario Beauregard y Denyse O'Leary, *The Spiritual Brain: A Neuroscientist's Case for the Existence of the Soul* (Nueva York: HarperOne, 2009), p. 4.

19. «Sam Harris: The Self Is an Illusion», video en YouTube, 6:52, Harris discutiendo las propiedades de la conciencia, publicado por Big Think, 16 septiembre 2014, youtu.be/fajfkO_X0l0.

20. Moreland, *The Soul*, p. 35.

21. David Chalmers, «How Do You Explain Consciousness?» (transcripción), Charlas TED, marzo 2014, https://www.ted.com/talks/david_chalmers_how_do_you_explain_consciousness/transcript?language=en.

22. David Chalmers, citado en Oliver Burkeman, «Why Can't the World's Greatest Minds Solve the Mystery of Consciousness?», *Guardian*, 21 enero 2015, https://www.theguardian.com/science/2015/jan/21/-sp-why-cant-worlds-greatest-minds-solve-mystery-consciousness.

23. Chalmers, «How Do You Explain Consciousness?».

24. Susan Greenfield, «The Neuroscience of Consciousness», video en YouTube, 1:34:17, publicado por la Universidad de Melbourne, 28 noviembre 2012, youtu.be/k_ZTNmkIiBc. Transcrito por el autor.

25. Ibíd.

26. Christof Koch, «Is Consciousness Universal?», *Scientific American*, 1 enero 2014, https://www.scientificamerican.com/article/is-consciousness-universal/.

27. Moreland, *The Soul*, p. 38.

28. Daniel Dennett, en Goetz y Taliaferro, *A Brief History of the Soul*, p. 1.

29. Moreland, *The Soul*, pp. 79–80.

30. Ibíd., pp. 398–401.

31. C. S. Lewis, *Mere Christianity* (Nueva York: HarperOne, 2009), pp. 25–26.

32. Marcus Conyers y Donna Wilson, «Metacognition: The Gift That Keeps Giving», *Edutopia* (blog), 7 octubre 2014, https://www.edutopia.org/blog/metacognition-gift-that-keeps-giving-donna-wilson-marcus-conyers.

33. Eben Alexander, «Proof of Heaven: A Doctor's Experience with the Afterlife», *Newsweek*, 8 octubre 2012, http://www.newsweek.com/proof-heaven-doctors-experience-afterlife-65327.

34. Ibíd.

35. Gary Habermas, en discusión con el autor, 15 marzo 2017.

36. Moreland, *The Soul*, p. 36.

37. Sharon Begley, «Better Brains: The Revolution in Brain Science», *Scientific American* (podcast y transcripción), 8 agosto 2007, https://www.scientificamerican.com/podcast/episode/465b1677-e7f2-99df-36e1378b1640d492/.

38. Lewis, *Mere Christianity*, pp. 9–10.

39. Stephen Hawking, *The Grand Design* (Nueva York: Bantam, 2012), p. 32 [*El gran diseño* (Madrid: Editorial Planeta, 2013)].

40. Sam Harris, *Free Will* (Nueva York: Simon & Schuster, 2012), p. 64.

41. «John Searle—What Is Free Will?», video en YouTube, 9:02, entrevista, publicada por Closer to Truth, 8 enero 2013, youtu.be/_rZfSTpjGl8.

## Capítulo 6. Dios nos ha hablado

1. Bart D. Ehrman, *Jesus, Interrupted: Revealing the Hidden Contradictions in the Bible (and Why We Don't Know About Them)* (Nueva York: HarperCollins, 2009), p. xi.

2. Frank Turek, *Stealing from God: Why Atheists Need God to Make Their Case* (Colorado Springs: NavPress, 2014), p. xxv.

3. Bart D. Ehrman, *Misquoting Jesus* (Nueva York: HarperOne, 2007), p. 9.

4. Ver Bill Pratt, «Is There a Mistake in Mark 2:26?», Tough Questions Answered (blog), 27 septiembre 2009, http://www.toughquestionsanswered.org/2009/09/27/is-there-a-mistake-in-mark-226/.

5. Dan Wallace, en discusión con el autor, marzo 2015.

6. Jonathan Peterson, «How the Bible Created the Soul of Western Civilization: An Interview with Vishal Mangalwadi», *BibleGateway Blog*, julio 27, 2015, https://www.biblegateway.com/blog/2015/07/how-the-bible-created-the-soul-of-western-civilization-an-interview-with-vishal-mangalwadi/.

7. Ver «Lawrence Krauss, The Colbert Report» (video clip), Comedy Central, 21 junio 2012, http://www.cc.com/video-clips/e6ik9l/the-colbert-report-lawrence-krauss.

8. J. Ed Komoszewski, M. James Sawyer y Daniel B. Wallace, *Reinventing Jesus* (Grand Rapids: Kregel, 2006), p. 17.

9. En correspondencia personal con el autor en mayo de 2017, el doctor Craig Keener, un erudito en el Nuevo Testamento, planteó el problema de que algunos consideran que el relato de la Septuaginta es «leyenda». Sin embargo, Keener escribió: «Nadie discute la existencia de la Septuaginta. En cambio, di algo como esto: después del primer siglo, el Antiguo Testamento fue preservado de manera *independiente* por judíos y cristianos, por lo que los reclamos islámicos de corrupción del AT son imposibles para todos los propósitos prácticos; ¡nadie que conozca la historia del período puede sospechar de la colusión entre judíos y cristianos!».

10. Bruce M. Metzger, «Important Early Translations of the Bible», W. H. Griffith Thomas Lectures, Dallas Theological Seminary, 1993, https://faculty.gordon.edu/hu/bi/ted_hildebrant/new_testament_greek/text/metzger-earlytranslationa01-bs.pdf.

11. «The Old Testament in Greek», History of Bible Translations, History World, http://www.historyworld.net/wrldhis/PlainTestHistories.asp?historyid=ac66.

12. Vishal Mangalwadi, *The Book That Made Your World* (Nashville: Thomas Nelson, 2012), p. 91.

13. Página de Timothy Keller en Facebook, 1 abril 2015, https://www.facebook.com/TimKellerNYC/posts/930042907035596.

14. Mangalwadi, *The Book That Made Your World*, p. xxi.

15. Vishal Mangalwadi, *Truth and Transformation: A Manifesto for Ailing Nations* (Seattle: YWAM, 2012), Ubicaciones en Kindle 314–15.

16. Richard Dawkins, *The God Delusion* (Boston: Houghton Mifflin Harcourt, 2006), p. 51.

17. Dr. Frank Turek hizo este punto en una clásica sesión de preguntas y respuestas con un estudiante. Ver «Frank Turek Answers Atheist's 3 Objections to Christianity», video en YouTube, 6:10, publicado por Frank Turek, 16 abril 2013, youtu.be/XjHhtWL_3Og.

18. «U.S. Senate Chaplain Dr. Barry Black Full Remarks at National Prayer Breakfast (C-SPAN)», video en YouTube, 26:36, publicado por C-SPAN, 2 febrero 2017, youtu.be/zyvNg1kk9tQ.

19. «Chicago Statement on Biblical Inerrancy with Exposition», Bible Research website, http://www.bible-researcher.com/chicago1.html.

## Capítulo 7. Jesús frente a las religiones del mundo

1. Lesslie Newbigin, *The Open Secret: An Introduction to the Theology of Mission* (Grand Rapids: Wm. B. Eerdmans, 1995), Ubicación en Kindle 2225.

2. Drew Desilver y David Masci, «World's Muslim Population More Widespread Than You Might Think», *FactTank* (blog), Pew Research Center, 31 enero 2017, http://www.pewresearch.org/fact-tank/2017/01/31/worlds-muslim-population-more-widespread-than-you-might-think/.

3. Para detalles adicionales, ver el sitio web Political Islam, en https://www.politicalislam.com/shop/.

4. «The Five Pillars of Islam», Religions, BBC, 8 septiembre 2009, bbc.co.uk/religion/religions/islam/practices/fivepillars.shtml.

5. *Encyclopedia of Islam*, 2ª ed., s. v. «al-Kur'an», «Hadith», http://referenceworks.brillonline.com/browse/encyclopaedia-of-islam-2; the Hadith, Bukari 33:23.

6. David Garrison, *A Wind in the House of Islam: How God Is Drawing Muslims Around the World to Faith in Jesus Christ* (Monument, CO: WIGTake Resources, 2014).

7. Estoy en deuda con Vishal Mangalwadi por su aporte en las secciones sobre hinduismo y budismo. Muchos de los términos y definiciones que describen los aspectos clave de los respectivos sistemas de creencias provienen directamente de nuestros diálogos en profundidad.

8. Acharya Rajneesh, *Beyond and Beyond* (Bombay: Jeevan Jagruti Kendra, 1970), p. 12.

9. Ibíd., pp. 12–14.

10. Ver Alf Hiltebeitel ed., *Criminal Gods and Demon Devotees: Essays on the Guardians of Popular Hinduism* (Albany: State University of New York Press, 1989).

11. Un estudio reciente de Transparency International dice que India es el país más corrupto de Asia Pacífico. El sesenta y nueve por ciento de los indios encuestados confesó haber tenido que pagar un soborno para obtener servicios públicos. Ver

http://www.indiatimes.com/news/india/india-is-the-most-corrupt-country-in-asia-pacific-two-third-of-all-indians-have-to-pay-bribe-says-transparency-international-272923.html.

12. AP, «Millions of Hindus Plunge into Ganges River in India to Wash Away Their Sins», *Telegraph*, 14 enero 2013, http://www.telegraph.co.uk/news/worldnews/asia/india/9799882/Millions-of-Hindus-plunge-into-Ganges-River-in-India-to-wash-away-their-sins.html.

13. Vishal Mangalwadi, *The Book That Made Your World: How the Bible Created the Soul of Western Civilization* (Nashville: Thomas Nelson, 2012), p. 23.

14. Tercer Mundaka, Segundo Khanda, verso 3.

15. Senaka Weeraratna, «57th Anniversary of Historic Step to Revive Buddhism in India», The Buddhist Channel, 13 octubre 2013, http://www.buddhistchannel.tv/index.php?id=9,11641,0,0,1,0#.WVFknMaZPMU.

16. «Las cuatro verdades nobles», BBC, Religions, última actualización 17 noviembre 2009, http://www.bbc.co.uk/religion/religions/buddhism/beliefs/fournobletruths_1.shtml.

17. Lewis Richmond, «The Buddha's Teachings About the Soul» *HuffPost: The Blog*, actualizado 27 julio 2011, http://www.huffingtonpost.com/lewis-richmond/buddhas-teachings-about-t_b_866474.html.

18. *Encyclopedia Britannica*, s. v. «Vihara», https://www.britannica.com/topic/vihara.

19. *Oxford Living Dictionaries*, s. v. «buddhu», https://en.oxforddictionaries.com/definition/buddhu.

20. Katherine J. Wolfenden, «Hobbes' *Leviathan* and Views on the Origins of Civil Government: Conservatism by Covenant», *Inquiries* 2, no. 12 (2010): pp. 1–2, http://www.inquiriesjournal.com/articles/349/hobbes-leviathan-and-views-on-the-origins-of-civil-government-conservatism-by-covenant.

21. «Christ, My Bodhisattva», Ram Gidoomal entrevista de Andy Crouch, *Christianity Today*, 27 abril 2007, http://www.christianitytoday.com/ct/2007/mayo/17.34.html?start=2.

22. George Dvorsky, «Why the Dalai Lama Is Hinting That He Could Be the Very Last One», i09 (blog), 22 diciembre 2014, https://io9.gizmodo.com/why-the-dalai-lama-is-hinting-that-he-could-be-the-very-1674077042.

23. MeiMei Fox, «10 Ways 10 Days of Silence Will Blow Your Mind», *HuffPost: The Blog*, 5 mayo 2012, actualizado 5 julio 2012, http://www.huffingtonpost.com/meimei-fox/meditation-retreat_b_1474445.html.

## Capítulo 8. Abre sus ojos

1. La historia de Ming Wang se narra en su libro *From Darkness to Sight: How One Man Turned Hardship into Healing* (s.l.: Dunham Books, 2016).

2. Ming Wang, en discusión con el autor, 25 abril 2017.

3. «A 30-Year History of the Future: Nicholas Negroponte», video en YouTube, 19:43, un viaje a través de los últimos treinta años de tecnología, publicado por TED, 8 julio 2014, youtu.be/5b5BDoddOLA.

4. Mark Galli, «Speak the Gospel», *Christianity Today*, 21 mayo 2009, http://www.christianitytoday.com/ct/2009/mayoweb-only/120-42.0.html.

5. Ed Stetzer, «Preach the Gospel, and Since It's Necessary, Use Words», *The Exchange* (CT blog), 25 junio 2012, http://www.christianitytoday.com/edstetzer/2012/junio/preach-gospel-and-since-its-necessary-use-words.html.

6. Cuando Pablo habló sobre los judíos, él estaba hablando de las autoridades religiosas, no generalizando al grupo étnico del cual él era parte. Todos los apóstoles eran judíos, como lo fue el mismo Señor Jesús.

7. Stetzer, «Preach the Gospel, and Since It's Necessary, Use Words».

## Capítulo 9. El ministerio de la reconciliación

1. David Remnick, «The Seventh Day», *New Yorker*, 28 mayo 2007, http://www.newyorker.com/magazine/2007/05/28/the-seventh-day.

2. IMEMC Agencies, «What Do Israelis Say About the Arabs?», IMEMC News, 3 noviembre 2005, http://imemc.org/article/14776/.

3. William Carey, tal como fue citado en *The Baptist Herald and Friend of Africa* (octubre 1842) y «The Missionary Herald» en *Baptist Magazine*, enero 1843, p. 41.

4. David Shibley, *Entrusted: Anchoring Your Life in the Gospel* (Bedford, TX: Burkhart Books, 2016), p. 8.

5. «The Most Segregated Hour in America—Martin Luther King Jr.», video en YouTube, 0:52, King hablando en *Meet the Press*, 17 abril 1960, publicado por Jason Tripp, 29 abril 2014, youtu.be/1q881g1L_d8.

6. Tara John, «International Students in U.S. Colleges and Universities Top 1 Million», *Time*, 14 noviembre 2016, http://time.com/4569564/international-us-students/.

## Capítulo 10. El misterio de la piedad

1. San Agustín, *Confesiones* (Digitalizado por Libro.dot.com), p. 38.

2. William Wilberforce, *Real Christianity*, ed. Bob Beltz (Grand Rapids: Regal Books, 2006), p. 39. (Publicado originalmente 1797).

3. San Agustín, *Confesiones*, p. 57.

4. Ibíd., p. 53.

5. Ibíd., p. 53.

## Conclusión. La urgencia impetuosa del ahora

1. «0.0% of Icelanders 25 years or younger believe God created the world, new poll reveals», Iceland Magazine, 14 enero 2016, http:// icelandmag.visir.is/article/00-icelanders-25-years-or-youngerbelieve- god-created-world-new-poll-reveals; Rick Noack, "In This Country, Literally No Young Christians Believe that God Created the Earth," *Washington Post*, 23 enero 2016, https://www.washingtonpost.com/news/worldviews/wp/2016/01/23/in-thiscountry-literally-no-young-christians-believe-that-god-created-theearth/?utm_term=.959a44a71bdf.

2. Martin Luther King Jr., discurso «Yo tengo un sueño», 28 agosto 1963, Washington D. C., disponible en línea en el sitio web de American Rhetoric, http://www.americanrhetoric.com/speeches/mlkihaveadream.htm.

3. William Wilberforce, *Real Christianity*, ed. Bob Beltz (Grand Rapids: Regal Books, 2006), p. 128.

4. «Theodore Parker and the "Moral Universe"», transcripción, Clayborne Carson entrevista por Melissa Block, 2 septiembre 2010, *All Things Considered*, NPR, https://www.npr.org/templates/story/story.php?storyId=129609461.

# Índice

# ACERCA DEL AUTOR

Rice Broocks es cofundador de la familia de iglesias Every Nation, que actualmente tiene iglesias y ministerios universitarios en más de setenta naciones. También es el ministro principal de Bethel World Outreach Church en Nashville, Tennessee, una iglesia multiétnica y multisitio. Rice se graduó de la Universidad Estatal de Mississippi y tiene una maestría del Seminario Teológico Reformado, en Jackson, Misisipi, así como un doctorado del Seminario Teológico Fuller, en Pasadena, California. Es autor de varios libros, entre ellos: *Dios no está muerto*; *Hombre. Mito. Mesías*; *The Purple Book: Biblical Foundations for Building Strong Disciples*; y *Every Nation in Our Generation*.

Para obtener más información, visite RiceBroocks.com.

Conviértete en un DEFENSOR

**THEHUMANRIGHT.ORG**